TUTELA ESPECÍFICA DE URGÊNCIA

Antecipação da tutela relativa aos
deveres de fazer e de não fazer

G672t   Goron, Lívio Goellner.

Tutela específica de urgência: antecipação da tutela relativa aos deveres de fazer e de não fazer / Lívio Goellner Goron. – Porto Alegre: Livraria do Advogado Editora, 2013.

172 p.; 23 cm. – (Temas de direito processual civil; 4)

Inclui bibliografia.

Atualizado com o Projeto de Código de Processo Civil.

ISBN 978-85-7348-824-1

1. Tutela específica. 2. Tutela antecipada. 3. Processo civil. 4. Direito processual. 5. Direitos fundamentais. 6. Garantias (Direito). I. Título. II. Série.

CDU 347.919.6

CDD 341.46

Índice para catálogo sistemático:

1. Processo urgente: Processo de emergência no direito processual   347.919.6

(Bibliotecária responsável: Sabrina Leal Araujo – CRB 10/1507)

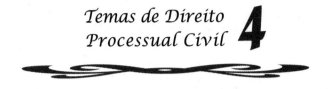

Temas de Direito Processual Civil **4**

Lívio Goellner Goron

TUTELA ESPECÍFICA DE URGÊNCIA

Antecipação da tutela relativa aos deveres de fazer e de não fazer

Atualizado com o Projeto de Código de Processo Civil

Porto Alegre, 2013

Coleção
Temas de Direito Processual Civil

Coordenadores
Daniel Mitidiero
José Maria Rosa Tesheiner
Sérgio Gilberto Porto
Elaine Harzheim Macedo

© Lívio Goellner Goron, 2013

Projeto gráfico e diagramação
Livraria do Advogado Editora

Revisão
Rosane Marques Borba

Direitos desta edição reservados por
Livraria do Advogado Editora Ltda.
Rua Riachuelo, 1338
90010-273 Porto Alegre RS
Fone/fax: 0800-51-7522
editora@livrariadoadvogado.com.br
www.doadvogado.com.br

Impresso no Brasil / Printed in Brazil

Agradecimentos

À Milena, minha esposa, pelo apoio, carinho e compreensão.

A meus pais, Tito e Helena, e a minha irmã, Luciana, pelos exemplos de vida, amor e dedicação.

Ao Professor Doutor Sérgio Gilberto Porto, pela inestimável amizade e pela permanente disposição ao diálogo, que tanto contribuíram ao meu crescimento pessoal e intelectual.

Aos Professores Doutores José Tesheiner, Daniel Mitidiero, Gilberto Stürmer e Adalberto Pasqualotto, pela estimulante convivência e pela oportunidade do debate franco de ideias.

Prefácio

Inicialmente registro a satisfação pessoal de poder prefaciar obra de Lívio Goellner Goron, profissional dedicado e pesquisador atento. Mercê destas suas características pessoais e com base em sólida bibliografia, produziu estudo de alta densidade científica em torno do tema proposto, sem, entretanto, perder o sentido pragmático tão necessário para a compreensão do Processo Civil coetâneo e operação do direito no dia a dia forense. Balanceia, pois, num só trabalho, erudição e objetividade, alcançando um ponto de equilíbrio invejável no desenvolvimento da questão atinente à antecipação da tutela relativa aos deveres de fazer e não fazer.

De outro lado, cumpre registrar – por justiça – que ideia da possibilidade de antecipação da tutela, como é do conhecimento da comunidade jurídica, foi introduzida no direito brasileiro através de proposta apresentado pelo saudoso Professor Ovídio Araújo Baptista da Silva em memorável Congresso realizado na cidade de Porto Alegre, RS, para então comemorar os 10 anos de vigência do CPC de 1973. De lá para cá foi aperfeiçoada e demonstrou sua larga utilidade.

Lívio, agora, sempre atendo aos desdobramentos da ciência processual, em sequencia ao movimento de constante aperfeiçoamento do instituto, trás à lume – com o traço diferenciador da leitura constitucional e não só processual – o detalhamento dos requisitos para a antecipação da tutela nas obrigações de fazer e não fazer

Realmente, a moderna posição assumida na obra, através de proposta de sistematização das relações entre Constituição e Processo, esclarecendo como deve se operar a tutela antecipatória em sintonia com o regime do Estado constitucional lhe outorga a condição de estudo peculiar e indispensável à compreensão e manejo do instituto na ordem jurídica contemporânea.

É obra que teve origem em dissertação de Mestrado apresentada na PUCRS, onde o autor foi aprovado com louvor e que tive a destacada honra de orientar. Incluo esta dentre àquelas que realizam o professor, sendo, pois, motivo de orgulho para o Curso de Mestrado da PUCRS e para Livraria do Advogado Editora que insere em sua história a excelência da publicação.

Porto Alegre, inverno, 2012.

Prof. Dr. Sérgio Gilberto Porto

Sumário

Introdução...11

1. As garantias processuais no sistema constitucional brasileiro e as tutelas provisórias de urgência...13

  1.1. A Constituição e o Direito Processual...13

    1.1.1. Direitos fundamentais no constitucionalismo contemporâneo..............13

    1.1.2. Os princípios jurídicos e sua conexão com os direitos fundamentais......16

    1.1.3. A Constituição processual: uma proposta de sistematização...............19

    1.1.4. Garantias fundamentais do processo civil na Constituição de 1988........22

  1.2. A polarização efetividade-segurança e sua harmonização no processo...........24

    1.2.1. Efetividade e segurança como polos valorativos do processo civil contemporâneo.....24

    1.2.2. Desdobramento do binômio efetividade-segurança...........................27

      1.2.2.1. Direito à tutela jurisdicional efetiva e adequada.........................27

      1.2.2.2. Duração razoável do processo..30

      1.2.2.3. Contraditório e ampla defesa..33

      1.2.2.4. Devido processo constitucional...38

    1.2.3. A proporcionalidade como parâmetro de superação de conflitos.........42

  1.3. As tutelas provisórias de urgência como expressão da tutela efetiva, adequada e tempestiva..44

    1.3.1. Tutelas sumárias, tutelas de urgência e tutelas provisórias de urgência..45

    1.3.2. Tutela cautelar e tutela antecipatória: perspectiva dualista...............52

    1.3.3. Tutela cautelar e tutela antecipatória: perspectiva unitária................55

2. A tutela específica relativa aos deveres de fazer e de não fazer e sua antecipação.........63

  2.1. O percurso histórico-ideológico da tutela relativa aos deveres de fazer e de não fazer.........63

  2.2. Posições jurídicas subjetivas abrangidas pelo sistema de tutela específica......72

    2.2.1. Obrigações...73

    2.2.2. Deveres "legais"...75

    2.2.3. Deveres em face de direitos absolutos..76

  2.3. O sistema de tutela específica sob o aspecto funcional..............................77

    2.3.1. Considerações sobre a relação entre tutela processual e direito material..77

    2.3.2. "Tutela específica", "tutela do resultado prático equivalente" e tutelas no plano do direito material..80

    2.3.3. Tutelas no plano do direito processual..84

      2.3.3.1. Tutelas processuais no sistema de tutela específica.....................85

      2.3.3.2. A tutela mandamental no âmbito do sistema de tutela específica....87

      2.3.3.3. A tutela executiva *lato sensu* no sistema de tutela específica........89

  2.4. Técnicas processuais cabíveis na efetivação da tutela específica...............90

2.4.1. Técnicas de natureza coercitiva...92

    2.4.1.1. Multa coercitiva...92

    2.4.1.2. Técnicas coercitivas inominadas...94

2.4.2. Técnicas de natureza sub-rogatória...94

    2.4.2.1. Técnicas sub-rogatórios nominadas...94

    2.4.2.2. Técnicas sub-rogatórias inominadas...96

2.4.3. Conversão em perdas e danos...97

2.5. O sistema de tutela específica e a antecipação da tutela jurisdicional...97

2.5.1. Breve histórico do instituto da antecipação da tutela...97

2.5.2. Conceito de antecipação dos efeitos da tutela...100

2.5.3. Aspectos gerais da antecipação da tutela no processo civil brasileiro. A prova inequívoca e a verossimilhança da alegação...102

    2.5.3.1. A antecipação sob o receio de dano irreparável...105

    2.5.3.2. A antecipação sob a inconsistência da defesa do réu...106

    2.5.3.3. A tutela relativa à parte incontroversa do pedido...108

2.5.4. A posição do artigo 461 do CPC/1973 no microssistema de antecipação da tutela...109

2.5.5. O artigo 461 do CPC/1973 e os requisitos da relevância do fundamento da demanda e do justificado receio de ineficácia...110

2.5.6. O artigo 461 do CPC/1973 e a antecipação sob a inconsistência da defesa. A tutela relativa à parte incontroversa do pedido...112

2.5.7. Aspectos específicos da antecipação da tutela relativa aos deveres de fazer e de não fazer...112

2.5.8. Reversibilidade dos efeitos da medida antecipatória...114

3. O regime constitucional da tutela antecipatória relativa aos deveres de fazer e de não fazer: abordagem à luz das garantias processuais...117

3.1. A releitura constitucional do procedimento da antecipação da tutela...117

3.2. A apreciação dos requisitos para a concessão da tutela antecipatória...119

3.2.1. Os requisitos da tutela antecipatória e a ponderação de direitos fundamentais...119

3.2.2. Parâmetros de controle na concessão da tutela antecipatória...122

3.2.3. A superação da cláusula da reversibilidade do provimento antecipado...126

3.3. A participação do réu na concessão da tutela antecipatória...128

3.3.1. A antecipação da tutela sem a audiência do réu...128

3.3.2. A cientificação do réu para o cumprimento da medida...131

3.4. A revogação e modificação do provimento antecipatório...133

3.5. A adequação das formas e técnicas de tutela...136

3.5.1. A conformação da tutela e o princípio da adstrição ao pedido...136

3.5.2. A conformação da tutela e a discricionariedade judicial...140

3.5.3. Alguns parâmetros de construção da tutela jurisdicional...144

3.6. Restrições à efetivação da tutela antecipatória...150

3.6.1. Prestação de caução pelo requerente...150

3.6.2. Adoção do regime processual da execução provisória...152

3.6.3. Limitações à incidência da multa coercitiva...156

3.7. A defesa do réu no procedimento de antecipação da tutela...159

Referências bibliográficas...163

Introdução

Alguns institutos processuais, como o da antecipação da tutela, têm o mérito de levar o intérprete a *pensar diferentemente* os velhos problemas da prestação jurisdicional.[1] Esse desafio certamente se interpõe diante de todo aquele que pretenda tratar da proteção judiciária dos direitos à prestação de um fato ou abstenção – os assim chamados *deveres de fazer e de não fazer*.

A frequência com que a vida cotidiana registra a ocorrência de prestações dessa natureza, realizadas por meio de um agir juridicamente relevante, não deve ocultar a sua importância transcendente. Afinal, para além de permitirem a circulação da riqueza na economia de serviços, *são as prestações de fazer e não fazer que promovem (e protegem) os mais caros valores humanos e espirituais*. Foi apenas lentamente, e enfrentando grande resistência, que essa compreensão finalmente penetrou na consciência social, levando à construção de ferramentas processuais capazes de assegurar aos titulares de tais direitos, em tempo suficientemente hábil para sua integral fruição, os mesmos efeitos do seu cumprimento voluntário.

A proteção dos direitos a fazer e a não fazer tornou-se, assim, um elemento catalisador do desenvolvimento dogmático dos institutos da *tutela específica* e de sua *aceleração processual*, cujos resultados são visíveis nas recentes reformas atravessadas pelo processo civil brasileiro.

E, no entanto, a própria e necessária busca da efetividade nessa seara converteu-se numa fonte de novos problemas. O clamor social pela preservação de direitos ameaçados e pela efetividade da tutela judiciária[2] passou a defrontar-se com as exigências de segurança jurídica que o Estado de Direito se comprometeu a respeitar. Mais do que nunca espera-se do juiz que componha o difícil equilíbrio entre as obrigações fundamentais de um processo que seja *eficaz* nos seus resultados e *legítimo* no caminho percorrido para chegar até lá. Como satisfazer a tais aspirações?

A resposta certamente não é simples, porém buscá-la fora da Constituição significa abdicar de qualquer solução legítima e razoável.

---

[1] BUENO, Cássio Scarpinella. *Tutela antecipada*. 2ª ed. rev. atual. ampl. São Paulo: Saraiva, 2007, p. 128.

[2] Pense-se, nos dias que correm, em fenômenos como a invasão da privacidade individual pela imprensa e a universalização da *internet*, que ameaçam tragar os valores constitucionais da dignidade e da personalidade humanas.

Acreditamos no pressuposto de que a atuação do Estado Constitucional para a efetivação de direitos deve fiel observância ao modelo constitucional do processo, sem o qual inexiste jurisdição, mas ato de força.[3] O presente estudo anima-se, portanto, no objetivo de esboçar um "modelo constitucional" para a antecipação da tutela específica dos direitos a um fazer ou não fazer, formulando o diálogo do instituto com as garantias fundamentais do processo.

Para tal fim, julgou-se necessário iniciar com o esboço de alguns conceitos sobre a teoria dos direitos fundamentais e dos princípios e sobre a relação entre Constituição e processo, na perspectiva do binômio *efetividade-segurança*. O texto debruça-se sobre as garantias constitucionais que informam a relação entre processo e tempo e sobre o emprego da proporcionalidade como meio de superação das tensões de direitos/princípios fundamentais, e aborda as *tutelas sumárias de urgência* como explicitações do direito à tutela efetiva e célere.

No segundo capítulo, é apresentado um perfil dogmático detalhado da tutela específica relativa aos deveres de prestação de fato e abstenção, assim como da tutela antecipatória. O terceiro capítulo, por fim, examina a antecipação da tutela relativa aos deveres de prestar fato e de abster-se como um procedimento jurisdicional "inteiramente constitucionalizado". São enfrentadas, por esse prisma, diversas questões problemáticas que se colocam no caminho procedimental desse instituto (requisitos de concessão, construção da tutela, restrições à efetivação das medidas antecipatórias, controle de legitimidade pela participação em contraditório), buscando formular, a cada passo, soluções capazes de melhor atender ao compromisso entre efetividade e segurança sintetizado pelo *devido processo constitucional* brasileiro.

O exame das tutelas antecipatórias e específicas relativas às prestações de fato que será empreendido nesta obra pretende ser o mais coerente possível com a *polaridade entre efetividade e segurança*, razão pela qual reserva um amplo espaço para o controle da legitimidade dos atos judiciais que interferem na esfera jurídica do demandado. Trata-se de uma visão dessas medidas que as concebe como mais do que ferramentas para a proteção efetiva dos direitos: na verdade, como instrumentos para a *intervenção legítima do poder estatal na vida das pessoas* – a única concebível, enfim, num Estado Constitucional digno desse nome.

O texto toma em consideração o Projeto de Lei que pretende instituir um novo Código de Processo Civil, ora em tramitação no Congresso Nacional.[4] As disposições do Projeto foram devidamente referidas em notas de rodapé, buscado situar o leitor no contexto das iminentes alterações de rumo do processo civil brasileiro e de seus impactos sobre os temas aqui versados.

---

[3] Voto do Min. Marco Aurélio – STF, RE 435.256, Primeira Turma, j. em 26/05/2009, DJU de 21/08/2009.

[4] O texto adotado nesta obra é o do Projeto de Lei do Senado nº 166, na redação final do substitutivo do Relator, Senador Valter Pereira (doravante referido como "Projeto de CPC"). O teor respectivo pode ser consultado em www.senado.gov.br.

1. As garantias processuais no sistema constitucional brasileiro e as tutelas provisórias de urgência

1.1. A CONSTITUIÇÃO E O DIREITO PROCESSUAL

1.1.1. Direitos fundamentais no constitucionalismo contemporâneo

Dentre as características que revestem o Estado Constitucional, enquanto modelo do Estado democrático contemporâneo,[5] destaca-se a função dominante ocupada pela Constituição.

As Constituições contemporâneas converteram-se em repositórios de denso conteúdo material, integrado por princípios, valores, direitos, normas de organização dos poderes públicos e de vinculação dos particulares. Tornou-se difícil, na atualidade, conceber um problema jurídico que não encontre nela as diretrizes de sua resposta.[6] Ao lado dos princípios estruturais e organizacionais, o *núcleo essencial da Constituição material* é formado pelos direitos fundamentais,[7] os quais, abandonando o sentido metafísico presente nas grandes Declarações, como a dos Direitos do Homem e do Cidadão (1789), conquistaram elevado grau de juridicidade, positividade e eficácia.[8] São definidos como posições jurídicas de vantagem juridicamente reconhecidas – reais direitos subjetivos, estabelecidos no interesse das pessoas

---

[5] O Estado Constitucional notabiliza-se pela complexidade estrutural do fenômeno jurídico, que se revela numa "dúctil coexistência" entre lei, direito e justiça. Nele, o juiz, a despeito da intensificação de seus poderes, não é *senhor* do direito, mas garantidor da fluidez e bom funcionamento do sistema (ZAGREBELSKY, Gustavo. *El derecho dúctil: ley, derechos, justicia*. Trad.: Marina Gascón. 7ª ed. Madri: Trotta, 2007, p. 152). Trata-se do Estado fundamentalmente compromissado, por suas diferentes funções, à *realização efetiva dos direitos*. Sobre o Estado Constitucional cf., além do texto citado, MITIDIERO, Daniel Francisco. *Colaboração no processo civil: pressupostos sociais, lógicos e éticos*. São Paulo: Revista dos Tribunais, 2009.

[6] CAMBI, Eduardo. *Neoconstitucionalismo e neoprocessualismo: direitos fundamentais, políticas públicas e protagonismo judiciário*. São Paulo: Revista dos Tribunais, 2009, p. 59.

[7] SARLET, Ingo Wolfgang. *A eficácia dos direitos fundamentais*. 4ª ed. rev. atual. ampl. Porto Alegre: Livraria do Advogado, 2004, p. 70; 109.

[8] OLIVEIRA, Carlos Alberto Alvaro de. O processo civil na perspectiva dos direitos fundamentais. *Revista de Processo*, São Paulo, ano 29, n. 113, p. 9-21, janeiro-fevereiro/2004, p. 11.

– que, sob o ponto de vista do direito constitucional, devido ao seu conteúdo e relevância, foram incorporados ao texto da Constituição[9] e protegidos da esfera de disposição dos poderes do Estado.

Os direitos fundamentais expressam uma inversão da tradicional posição de supremacia do Estado sobre o indivíduo, permitindo reconhecer que o indivíduo tem, primordialmente, direitos, e, só após, deveres perante o Estado, e que mesmo os direitos do Estado em relação ao indivíduo dirigem-se ao atendimento das necessidades dos cidadãos. Nesse câmbio de perspectiva, o espaço de autonomia que os direitos fundamentais asseguram aos indivíduos representa uma limitação de autonomia decisória e do âmbito de ação do Estado.[10] Na dicção de Peter Häberle, são os direitos fundamentais parte integrante da *base de legitimação democrática* da interpretação do direito e da própria Constituição,[11] intervindo na aplicação de toda a ordem jurídica. Em sua materialidade, envolvem a escolha de valores jurídicos considerados essenciais ou primários e expressam o reconhecimento e garantia de "conjuntos de bens ou valores que são caros à comunidade", recebidos pela Constituição – em alguns casos, por ela criados – como "dados irrecusáveis da cultura universal ou nacional".[12]

Na classificação funcional adotada por Ingo Sarlet, cujas linhas remontam a Georg Jellinek e Robert Alexy, os direitos fundamentais dividem-se em direitos de defesa e direitos a prestações (factuais ou jurídicas). Os direitos de defesa ou *liberdades*, cognominados de primeira *dimensão* – ou *geração*, pela sua precedência histórica – demarcam uma "zona de não intervenção do Estado e uma esfera de autonomia individual em face de seu poder". Trata-se de posições de cunho negativo, de resistência ao Estado, dirigidas a uma abstenção por parte dos poderes públicos.[13] Os direitos a prestações (*Leistungsrechte*), ditos de segunda dimensão, exprimem a exigência de comportamentos positivos do Estado. Não consistem em "direitos *contra* o Estado (contra a lógica estadual), mas sim direitos *através* do Estado".[14]

---

[9] A passagem da noção de direitos do homem – com sua perspectiva essencialmente jusnaturalista – à ideia contemporânea de *direitos fundamentais* corresponde ao fenômeno de sua constitucionalização. Os direitos do homem e do cidadão, criações fecundas da era revolucionária, adquirem o status de *direitos fundamentais* ao serem positivados como posições básicas do ser humano nos diplomas normativos dos Estados, alcançando força vinculativa máxima, "indene às maiorias ocasionais formadas na efervescência de momentos adversos ao respeito devido ao homem" (MENDES, Gilmar Ferreira; COELHO, Inocêncio Mártires; BRANCO, Paulo Gustavo Gonet. *Curso de direito constitucional.* São Paulo: Saraiva, 2007, p. 221 e 234).

[10] SARLET, Ingo Wolfgang, *A eficácia dos direitos fundamentais.* 4ª ed. rev. atual. ampl. Porto Alegre: Livraria do Advogado, 2004, p. 155.

[11] *Hermenêutica constitucional: a sociedade aberta dos intérpretes da Constituição: contribuição para a interpretação pluralista e "procedimental" da Constituição.* Trad. Gilmar Ferreira Mendes. Porto Alegre: Sergio Antonio Fabris, 1997, p. 37.

[12] ANDRADE, José Carlos Vieira de. *Os direitos fundamentais na constituição portuguesa de 1976.* 2ª ed. Coimbra: Almedina, 2001, p. 101.

[13] SARLET, Ingo Wolfgang. *A eficácia dos direitos fundamentais.* 4ª ed. rev. atual. ampl. Porto Alegre: Livraria do Advogado, 2004, p. 54; 179.

[14] ANDRADE José Carlos Vieira de. *Os direitos fundamentais na constituição portuguesa de 1976.* 2ª ed. Coimbra: Almedina, 2001, p. 56-57. As distinções correntes entre os direitos fundamentais reduzem-se, no seu essencial, à separação entre *direitos orientados à liberdade* e *direitos orientados à justiça*, cujas bases filosóficas residem, respectivamente, no

Os direitos fundamentais caracterizam-se, não obstante, pela sua *multifuncionalidade*: as normas que os definem exercem com frequência duas ou mais funções simultâneas, positivas e negativas, e a classificação do direito num ou noutro grupo costuma obedecer ao critério da função predominante (defensiva ou prestacional). Além disso, a distinção entre essas funções, no plano concreto, nem sempre se mostra evidente ou pacífica.

Visualizando os efeitos jurídicos emanados pelas normas de direitos fundamentais, a doutrina constitucionalista identificou-lhes duas *perspectivas* estruturais. A perspectiva *subjetiva* ilumina a atuação dos direitos fundamentais como direitos subjetivos dos indivíduos, i.é, como posições jurídicas de que são titulares frente ao Estado – e a outros particulares – e que lhes permitem impor ao destinatário seus interesses juridicamente tutelados, ensejando uma relação trilateral entre o titular, o objeto do direito e o destinatário-obrigado.

Percebeu-se ainda que a figura do "direito subjetivo" não explica todas as consequências jurídicas resultantes da consagração dos direitos fundamentais, nascendo a configuração, também, de uma perspectiva *objetiva*. Aqui, os direitos fundamentais são concebidos como valores jurídicos relevantes para a comunidade, expressando finalidades que esta se propõe a alcançar. A perspectiva objetiva – na qualidade de *força jurídica objetiva autônoma* – complementa a atuação da esfera subjetiva, sistematizando efeitos jurídicos característicos das normas de direitos fundamentais que não podem ser reconduzidos, simplesmente, a posições jurídicas subjetivas (por faltar-lhes, em geral, algum dos elementos da *estrutura trilateral* própria dos direitos subjetivos). A perspectiva objetiva agrega, portanto, *mais-valia* aos direitos fundamentais, reforçando a juridicidade das normas que os definem.[15]

A doutrina constitucional tem integrado na perspectiva objetiva institutos importantes para a efetiva aplicação dos direitos fundamentais, como o "efeito irradiante" sobre a totalidade da ordem jurídica, a eficácia "contra terceiros" ou "horizontal", designativa de sua atuação em face de outros particulares, os "deveres de proteção" do Estado contra terceiros e a dimensão "'organizacional" e "procedimental' desses direitos. Desses institutos merece especial destaque a eficácia irradiante (*Ausstrahlungswirkung*), a qual explicita a atuação dos direitos fundamentais como fonte objetiva de diretrizes para a interpretação e aplicação do direito infraconstitucional, suscitando a noção da interpretação conforme aos direitos fundamentais.

A consciência da dupla perspectiva dos direitos fundamentais representa uma das formulações mais importantes do direito constitucional contemporâneo.[16] En-

---

humanismo laico e no humanismo cristão (ZAGREBELSKY, Gustavo. *El derecho dúctil: ley, derechos, justicia*. Trad.: Marina Gascón. 7ª ed. Madri: Trotta, 2007, p. 75-89).

[15] SARLET, Ingo Wolfgang. Os direitos fundamentais, sua dimensão organizatória e procedimental e o direito à saúde: algumas aproximações. *Revista de Processo*, São Paulo, ano 34, n. 175, p. 9-33, setembro/2009, p. 15.

[16] SARLET, Ingo Wolfgang. *A eficácia dos direitos fundamentais*. 4ª ed. rev. atual. ampl. Porto Alegre: Livraria do Advogado, 2004, p. 150.

TUTELA ESPECÍFICA DE URGÊNCIA

tretanto, seu valor não deve esconder o fenômeno nocivo – pelo qual é parcialmente responsável – do "jusfundamentalismo" acolhido por setores da doutrina e da jurisprudência, uma postura metodológica na qual a *emocionalidade jurídica* ocupa o lugar do equilíbrio da abordagem científica.[17] A censura à hipertrofia das posições fundamentais, suscitada na Alemanha por autores do vulto de Ernst-Wolfgang Böckenforde e Jürgen Habermas, centra-se na ampliação ilegítima de sua perspectiva objetiva. A supervalorização dos efeitos objetivos traz consigo os riscos do ativismo judicial indevido e da intervenção autoritária dos juízes, reforçando a necessidade de ser dispensado um tratamento equilibrado à dogmática dos direitos fundamentais.

1.1.2. Os princípios jurídicos e sua conexão com os direitos fundamentais

A incorporação dos princípios à Constituição como enunciados cogentes constitui um dos fenômenos jurídicos e políticos mais significativos das últimas décadas. Ultrapassada a fase jusnaturalista, em que os princípios formavam parte de uma esfera abstrata, e o período positivista, quando ingressaram nos códigos como mera fonte de integração de lacunas, depara-se o mundo jurídico com o pós-positivismo,[18] marcado pela *hegemonia axiológica dos princípios*, que assim adquiriram influência notável, apesar de permanentemente sujeita a desvios de rota e tentações arbitrárias.[19]

Na condição de um dos tópicos mais intrincados da teoria do direito, os princípios atrairam para sua órbita temática juristas de grande autoridade. É o caso de Ronald Dworkin, professor nas Universidades de Oxford e Londres, que teceu a pioneira distinção entre princípios e regras como categorias normativas autônomas, localizando suas diferenças essenciais no plano *lógico* e na *dimensão de peso*.[20] Também se ocupou do tema o jusfilósofo alemão Robert Alexy, tendo concluído que, para além de uma distinção *fraca*, relativa ao grau de generalidade das normas – relativamente alta nos princípios, e baixa nas regras – é de ordem *qualitativa* a di-

---

[17] ANDRADE José Carlos Vieira de. *Os direitos fundamentais na constituição portuguesa de 1976*, p. 151. Também em sentido crítico, fala Gustavo Zagrebelsky no *imperialismo da linguagem dos direitos fundamentais* (*El derecho dúctil: ley, derechos, justicia*. Trad.: Marina Gascón. 7ª ed. Madri: Trotta, 2007, p. 94).

[18] Sobre o conceito cf. CAMBI, Eduardo. Neoconstitucionalismo e neoprocessualismo. In: *Processo e Constituição: estudos em homenagem ao professor José Carlos Barbosa Moreira*. Coord: FUX, Luiz; NERY JR., Nelson; WAMBIER, Teresa Arruda Alvim. São Paulo: Revista dos Tribunais, 2006, p. 672-674.

[19] Observa Humberto Ávila que a influência dos princípios na ciência jurídica tem por vezes levado à "euforia do que se convencionou chamar de Estado Principiológico", dedicando-se certa doutrina à *veneração* dos princípios como "bases ou pilares do ordenamento jurídico", sem se preocupar com a compreensão de sua estrutura e de sua aplicação (*Teoria dos princípios: da definição à aplicação dos princípios jurídicos*, 2ª ed. São Paulo: Malheiros, 2003, p. 15-16).

[20] *Taking rights seriously*, Cambridge: Harvard University Press, 1978, p. 24-26; *O império do direito*. São Paulo: Martins Fontes, 1999, p. 288.

ferença fundamental entre tais espécies.[21] Apesar de algumas ênfases particulares e pontos divergentes,[22] percebe-se nesses dois juristas certa sequência e complementaridade teóricas, na medida em que Alexy conservou-se, como Dworkin, partidário da distinção "forte" entre princípios e regras.

Dentre os autores de prestígio mais recente, que teorizaram sobre os princípios a partir da releitura crítica de Dworkin e Alexy, contam-se Gustavo Zagrebelsky – juiz da Corte Constitucional italiana, cujos estudos sobre o Estado Constitucional e o caráter "dúctil" da dogmática jurídica levaram-no a tecer uma separação característica entre regras e princípios[23] –, J. J. Gomes Canotilho[24] e Humberto Ávila.[25]

As regras podem ser essencialmente distinguidas como preceitos dotados de *menor amplitude* e *inferioridade axiológica* em relação aos princípios. Sua existência justifica-se como meio de concretizar os princípios fundamentais, não podendo ser invocados para retirar eficácia aos últimos ou enfraquecê-los.[26] A melhor síntese dos esforços empreendidos pela doutrina, porém, consiste em reconhecer que *as regras e os princípios coexistem como normas no interior do sistema jurídico*, sendo seu equilíbrio indispensável para conferir operacionalidade e efetividade ao direito. As regras atribuem segurança ao sistema jurídico, tornando-o mais previsível e estável, enquanto enrijecem a sua atuação diante da multiplicidade das situações da vida. Os princípios lhe conferem flexibilidade, permitindo acomodar situações imprevistas, embora diminuam o nível de segurança quanto à previsibilidade das soluções.[27] Um sistema jurídico tendencialmente ideal será aquele capaz de compatibilizar regras e princípios, e, portanto, de conciliar os valores da segurança jurídica e da justiça.

As categorias dos *direitos fundamentais* e dos *princípios jurídicos* – até aqui tratadas isoladamente – suscitam o problema transcendental da sua identidade comum.

---

[21] *Teoría de los derechos fundamentales.* Trad. Ernesto Garzón Valdes. Madri: Centro de Estudios Constitucionales, 1997, p. 86-89; 92; 101.

[22] RIGHI, Eduardo. *Direito fundamental ao justo processo nas tutelas de urgência.* Curitiba: Juruá, 2007, p. 59-61.

[23] *El derecho dúctil: ley, derechos, justicia.* Trad.: Marina Gascón. 7ª ed. Madri: Trotta, 2007, p. 110-111.

[24] *Direito constitucional e teoria da constituição.* 2ª ed. Coimbra: Almedina, 1998, p. 1.035-1.036.

[25] São dignas de nota as recentes contribuições do jovem jurista e Doutor pela Universidade de Munique, cuja obra (*Teoria dos princípios: da definição à aplicação dos princípios jurídicos.* 2ª ed. São Paulo: Malheiros, 2003) conta com edições publicadas na Alemanha e nos Estados Unidos. Para Ávila, as distinções tradicionais entre regras e princípios não dão conta da complexidade de sua diferença, que possui aspectos bastante sutis. Entende esse autor que as noções já bastante difundidas devem ser melhor trabalhadas para despi-las do que é meramente acidental e para contemplar os casos *fronteiriços* em que falha a separação habitualmente pensada pela doutrina. Para isso, formula uma proposta que tem recebido justificada atenção, baseada nos critérios da *natureza do comportamento prescrito*, da *natureza da justificação exigida* e da *medida de contribuição para a decisão*. Para uma síntese do pensamento do autor confira-se a obra mencionada, especialmente p. 63-69; 119-120.

[26] FREITAS, Juarez. *A interpretação sistemática do direito.* 4ª ed. rev. ampl. São Paulo: Malheiros, 2004, p. 58.

[27] Os princípios explicitam valores e por isto são adequados para evidenciar a unidade valorativa do sistema jurídico. Por outro lado, encontram-se num grau de concretização maior que os valores: já exprimem algo de relativamente concreto, e são suficientemente determinados para indicar algo acerca de suas consequências jurídicas (CANARIS, Claus-Wilhelm. *Pensamento sistemático e conceito de sistema na ciência do direito.* 2ª ed. Trad. António Menezes Cordeiro. Lisboa: Fundação Calouste Gulbenkian, 1996, p. 86-87).

Sendo os direitos fundamentais concebidos como decisões constitucionais axiológicas de natureza jurídico-objetiva, com eficácia irradiante sobre todo o sistema jurídico, segue-se o problema de saber se *as normas de direito fundamental têm natureza principiológica*.

Na doutrina, a teoria descritível como *fraca* afirma não haver paralelismo necessário entre preceitos de direitos fundamentais e princípios. A distinção entre regras e princípios seria neutra, inclusive em relação às perspectivas subjetiva e objetiva dos direitos fundamentais. As normas jusfundamentais poderiam ter tanto a natureza de regras como de princípios, dependendo das características do preceito considerado. Trata-se da posição reivindicada por J. J. Gomes Canotilho, José Carlos Vieira de Andrade, e, no Brasil, por Ingo Sarlet e Eduardo Righi.[28]

A concepção *forte*, de outra parte, atribui às teorias normativas importância decisiva para a compreensão e aplicação das normas de direitos fundamentais. Para Robert Alexy – que partilha de tal posição – "la distinción entre reglas y principios es uno de los pilares fundamentales del edificio de la teoría de los derechos fundamentales", constituindo "la base de la fundamentación iusfundamental y (...) una clave para la solución de problemas centrales de la dogmática de los derechos fundamentales". Não seria possível estabelecer uma teoria sobre os limites, a colisão e o papel que os direitos fundamentais exercem no sistema jurídico sem um entendimento da função das regras e princípios.[29]

Nesse contexto, a observação dos direitos fundamentais "em funcionamento" permitiria concluir que a eles corresponde uma eficácia *prima facie*, passível ser limitada em situações de conflito, para satisfazer outros princípios ou direitos fundamentais. Sua aplicação concreta estaria sujeita a uma *reserva geral de ponderação*, precisamente como ocorre aos princípios jurídicos.[30] Tal concepção recebeu excelente acolhida na doutrina brasileira e figura em um bom número de textos recentes.[31]

---

[28] CANOTILHO, J.J. Gomes. *Direito constitucional e teoria da constituição*, 2ª ed. Coimbra: Almedina, 1998, p. 1.123; ANDRADE, José Carlos Vieira de. *Os direitos fundamentais na constituição portuguesa de 1976*, 2ª ed. Coimbra: Almedina, 2001, p. 278; SARLET, Ingo Wolfgang. *A eficácia dos direitos fundamentais*. 4ª ed. rev. atual. ampl. Porto Alegre: Livraria do Advogado, 2004, p. 153-154; RIGHI, Eduardo. *Direito fundamental ao justo processo nas tutelas de urgência*. Curitiba: Juruá, 2007, p. 63 e 68. No sentido de que os direitos fundamentais devem ser concebidos, *primordialmente*, como princípios, MENDES, Gilmar Ferreira; COELHO, Inocêncio Mártires; BRANCO, Paulo Gustavo Gonet. *Curso de direito constitucional*. São Paulo: Saraiva, 2007, p. 274 e p. 291.

[29] *Teoría de los derechos fundamentales*. Trad. Ernesto Garzón Valdes. Madri: Centro de Estudios Constitucionales, 1997, p. 81-82.

[30] Sobre a origem da teoria principiológica dos direitos fundamentais, que remonta à dogmática dos direitos fundamentais na Alemanha do pós-Segunda Guerra e à jurisprudência de seu Tribunal Constitucional Federal, cf. ALEXY, Robert. *Teoría de los derechos fundamentales*, Trad. Ernesto Garzón Valdes. Madri: Centro de Estudios Constitucionales, 1997, p. 508.

[31] Reconhecem o caráter principiológico dos direitos fundamentais Eduardo Cambi (*Neoconstitucionalismo e neoprocessualismo: direitos fundamentais, políticas públicas e protagonismo judiciário*, São Paulo: Revista dos Tribunais, 2009, p. 103), Carlos Alberto Alvaro de Oliveira (O processo civil na perspectiva dos direitos fundamentais. *Revista de Processo*, São Paulo, ano 29, n. 113, p. 9-21, janeiro-fevereiro/2004, p. 12-13) e Luiz Guilherme Marinoni (*Técnica processual e tutela dos direitos*. 2ª ed. rev. atual. São Paulo: Revista dos Tribunais, 2008, p. 175).

Parece indiscutível que as normas de direito fundamental são capazes de assimilar, na sua estrutura e aplicação, a figura dos princípios. Não obstante, a resposta à questão formulada merece uma consideração adicional. As normas de direito fundamental não podem ser categorizadas de maneira excludente (regras *ou* princípios), pois preservam uma natureza dúplice, numa *dissociação heurística* que depende da construção interpretativa no caso concreto.[32] Consoante o ponto de vista adotado pela própria doutrina alemã,[33] os direitos fundamentais revestem-se de um "duplo caráter" (*Doppelcharakter, Doppelgestalt*), atuando como princípios (predomínio do elemento finalístico) ou como regras (predomínio do elemento comportamental) em função das necessidades do caso e das conexões de valor usadas pelo intérprete.

Esse fenômeno, por sua vez, explicita a razão pela qual até mesmo os direitos fundamentais que parecem exprimir comandos definitivos, como a proteção da coisa julgada (art. 5º, XXXVI, CF), a proibição da prisão civil (art. 5º, LXVII, CF) e a vedação da prova ilícita (art. 5º, LVI, CF) podem funcionar – e frequentemente o fazem – como princípios jurídicos, sujeitando-se a uma ponderação com base na proporcionalidade. A conclusão estende-se, naturalmente, aos direitos fundamentais do processo, que haverão de ser abordados no devido momento.

1.1.3. A Constituição processual: uma proposta de sistematização

As grandes matrizes do direito processual estão crescentemente reguladas na Constituição. Foi depois de 1945, no espaço do movimento intitulado "constitucionalismo moderno", que as garantias processuais se impuseram como posições fundamentais e invioláveis do indivíduo nas constituições europeias.[34] Esse notável fenômeno de entrincheiramento (*entrenching*) constitucional de direitos e garantias dos litigantes civis, nascido de uma necessidade jurídico-política de regeneração das democracias ocidentais (mas não somente delas), acabou por transpor as esferas da *Common Law*, da *Civil Law* e do já extinto mundo socialista.[35] O Brasil recebeu o impacto da onda renovatória em 1988, debitando-se o considerável atraso ao caráter tardio e recente da sua redemocratização.

---

[32] Humberto Ávila adverte para o fato de que o enquadramento da norma como regra ou princípio não se dá, como amiúde se pensa, com base na sua formulação linguística pelo legislador (ou intérprete), e sim no próprio ato de interpretação/ aplicação. O que é possível afirmar é apenas que o dispositivo *pode ser construído* pelo intérprete como uma regra ou princípio na sua aplicação concreta. *Teoria dos princípios: da definição à aplicação dos princípios jurídicos*. 2ª ed. São Paulo: Malheiros, 2003, p. 33-35.

[33] ALEXY, Robert. *Teoría de los derechos fundamentales*. Trad. Ernesto Garzón Valdes. Madri: Centro de Estudios Constitucionales, 1997, p. 138.

[34] TROCKER, Nicoló. Il nuovo articolo 111 della costituzione e il "giusto processo" in materia civile: profili generali. *Rivista Trimestrale di Diritto e Procedura Civile*, Milão, ano LV, n. 2, p. 381-410, junho/2001, p. 384.

[35] COMOGLIO, Luigi Paolo. Garanzie costituzionali e "giusto processo": modelli a confronto. *Revista de Processo*, São Paulo, ano 23, n. 90, p. 95-150, abril-junho/1998, p. 99; CAPPELLETTI, Mauro. Fundamental guarantes of the parties in civil proceedings: general report. In: *Fundamental guarantees of the parties in civil litigation*. Ed.: CAPPELLETTI, Mauro; TALLON, Denis. Milão: Giuffrè, 1973, p. 766.

TUTELA ESPECÍFICA DE URGÊNCIA

A regulação constitucional do processo compõe-se de normas heterogêneas, orientadas para diferentes finalidades. É da tradição da doutrina brasileira o esforço de tentar classificar o conteúdo processual da Constituição, iniciativa cujo resultado costuma ser a identificação de um *direito processual de princípios* capaz de irradiar os lineamentos fundamentais do processo.[36] Recentemente, tal proposta metodológica vem sendo censurada como incompatível com a unidade da Constituição. Seus críticos sustentam que ela nega a "constitucionalidade" de todas as normas da Constituição relativas ao processo e desconsidera que o processo é permeado pela Constituição.[37]

A censura assim endereçada não parece adequada. Na verdade, a crítica à sistematização do conteúdo processual da Constituição parte de um pressuposto inexato: na sua imensa maioria, os autores que concebem um "direito processual constitucional" compartilham da visão de que o processo está integralmente submetido à Constituição. Por outro lado, ignora uma importante distinção enfatizada pela doutrina constitucionalista, que *segrega os direitos fundamentais como um núcleo de valor do texto constitucional*. Se o direito constitucional insiste em dispensar tratamento diferenciado ao núcleo fundamental da Constituição – as razões são claras, e ligam-se à singular estrutura e função das normas de direitos fundamentais – não há como supor seja tal diferenciação irrelevante para a ciência do processo.

Cabe acrescentar que a recepção das garantias processuais e a recepção dos institutos processuais na Constituição são dimensões metodologicamente distintas do movimento de constitucionalização do direito processual,[38] o que legitima sua separação teórica. Segue-se daí a utilidade de distinguir, em termos teóricos, entre (a) os preceitos de direito fundamental do processo e (b) as regras de organização constitucional do processo (normas sobre organização judiciária, procedimentos jurisdicionais identificados pela Constituição e a regulação das funções essenciais da Justiça). Esse agrupamento das normas da Constituição não importa em conceber novos ramos autônomos do direito processual, mas apenas em identificar *ângulos metodológicos* – condensações sistemáticas do conteúdo processual da Constituição – que permitam melhor examinar a relação entre processo e Constituição.[39]

---

[36] NERY JR., Nelson. *Princípios do processo na Constituição Federal: processo civil, penal e administrativo.* 9ª ed. rev. atual. ampl. São Paulo: RT, 2009, p. 41; CINTRA, Antônio Carlos; GRINOVER, Ada Pellegrini; DINAMERCO, Cândido Rangel. *Teoria geral do processo.* 21ª ed. rev. atual. São Paulo: Malheiros, 2005, p. 81; CAMBI, Eduardo. *Neoconstitucionalismo e neoprocessualismo: direitos fundamentais, políticas públicas e protagonismo judiciário,* São Paulo: Revista dos Tribunais, 2009, p. 35; BUENO, Cássio Scarpinella. *Tutela antecipada.* 2ª ed. rev. atual. ampl. São Paulo: Saraiva, 2007, p. 2-3.

[37] ZANETI JR., Hermes. *Processo constitucional: o modelo constitucional do processo civil.* Rio de Janeiro: Lumen Juris, 2007, p. 56 e173-174; MITIDIERO, Daniel. *Colaboração no processo civil: pressupostos sociais, lógicos e éticos.* São Paulo: Revista dos Tribunais, 2009, p. 327.

[38] SARLET, Ingo Wolfgang. Os direitos fundamentais, sua dimensão organizatória e procedimental e o direito à saúde: algumas aproximações. *Revista de Processo,* São Paulo, ano 34, n. 175, p. 9-33, setembro/2009, p. 10-11.

[39] CINTRA, Antônio Carlos de Araújo; GRINOVER, Ada Pellegrini; DINAMARCO, Cândido Rangel. *Teoria geral do processo.* 21ª ed. rev. atual. São Paulo: Malheiros, 2005, p. 81.

Preservada a ideia de um direito processual constitucional (expressão também encontrada na doutrina italiana),[40] esse pode ser definido como um *direito-fim*, de caráter *formativo*, composto do complexo de direitos fundamentais vinculados ao processo. Trata-se de um *direito processual fundamental e principiológico*, imbuído da máxima função de formatar as bases ideológico-valorativas do processo.[41] Paralelamente a esse direito formativo, identifica-se na Constituição um conteúdo instrumental – verdadeiro *direito-meio*, ou direito de regras – cuja função reside em definir instrumentos processuais para o exercício de direitos, abarcando tanto o regramento procedimental das ações constitucionais como a disciplina da distribuição de funções ou competências.

Assim o direito processual constitucional configura verdadeira *macro-ordem* processual, articulada hierarquicamente com os microssistemas processuais existentes, cujos efeitos – na linha da perspectiva objetiva reconhecida nos direitos fundamentais – iluminam a interpretação e aplicação das regras processuais e dos princípios processuais setoriais, irradiando-se sobre todos os ramos do direito processual.

Ao conferir esse complexo de direitos fundamentais aos litigantes e assegurar sua fruição no âmbito do processo – *endoprocessualmente*, portanto –, a Constituição projeta a ampla noção de cidadania para o interior da esfera litigiosa, tornando factível a concepção de uma *cidadania processual*.[42] Por fim, a compreensão do conteúdo processual constitucional não deve ter apenas sentido *passivo*, limitado a reconhecer que determinados conteúdos de direito processual estão regulados pela Constituição. Deve revestir-se de uma dimensão *ativa*, assegurando a *aplicação de tais diretrizes constitucionais para reconstruir o processo civil a partir da Constituição*.[43]

A relação entre processo civil e Constituição importa, nesse contexto, numa recíproca implicação; direito constitucional e direito processual civil entretêm um diálogo permanente. Se, por um lado – sobretudo em face das normas de direito processual formativo que a integram –, é indiscutível a força normativa da Constituição sobre o domínio do processo civil (a ponto de falar-se, contemporaneamente, numa *teoria constitucional do processo*), sob outro ângulo não deixa o direito processual civil de influenciar o direito constitucional, como revela o reconhecimento de uma *dimensão procedimental* pela moderna dogmática dos direitos fundamentais, dimensão esta nem sempre referida ao processo, mas que inegavelmente o abrange.

---

[40] COMOGLIO, Luigi Paolo. Garanzie costituzionali e "giusto processo": modelli a confronto. *Revista de Processo*, São Paulo, ano 23, n. 90, p. 95-150, abril-junho/1998, p. 103.

[41] PORTO, Sérgio Gilberto. *Ação rescisória atípica: instrumento de defesa da ordem jurídica*. São Paulo: Revista dos Tribunais, 2009, p. 152-153.

[42] PORTO, Sérgio Gilberto. *A regência sistêmico-constitucional no processo civil contemporâneo*. Porto Alegre: 2010, p. 8; 21-22.

[43] BUENO, Cassio Scarpinella. O "modelo constitucional do direito processual civil": um paradigma necessário de estudo do direito processual civil e algumas de suas aplicações. *Revista de Processo*, São Paulo, v. 33, n. 161, p. 261-270, julho/2008, p. 262.

1.1.4. Garantias fundamentais do processo civil na Constituição de 1988

Garantia constitui uma expressão polissêmica na teoria constitucional. Em sentido amplo, abrange mecanismos de tutela da Constituição e do direito objetivo, concebidos para proteger sua eficácia e permanência contra fatores de desestabilização (*garantias da Constituição*). Num conceito *atuante e dinâmico* – doravante empregado – é instrumento desenhado pela ordem constitucional para assegurar um efetivo gozo dos direitos atribuídos por normas fundamentais (*direitos-garantia*).[44] Os direitos-garantia têm alcance subjetivo, reconduzindo-se "ao direito de os cidadãos exigirem dos poderes públicos a proteção dos seus direitos e o reconhecimento e consagração dos meios processuais adequados a essa finalidade".[45] A Constituição de 1988 manteve-se fiel a essa distinção tradicional no constitucionalismo luso-brasileiro, reproduzindo o termo na epígrafe do Título II e em outras partes do texto.

A doutrina identifica nas garantias autênticos direitos subjetivos capazes de fundamentar posições jurídicas individuais e autônomas, diferenciando-se pela sua função instrumental de proteção de outros direitos (*direitos-direitos*), tomados como posições primárias.[46] Apesar de ainda proclamada a importância das garantias, sua permanência como categoria teórica relevante é bastante discutível. As fronteiras entre "direitos", "liberdades" e "garantias" são de difícil distinção devido à estrutura complexa dos direitos fundamentais, não raramente dotados de qualidades que permitiriam incluí-los em mais de uma categoria.[47]

Na Constituição brasileira, de outra parte, a separação apresenta escassa importância prática, pois as garantias fundamentais e os direitos fundamentais receberam tratamento unitário e compartilham do mesmo regime jurídico. Mesmo assim, opta-se por acolher nesta obra a expressão "garantia fundamental", não apenas porque a sua utilização já está entranhada na cultura constitucional brasileira, mas sobretudo porque ela segue capaz de descrever, com precisão suficiente, os direitos fundamentais que deverão ser considerados na sequência do texto.

Dentre as posições fundamentais presentes na Constituição brasileira – formando-lhe um núcleo de elevada importância – estão as chamadas garantias constitucionais do processo, ou *direitos fundamentais processuais*, cujo *locus* principal reside no catálogo do artigo 5º. Tais garantias expressam verdadeiras concretizações do Estado Constitucional moldado pela Constituição de 1988 e se submetem ao pos-

---

[44] COMOGLIO, Luigi Paolo. Garanzie costituzionali e "giusto processo": modelli a confronto. *Revista de Processo*, São Paulo, ano 23, n. 90, p. 95-150, abril-junho/1998, p. 100-101.

[45] CANOTILHO, J. J. Gomes. *Direito constitucional e teoria da constituição*. 2ª ed. Coimbra: Almedina, 1998, p. 782.

[46] Os direitos primários assegurados pelas garantias fundamentais têm como objeto imediato bens específicos da pessoa – tais como vida, honra, liberdade física, integridade, nome, imagem, palavra – ou espaços de ação individual livres da interferência estatal (CANOTILHO, J. J. Gomes. *Direito constitucional e teoria da constituição*. 2ª ed. Coimbra: Almedina, 1998, p. 362).

[47] ANDRADE, José Carlos Vieira de. *Os direitos fundamentais na constituição portuguesa de 1976*, p. 117-118.

tulado da aplicabilidade imediata (artigo 5º, § 1º), norma-princípio que atribui aos órgãos estatais a tarefa de lhes dispensar a maior eficácia possível. As garantias do processo oferecem as condições "mínimas e insuprimíveis" para uma justa resolução dos litígios, no âmbito de um justo processo.[48] Como enfatiza Daniel Mitidiero, a incorporação dos direitos fundamentais ao discurso processual corresponde a uma *segunda etapa* da constitucionalização do processo, responsável por imbuir o direito processual de um "modo de pensar constitucional".[49] Não é por acaso que a análise dos institutos essenciais do processo termina por desaguar, invariavelmente, num ponto em que eles se desnudam, na sua essência, como garantias fundamentais.[50]

As garantias fundamentais do processo não são homogêneas do ponto de vista estrutural. Sua tipologia envolve tanto direitos predominantemente *defensivos* como predominante *prestacionais*. Se por um lado a garantia de proteção judiciária pode ser definida como direito à prestação em sentido amplo, e, mais especificamente, como um *direito à participação na organização e procedimento*[51] (embora não se deixe de apontar certa transcedência em relação à categoria), outras garantias fundamentais do processo, como as do juízo natural e da ampla defesa, afastam-se do campo dos direitos ao procedimento e melhor se assemelham a direitos de defesa (posição esta, todavia, que não goza de aceitação unânime).[52]

De todo modo, mesmo quando não qualificáveis como direitos a um procedimento, todas essas garantias são *procedimentalmente dependentes*, o que é perceptível na exigência que acarretam de uma determinada conformação do processo e dos poderes do juiz e das partes. A robustez de sua dimensão organizatória e procedimental – afiliada a uma concepção participativa de democracia – acentua o caráter democrático e cooperativo das garantias do processo.

---

[48] COMOGLIO, Luigi Paolo. Garanzie costituzionali e "giusto processo": modelli a confronto. *Revista de Processo*, São Paulo, ano 23, n. 90, p. 95-150, abril-junho/1998, p. 101.

[49] *Colaboração no processo civil: pressupostos sociais, lógicos e éticos.* São Paulo: Revista dos Tribunais, 2009, p. 42. Do ponto de vista da teoria constitucional, Ingo Sarlet indica três grandes dimensões do fenômeno da constitucionalização do direito processual: (a) a incorporação de garantias processuais ao texto constitucional; (b) a recepção, na Constituição, de institutos contidos originariamente na legislação e na *praxis* infraconstitucionais; (c) a influência da Constituição sobre a normativa processual, a partir da técnica de interpretação conforme. Tais dimensões, frisa o autor, não são exclusivas do processo, repetindo-se no plano do direito privado (Os direitos fundamentais, sua dimensão organizatória e procedimental e o direito à saúde: algumas aproximações. *Revista de Processo*, São Paulo, ano 34, n. 175, p. 9-33, setembro/2009).

[50] COUTURE, Eduardo Juan. *Estudios de derecho procesal civil.* Tomo I. 3ª ed. Buenos Aires: Depalma, 1998, p. 22.

[51] Neste sentido, SARLET, Ingo Wolfgang. *A eficácia dos direitos fundamentais.* 4ª ed. rev. atual. ampl. Porto Alegre: Livraria do Advogado, 2004, p. 109, 195 e 211. Os direitos a organização e procedimento caracterizam-se por apresentar como conteúdo a existência de um determinado procedimento, instituindo exigências de índole normativa dirigidas ao Estado, no sentido de dever estruturar o procedimento contemplado pelo direito fundamental e estabelecer as suas características específicas, bem como interpretar a regulação do procedimento em conformidade com o respectivo direito fundamental (ANDRADE, José Carlos Vieira de. *Os direitos fundamentais na constituição portuguesa de 1976*, p. 146).

[52] Ingo Sarlet classifica-os como direitos de defesa (*A eficácia dos direitos fundamentais.* 4ª ed. rev. atual. ampl. Porto Alegre: Livraria do Advogado, 2004, p. 55 e 211), ao passo que Gilmar Mendes confere à garantia de ampla defesa a índole de direito procedimental (*Curso de direito constitucional.* São Paulo: Saraiva, 2007, p. 273).

1.2. A POLARIZAÇÃO EFETIVIDADE-SEGURANÇA E SUA HARMONIZAÇÃO NO PROCESSO

1.2.1. Efetividade e segurança como polos valorativos do processo civil contemporâneo

A frequência dos conflitos de direitos fundamentais aumenta na medida em que se alarga, doutrinária e jurisprudencialmente, a sua esfera de aplicação e a intensidade de sua proteção. Essa tendência é intensificada nas sociedades que primam pela carência de recursos e de espaços e pela intensa comunicação e mobilidade.[53] O fator *tempo* é particularmente propenso a desencadear a tensão entre direitos fundamentais, pois o decurso do tempo necessário para concretizar o direito à segurança jurídica também conspira contra o atendimento da efetividade processual.

Essa tensão evidencia os dois valores ideológicos fundamentais subjacentes ao direito processual civil.[54] O contraste entre *efetividade e segurança* – valores-síntese do processo[55] – opõe duas complementares, mas em permanente conflito: a demanda de que o processo desenvolva-se num período de tempo suficiente para a correta apuração do direito, e a exigência de que não se prolongue por tempo superior ao necessário.[56] Trata-se de valores que se afetam reciprocamente, pois o incremento da segurança pode comprometer a efetividade, e a aceleração do processo pode comprometer sua segurança.[57]

Nos últimos tempos, a ciência e as políticas legislativas vêm buscando corrigir aquele que é considerado um *desequilíbrio estrutural* daquelas posições valorativas. No intuito de tornar o processo mais rápido e eficaz, a balança ideológica inclina-se sensivelmente na direção da efetividade. Embora universal, o movimento da efetividade no processo apresenta, no Brasil, componentes circunscritos a países em estágio de desenvolvimento similar, como as conhecidas deficiências de administração da Justiça, os problemas de natureza econômica, política e social, as carências de grande parcela da população e a manutenção de uma legislação complexa e assistemática.

---

[53] ANDRADE, José Carlos Vieira de. *Os direitos fundamentais na constituição portuguesa de 1976*, p. 310.

[54] ZANETI JÚNIOR, Hermes. *Processo constitucional: o modelo constitucional do processo civil*. Rio de Janeiro: Lumen Juris, 2007, p. 183-184.

[55] OLIVEIRA, Carlos Alberto Alvaro de; MITIDIERO, Daniel Francisco. *Curso de processo civil: volume 1: teoria geral do processo civil e parte geral do direito processual civil*. São Paulo: Atlas, 2010, p. 60). Acentua Guilherme Rizzo Amaral que "içar o valor *instrumentalidade*, ou o valor *efetividade*, à condição de sol que ilumina todo o sistema processual e sua interpretação traz consequências práticas importantes e que destoam de uma visão que reconheça, ao lado da efetividade, o valor *segurança*, ambos em permanente conflito" *(Cumprimento e execução da sentença sob a ótica do formalismo-valorativo*. Porto Alegre: Livraria do Advogado, 2008, p. 21).

[56] RIBEIRO, Darci Guimarães. A instrumentalidade do processo e o princípio da verossimilhança como decorrência do "due process of law". *Revista de Processo*, São Paulo, v. 19, n. 75, p. 183-188, julho-setembro/1994, p. 184.

[57] OLIVEIRA, Carlos Alberto Alvaro de. Os direitos fundamentais à efetividade e segurança em perspectiva dinâmica. *Revista de Processo*, São Paulo, ano 33, n. 155, p. 11-26, janeiro/2008, p. 23.

Segurança e efetividade não representam meros valores (ou complexos valorativos), mas igualmente realidades deontológicas, reconhecidas no plano dos direitos fundamentais. O conjunto de posições jurídicas atribuídas ao indivíduo pela Constituição que se destinam a obter do Estado uma atuação jurisdicional expedita e eficaz, social e juridicamente, compõem o que se denomina *direito fundamental à efetividade do processo*.[58] O princípio da efetividade, como nota Cappelletti, é corolário da concepção "social" do *Rechtstaat*, a qual obriga à superação da ideia de uma equitatividade meramente formal dos sujeitos perante a lei.[59] A efetividade processual está integrada pelas noções de uma atividade jurisdicional e de uma justiça capazes de atuar no plano factual, adequando-o, tão fielmente quanto seja possível, aos comandos da decisão judicial. Entremostra a efetividade, assim, sua forte aderência ao plano do direito material.

A noção fundamental de segurança jurídica já foi descrita como "herança temática" do direito alemão, onde recebeu acentuado desenvolvimento teórico, conectando-se aos princípios de clareza, acessibilidade, efetividade da lei, não retroatividade, proteção dos direitos adquiridos, da confiança legítima e da estabilidade das relações negociais.[60] A teoria da segurança jurídica está associada ao postulado da confiança do cidadão no Estado; pretendem-se a ela, na Constituição brasileira, além da tradicional proteção ao direito aquirido, ao ato jurídico perfeito e à coisa julgada (artigo 5º, inciso XXXVI), as explicitações do "devido processo legal" (artigo 5º, inciso LIV)[61] e do "contraditório e ampla defesa, com os meios e recursos a ela inerentes" (artigo 5º, inciso LV). A segurança jurídica é elemento nuclear e subprincípio concretizador do princípio do Estado de Direito.[62]

No Estado Constitucional, o valor da segurança concretiza-se deontologicamente num direito à segurança jurídica no processo, também denominado *direito ao justo processo*.[63] O direito à segurança jurídica assegura ao indivíduo que a sua liberdade e seus bens – tomados na sua acepção mais ampla – serão preservados até que se cumpra um processo jurídico regulado constitucionalmente. A despeito de sua origem no "paradigma legalista", a noção de segurança, como concebida atualmen-

---

[58] ZAVASCKI, Teori Albino. *Antecipação da tutela*. 7ª ed. São Paulo: Saraiva, 2009, p. 66.

[59] Algunas reflexiones sobre el rol de los estudios procesales en la actualidad. *Revista de Processo*, São Paulo, v. 16, n. 64, p. 145-157, outubro-dezembro/1991, p. 148.

[60] AMARAL, Guilherme Rizzo. *Cumprimento e execução da sentença sob a ótica do formalismo-valorativo*. Porto Alegre: Livraria do Advogado, 2008, p. 58.

[61] Na realidade, como será adiante explicitado, a noção de devido processo legal abrange ambos os aspectos – efetividade e segurança (OLIVEIRA, Carlos Alberto Alvaro de. O processo civil na perspectiva dos direitos fundamentais. *Revista de Processo*, São Paulo, ano 29, n. 113, p. 9-21, janeiro-fevereiro/2004, p. 20).

[62] SARLET, Ingo Wolfgang. *A eficácia dos direitos fundamentais*, 4ª ed. rev. atual. ampl. Porto Alegre: Livraria do Advogado, 2004, p. 403-404.

[63] OLIVEIRA, Carlos Alberto Alvaro de. Os direitos fundamentais à efetividade e segurança em perspectiva dinâmica. *Revista de Processo*, São Paulo, ano 33, n. 155, p. 11-26, janeiro/2008, p. 20.

te, distancia-se dessa quadra, adquirindo uma dimensão *procedimental*, que se ocupa com o controle da construção da solução que será outorgada no processo.[64]

É visível a tendência atual do direito processual civil de *privilegiar a efetividade dos direitos reconhecidos pelo sistema jurídico*, com o sacrifício da presumida segurança proporcionada pelo procedimento ordinário de cognição plena.[65] Algumas razões militam em favor dessa opção: de um lado, a *mudança qualitativa* dos litígios trazidos ao Judiciário, que cada vez mais envolvem riscos e carências de uma sociedade de massas, impondo soluções mais rápidas e efetivas; de outro, a própria adoção e constitucionalização dos princípios jurídicos, com o resultado de que a segurança já não é mais vista sob o ângulo do Estado liberal, quando se identificava com uma noção estática de preservação do *status quo*. A priorização da celeridade pelo sistema exprime-se em fenômenos bem conhecidos, como a amplificação das tutelas provisórias. A tensão entre efetividade e segurança permanece, todavia, sempre presente.

O ideal correspondente ao modelo processual-constitucional reside na busca do processo justo, isto é, daquele que, sobre assegurar ao autor um resultado adequado, também garante ao réu a participação efetiva por meio do contraditório real e equilibrado. Na síntese de Eduardo Couture, "el proceso debe ser um proceso idôneo para el ejercicio de los derechos: lo suficientemente ágil como para no afotar por desaliento al actor y lo suficientemente seguro como para no angustiar por restricción al demandado".[66] O conflito brutal entre efetividade e garantia, bem lembra Giuseppe Tarzia, "non si puó comporre, evidentemente, com l´eliminazione della giustizia ordinaria o della giustizia sommaria, ma com il contemperamento di quelle due esigenze, all´interno del sistema stesso della giurisdizione provvisoria".[67] Infelizmente, em lugar algum vigora sistema perfeito, capaz de proporcionar segurança e tempestividade quanto ao resultado do processo. Com razão realça a doutrina italiana a viva dificuldade de se harmonizar a exigência de efetividade com as garantias processuais.[68]

É questão de realismo compreender que nem sempre poderão coexistir de forma harmônica e simultânea os direitos à tutela efetiva do autor e à segurança

---

[64] Segundo Carlos Alberto Alvaro de Oliveira, o conceito de que atualmente se cogita não é mais o da segurança jurídica absoluta – visão estática associada ao Estado liberal – mas o de uma segurança *dinâmica*, afetada por uma *garantia de realidade*. Nessa perspectiva, "a própria segurança jurídica induz à mudança, a movimento, visto que deve estar a serviço de um objetivo mediato de permitir a efetividade do direito fundamental a um processo equânime." (Os direitos fundamentais à efetividade e segurança em perspectiva dinâmica. *Revista de Processo*, São Paulo, ano 33, n. 155, p. 11-26, janeiro/2008, p. 21-22).

[65] SILVA, Ovídio Araújo Baptista da. *Curso de processo civil. V. 2*. 4ª ed. rev. atual. Rio de Janeiro: Forense, 2007, p. 8. É notório o desprestígio teórico dos procedimentos de cognição plena, embora tal censura seja mais retórica do que prática, pois o sistema reluta, e só a muito custo interfere no chamado *processo de conhecimento*.

[66] *Estudios de derecho procesal civil*. Tomo I. 3ª ed. Buenos Aires: Depalma, 1998, p. 23.

[67] Considerazioni comparative sulle misure provisorie nel processo civile. *Rivista di Diritto Processuale*, Padova, v. 40, n. 2, p. 240-254, abril-junho/1985, p. 252.

[68] TROCKER, Nicoló. Il nuovo articolo 111 della costituzione e il "giusto processo" in materia civile: profili generali. *Rivista Trimestrale di Diritto e Procedura Civile*, Milão, ano LV, n. 2, p. 381-410, junho/2001, p. 409.

jurídica do réu, existindo situações – sobretudo aquelas suscitadas pelo decurso do tempo na tramitação do processo – em que o garantir da plena segurança comprometeria o direito à efetividade da jurisdição, e vice-versa. O juiz vivencia diretamente esse conflito, porém sua incidência sobre ele está limitada pelas condições que ditam a legitimidade do exercício da jurisdição. Não cabe ao julgador ignorar as soluções dogmáticas preexistentes. Cumpre a ele, porém, equacionar os frequentes pontos de tensionamento que sobrevivem à intervenção do Poder Legislativo.[69]

A um primeiro momento de ponderação, definido abstrativamente pelo legislador, segue-se a necessidade de ponderações tópicas e concretas para determinar se a proteção à segurança jurídica do réu deve ceder espaço à efetividade da proteção jurisdicional. Abre-se caminho, assim, "para que o juiz formule (...) a solução mais adequada a manter vivos e concretamente eficazes os dois direitos fundamentais",[70] buscando a solução para as situações conflitivas de acordo com os parâmetros estabelecidos pelo sistema jurídico. Quando se afirma que o juiz participa da missão de resolver o conflito entre segurança e efetividade, está-se falando de um mandamento *que emerge da própria Constituição*, como consequência do Estado Constitucional e da estruturação de um sistema de princípios fundamentais.

1.2.2. Desdobramento do binômio efetividade-segurança

Todas as garantias fundamentais do processo civil orbitam no entorno do binômio efetividade-segurança. O direito à motivação das decisões judiciais atende, por exemplo, ao segundo valor. Todavia, há um conjunto de garantias fundamentais que concretizam mais proximamente os princípios de efetividade e segurança *na sua relação com o fator tempo no processo*, compondo um "modelo constitucional essencial" do processo civil brasileiro. Consistem elas na *tutela jurisdicional efetiva e adequada*, no *contraditório*, na *ampla defesa*, na *razoável duração do processo* e no *devido processo constitucional*.[71] Cumpre examiná-las brevemente.

1.2.2.1. Direito à tutela jurisdicional efetiva e adequada

Prevê a Constituição de 1988, no artigo 5º, inciso XXXV, a garantia da inafastabilidade do controle jurisdicional em caso de lesão ou ameaça a direito, assegurando o acesso de todo indivíduo a um órgão judicial revestido das qualidades "orgânicas" da imparcialidade e da estatalidade.[72] Trata-se de norma cujo escopo,

---

[69] AMARAL, Guilherme Rizzo. *Cumprimento e execução da sentença sob a ótica do formalismo-valorativo*. Porto Alegre: Livraria do Advogado, 2008, p. 97.

[70] ZAVASCKI, Teori Albino. *Antecipação da tutela*. 7ª ed. São Paulo: Saraiva, 2009, p. 69-70 e 204.

[71] BUENO, Cássio Scarpinella. *Tutela antecipada*. 2ª ed. rev. atual. ampl. São Paulo: Saraiva, 2007, p. 5.

[72] CAPPELLETTI, Mauro. Fundamental guarantees of the parties in civil proceedings: general report. In: *Fundamental guarantees of the parties in civil litigation*. Ed.: CAPPELLETTI, Mauro; TALLON, Denis. Milão: Giuffrè, 1973, p. 691.

a despeito de ter como aparente destinatário o legislador, alcança a todos, indistintamente. Na diversidade de modelos revelados pela perspectiva comparativista,[73] a Constituição brasileira caracteriza-se por alçar a garantia a um elevado patamar de fundamentalidade e força normativa.

Numa primeira aproximação, a cláusula do inciso XXXV articula-se com o problema da universalização do acesso à Justiça[74] e com a necessidade de levar os interesses sociais – inclusive dos setores mais desfavorecidos, por meio da assistência judiciária integral e gratuita – à apreciação do Poder Judiciário, superando o aforismo de que "a Justiça está aberta a todos, da mesma forma que o hotel Ritz".[75] Sem embargo, o direito em questão é substancialmente mais rico do que sugere essa abordagem inicial, estando integrado por diferentes dimensões.

A garantia de acesso à Justiça não se limita a enunciar a inafastabilidade da jurisdição – isto é, o *mero bater às portas* do Poder Judiciário. Ela compreende uma proteção relativa à qualidade da resposta estatal, consagrando o direito à *tutela jurisdicional efetiva e adequada* (às vezes sintetizado como "acesso à ordem jurídica justa"),[76] inclusive mediante a pré-ordenação das técnicas processuais necessárias, e cria para o Estado o dever correlato de prestar um serviço jurisdicional com essas características. Foi por esse caminho que a ideia de efetividade incorporou-se ao discurso do direito processual. Conforme observa Robert Alexy, 'los derechos a procedimientos judiciales y administrativos son esencialmente derechos a una 'protección jurídica efectiva'''.[77]

Tal garantia é decorrência lógica do assegurar-se o acesso à jurisdição; de fato, seria incongruente que uma ordem jurídica incumbida de oferecer proteção eficaz concebesse o acesso a uma jurisdição destituída dessa qualidade fundamental. O direito fundamental à tutela efetiva e adequada exprime a exigência de meios adequados que permitam ao órgão judiciário identificar as pretensões legítimas merecedoras de tutela, e, uma vez reconhecidas, protegê-las eficazmente.

---

[73] Sobre o tema cf. o excelente relatório confeccionado por Mauro Cappelletti após ampla pesquisa coletiva sobre as garantias fundamentais das partes no processo civil (Fundamental guarantees of the parties in civil proceedings: general report. In: *Fundamental guarantees of the parties in civil litigation*. Ed.: CAPPELLETTI, Mauro; TALLON, Denis. Milão: Giuffrè, 1973, p. 704; 705; 707-708).

[74] O projeto de universalização do acesso à Justiça é uma herança legada ao processualismo contemporâneo pelo século vinte. Em obra já clássica, que deixou um impacto duradouro na ciência processual brasileira, Cappelletti e Garth observam que o acesso a justiça passou a ser vislumbrado como o "requisito fundamental – o mais básico dos direitos humanos – de um sistema jurídico moderno e igualitário que pretende garantir, e não apenas proclamar os direitos de todos" (*Acesso à justiça*. Trad. Ellen Gracie Northfleet. Porto Alegre: S. A. Fabris, 2002, p. 11-12).

[75] "Justice in open to all, like the Ritz hotel". A sentença foi atribuída, dentre outros juízes, a Matthew L.J (JOLOWICZ, J.A. Fundamental guarantees in civil litigation: England. In: *Fundamental guarantees of the parties in civil litigation*. CAPPELLETTI, Mauro; TALLON, Denis (ed.). Milão: Giuffrè, 1973, p. 153, nota 100).

[76] A expressão merece alguma reserva, não sendo correto afirmar que o processo garanta, *por si só*, o acesso à ordem jurídica justa (LOPES, João Batista. *Tutela antecipada no processo civil brasileiro*. 2ª ed. São Paulo: Saraiva, 2003, p. 31). Aliás, uma ordem jurídica *injusta* não está em condições de ser *justificada* pelo processo, senão em termos limitados; mais plausível é que o processo, por fazê-la atuar efetivamente, *promova a injustiça* nela contida em potência.

[77] *Teoría de los derechos fundamentales*. Trad. Ernesto Garzón Valdes. Madri: Centro de Estudios Constitucionales, 1997, p. 472.

No quadro mesmo do direito à efetividade da tutela – estando afirmado, inclusive, pelo Tribunal Constitucional espanhol – inscreve-se o *direito fundamental à tutela "executiva",* ou de atuação material dos direitos, que compreende a predisposição de "meios de atuação concreta" capazes de proporcionar a integral satisfação dos direitos reconhecidos em juízo. Trata-se, nesse aspecto, da exigência de um completo sistema de concretização das decisões judiciais.[78]

O direito à tutela jurisdicional efetiva e adequada grava o processo em toda sua extensão. Compreendida a garantia como autêntico direito fundamental, segue-se o entendimento de que *não importa apenas o resultado, mas também o caminho que a ele conduz.* Tal formulação traz consequências importantes quanto àquele que é historicamente concebido como o veículo de acesso à jurisdição, isto é, a *ação processual, de caráter abstrato.*[79]

A *ação* é considerada pela doutrina processual como a concretização do direito de acesso à justiça, franqueando ao órgão judiciário o exame das questões deduzidas pelas partes.[80] Não obstante, tal categoria dogmática – cujo conceito rendeu mais de um século de controvérsias, apenas para conciliarem-se os autores sobre a esterilidade da própria disputa[81] – já não consegue ocultar sua insuficiência diante da constitucionalização e do influxo dos direitos fundamentais sobre o processo. Em tempos passados a ação foi tratada como único ponto de contato entre o direito material e processual, o que levou à sua expressiva valorização teórica. Mas as teorias tradicionais da ação exauriram sua função histórica, abrindo caminho para uma nova visão do processo e da tutela jurisdicional, sob a perspectiva constitucional. Sabendo-se que *todo o processo reage ao plano do direito material,*[82] perde sentido lançar o foco apenas sobre o ajuizamento da demanda.

Ciente dessa realidade, uma parcela importante da doutrina propôs-se a reconstruir a ideia de ação. Deixando de visualizar a ação como entidade *preexistente ao processo* e como mero direito de acesso aos tribunais, passou a defini-la como

---

[78] O processo italiano concebe, como subespécie da garantia constitucional do acesso à justiça (artigo 24 da Constituição), o direito à obtenção da *tutela di condanna,* ou, nos casos que o reclamem, da "execução coativa" do direito (TARUFFO, Michele. Notte sul diritto alla condanna e all´esecuzione. *Revista de Processo.* São Paulo, v. 32, n. 144, p. 57-84, fevereiro/2007, p. 60-61 e 69).

[79] Fábio Cardoso Machado observa agudamente que o termo "ação" foi mal escolhido pela doutrina do século XIX, a qual, ao tratar do fenômeno que então se revelava – um poder abstrato de reclamar, perante o Estado, o exercício da jurisdição – apropriou-se de uma categoria antiquíssima (a *actio*), transfigurando-a em algo inteiramente diverso do seu sentido original, com o virtual *aniquilamento* do conceito primitivo (*Jurisdição, condenação e tutela jurisdicional.* Rio de Janeiro: Lumen Juris, 2004, p. 91).

[80] PORTO, Sérgio Gilberto. *Ação rescisória atípica: instrumento de defesa da ordem jurídica.* São Paulo: Revista dos Tribunais, 2009; p. 166; MITIDIERO, Daniel Francisco. *Elementos para uma teoria contemporânea do processo civil brasileiro.* Porto Alegre: Livraria do Advogado, 2005, p. 45. Não há mesmo utilidade, como escreve José Roberto Bedaque, em distinguir outra "ação", no plano processual, distinta da "ação constitucional" (*Direito e processo: influência do direito material sobre o processo.* 5ª ed. rev. ampl. São Paulo: Malheiros, 2009, p. 92).

[81] SILVA, Ovídio Araújo Baptista da. *Jurisdição e execução na tradição romano-canônica.* 2ª ed. rev. São Paulo: Revista dos Tribunais, 1997, p. 165.

[82] MITIDIERO, Daniel Francisco. *Elementos para uma teoria contemporânea do processo civil brasileiro.* Porto Alegre: Livraria do Advogado, 2005, p. 91.

"situação subjetiva composta" – um conjunto de faculdades, poderes e deveres assinalados ao longo de todo o processo.[83] A ação é concebida como "acesso a uma sequência de posições jurídicas subjetivas que substancializam o processo". Em outras palavras, exerce-se ação "quando se exercem os poderes inerentes ao formalismo processual, sendo a 'ação', ao fim e ao cabo, possibilidade de ir a juízo e exercer os poderes indissociáveis ao processo justo e équo, todos tendentes à obtenção da (...) tutela jurisdicional".[84]

Entretanto, parece que a debilitação do conceito alcançou patamar irreversível, ao ponto de a ação, como categoria dogmática, não esconder mais sua própria fragilidade. A *abstrativização* da ação converteu-a em figura inadequada para explicitar as relações entre processo e direito material, e mesmo a concepção da ação como um direito exercitável ao longo de todo o procedimento não esconde seus limites.[85] Tornou-se mais coerente falar no *direito a uma tutela adequada* – ou mesmo a um processo adequado[86] – do que numa *ação adequada*. A ação (o agir em juízo) é antes a consequência do que o pressuposto das técnicas processuais adequados, dos procedimentos adequados e das tutelas jurisdicionais seguras, eficientes e adequadas.

A ponte entre direito material e direito processual está mais bem servida, no plano teórico contemporâneo, pelo *direito fundamental constitucional à tutela adequada e efetiva*, instrumentalizado pela jurisdição e pela pretensão,[87] sem que se necessite recorrer, para tal fim, à noção de ação processual. O mais importante, entretanto, está em reconhecer que a garantia do artigo 5°, inciso XXXV não tem um teor apenas técnico-processual, mas igualmente um conteúdo substancial, relativizador da tradicional distinção entre *substance* e *procedure*. Por detrás do direito à tutela efetiva e adequada encontra-se a noção de que as estruturas processuais são conformadas pelos dados materiais da realidade.

1.2.2.2. Duração razoável do processo

O retardamento da prestação jurisdicional é fonte histórica de intranquilidade social e de insegurança quanto ao sentido do direito, gerando um efeito residual al-

---

[83] COMOGLIO, Luigi Paolo. Note riepilogative su azione e forme di tutela, nell´ottica della domanda giudiziale. *Rivista di Diritto Processuale*, Padova, v. 48, n. 2, p. 465-490, abril-junho/1993, p. 466-470; FAZZALARI, Elio. *Instituições de direito processual*. Trad.: Elaine Nassif. Campinas: Bookseller, 2006, p. 504-505.

[84] MITIDIERO, Daniel Francisco. *Elementos para uma teoria contemporânea do processo civil brasileiro*. Porto Alegre: Livraria do Advogado, 2005, p. 120.

[85] OLIVEIRA, Carlos Alberto Alvaro de. *Teoria e prática da tutela jurisdicional*. Rio de Janeiro: Forense, 2008, p. 72.

[86] Segundo faz notar Comoglio, no contexto dos princípios constitucionais, em lugar da ação, concebe-se o *direito ao processo,* mas um direito dotado de "conteúdo modal qualificado, pois a norma constitucional encerra uma garantia tanto dos meios como dos resultados da atividade jurisdicional" (Note riepilogative su azione e forme di tutela, nell´ottica della domanda giudiziale. *Rivista di Diritto Processuale*, Padova, v. 48, n. 2, p. 465-490, abril-junho/1993, p. 472).

[87] OLIVEIRA, Carlos Alberto Alvaro de. Os direitos fundamentais à efetividade e segurança em perspectiva dinâmica. *Revista de Processo*, São Paulo, ano 33, n. 155, p. 11-26, janeiro/2008, p. 17 e 19.

tamente nocivo – o questionamento da comunidade quanto à legitimidade do próprio sistema.[88] Com o ritmo da sociedade moderna o problema assume contornos agudos e forte coloração social, pois a demora é particularmente inaceitável para a dinâmica contemporânea. O efeito mais deletério da lentidão na administração da justiça reside na *compressão dos direitos fundamentais* dos cidadãos, cuja realização concreta reclama mecanismos judiciais ágeis e tempestivos.

Após a Segunda Guerra Mundial, seguindo o caminho aberto pela Convenção Europeia pela Salvaguarda dos Direitos do Homem e das Liberdades Fundamentais, adotada pelo Conselho da Europa em 4/11/1950 – que materializou, no seu artigo 6°, o direito ao *exame da causa num prazo razoável* – diversas nações resolveram-se pela constitucionalização de uma garantia de tramitação do processo em tempo razoável,[89] na esperança de que esse norte proporcionasse respostas eficazes à crise de administração da justiça. Na Constituição brasileira, a garantia tornou-se letra expressa pela EC n. 45, de 2004, que agregou o inciso LXXVIII ao artigo 5°, assegurando, nos âmbitos judicial e administrativo, a "razoável duração do processo e os meios que garantiam a celeridade de sua tramitação".

As intervenções no plano infraconstitucional também se inclinaram para a aceleração do processo. Desde 1992, o objetivo maior das reformas no Código Buzaid residiu na celeridade. As disposições do artigo 273, inciso I e § 6° do CPC/73 – concernentes à *tutela antecipatória contra o perigo de* dano e à *tutela da parte incontroversa do pedido* – constituem irradiações visíveis, no plano legislativo, da preocupação com a presteza do processo. A tendência alcançou tamanho vulto que imprimiu na consciência dos operadores do direito – bem como na da população em geral – uma relação intuitiva entre duração razoável do processo e reformas das leis processuais, chegando a eclipsar outros fatores.

A garantia em questão aponta a um processo cuja duração "não importe no fenecimento do direito posto em causa, vale dizer: a jurisdição deverá agir e concretizar o direito controvertido dentro de um tempo apto ao gozo desse direito".[90] Diferentemente da Itália,[91] o direito à duração razoável e à tramitação célere é ple-

---

[88] WAMBIER, Luiz Rodrigues; WAMBIER, Tereza Arruda Alvim; MEDINA, José Miguel Garcia. *Breves comentários à nova sistemática processual civil: emenda constitucional n. 45/2004 (reforma do judiciário); Lei 10.444/2002; Lei 10.358/2001 e Lei 10.352/2001*, p. 27.

[89] Constituem exemplos o artigo 24, item 2 da Constituição espanhola de 1978, que assegura o direito a um processo público sem "dilaciones indebidas"; o artigo 11, "b" da Carta Canadense de Direitos e Liberdades de 1982, segundo o qual "toda pessoa tem o direito de ser julgada dentro de um prazo razoável"; o artigo 20, itens 4 e 5 da Constituição portuguesa, na revisão de 1997, que traz a garantia de uma decisão da causa em "prazo razoável" e de procedimentos caracterizados pela "celeridade e prioridade, de modo a obter tutela efectiva e em tempo útil"; o artigo 111 da Constituição italiana, com a emenda de 1990, que institui o dever do legislador de assegurar a "durata ragionevole" do processo; e o art. 47 da Carta dos Direitos Fundamentais da União Europeia, de 7/12/2000, que estabelece o direito de toda pessoa ao julgamento de sua causa "num prazo razoável".

[90] PORTO, Sérgio Gilberto; USTÁRROZ, Daniel. *Lições de direitos fundamentais no processo civil: o conteúdo processual da Constituição Federal*. Porto Alegre: Livraria do Advogado, 2009, p. 103.

[91] Onde a garantia da "durata ragionevole" dirige-se ao legislador, não atribuindo ao cidadão um direito subjetivo acionável (TROCKER, Nicoló. Il nuovo articolo 111 della costituzione e Il "giusto processo" in materia civile: profili generali. *Rivista Trimestrale di Diritto e Procedura Civile*, Milão, ano LV, n. 2, p. 381-410, junho/2001, p. 404).

namente sindicável pelo Poder Judiciário brasileiro, mercê da eficácia imediata das normas fundamentais da Constituição de 1988. O controle da *duração razoável* não prescinde de parâmetros de apuração da conformidade do fato social com a norma. Para tanto identificam-se duas vertentes possíveis.

A primeira vertente visualiza no preceito do inciso LXXVIII sobretudo uma *proteção contra dilações processuais indevidas* e contra a prática de retardamentos injustificados pelo juiz (categoria que abrange os chamados "tempos de espera" ou "tempos mortos"). Sublinha-se, com razão, que o preceito da duração razoável proscreve as etapas patológicas e inúteis do procedimento, não aquelas necessárias à construção do processo constitucionalmente devido.[92] O CPC/73 alude a esse sentido quando, nomeando o juiz *diretor do processo* (artigo 125, *caput*), encarrega-o de "velar pela rápida solução do litígio" (inciso II), e quando autoriza as partes a representarem ao Tribunal contra o magistrado que excedeu os prazos legais (artigo 198).[93] A ideia de "dilação injustificada" representa um aspecto importante, embora problemático, do controle da celeridade processual, dada a inata dificuldade de se avaliar o caráter injustificado da dilação nos eventos processuais.[94]

Numa segunda vertente, a garantia da razoável duração do processo tem enfatizada a sua natureza essencialmente *dúctil,* importando na *exigência de uma consideração qualificada das características do caso.* A razoabilidade da duração do processo e de seus atos passa a medir-se em função das peculiaridades da lide e das partes que comparecem em juízo. Tal concepção revela um conteúdo mais rico do que a proteção contra dilações indevidas – sem substituí-la, mas *incorporá-la* – e confirma que o direito à duração razoável da causa não pode ser efetivado sem que se desça do plano das formas e conceitos à realidade processual concreta.

Faz-se imprescindível a adoção de alguns critérios objetivos para determinar se o processo observou uma duração razoável na sua tramitação. A jurisprudência

---

[92] MACEDO, Elaine Harzheim. O cumprimento da sentença e a multa do art. 475-J do CPC sob uma leitura constitucional da lei 11.232/05. *Revista da Ajuris*, Porto Alegre, v. 33, n. 104, p. 79-93, dezembro/2006, p. 80.

[93] O Projeto de CPC assegura às partes o "direito de obter em prazo razoável a solução integral da lide, incluída a atividade satisfativa" (artigo 4º) e incumbe o juiz do dever de "promover o andamento célere da causa" (artigo 118, inciso I). Outrossim, obriga as partes e seus procuradores a contribuírem para rápida solução da lide (art. 8º).

[94] *Dilação indevida*, como acentua Cruz e Tucci, é um "conceito indeterminado e aberto, que impede de considerá--lo como o simples desprezo aos prazos processuais pré-fixados" (Garantia do processo sem dilações indevidas. In: *Garantias constitucionais do processo civil: homenagem aos 10 anos da Constituição Federal de 1988*. Coord. José Rogério Cruz e Tucci. São Paulo: Revista dos Tribunais, 1999, p. 239). Tal dificuldade, no entanto, não exclui a tentativa identificar alguns casos. Na condução do processo pode o juiz praticar dilações indevidas por ação ou inação. Há exemplo de infração comissiva quando o julgador concede a produção de prova sobre fato incontroverso ou impertinente, ou quando posterga indevidamente a apreciação de um pedido antecipatório ou liminar. Certas situações processuais – especialmente aquelas vinculadas à tutela jurisdicional de urgência – atraem naturalmente para sua órbita a ideia de duração razoável; em tais casos, os exemplos de dilação indevida podem ser reconhecidos com maior facilidade. Pense-se, por exemplo, nas dilações do processo após a concessão de medidas que impõem sacrifício à esfera jurídica de uma das partes. Assim, quando a tutela cautelar liminar é deferida *inaudita altera parte* torna-se essencial a breve citação do réu. A lei prevê o prazo de cinco dias para o autor promovê-la (CPC, art. 811, inc. II); tal prazo, porém, não pode ser considerado impróprio pelo juiz, sob pena de ofensa ao princípio da duração razoável do processo (MARINONI, Luiz Guilherme. Direito fundamental à razoável duração do processo. *Revista Jurídica,* Porto Alegre, ano 57, n. 379, p. 11-27, 2009, p. 25).

do Tribunal Europeu de Direitos Humanos oferece diretrizes adequadas, hauridas da intepretação da cláusula do "prazo razoável" instituída pela Convenção Europeia de Direitos Humanos, as quais remetem (I) à natureza do processo e à complexidade da causa; (II) ao comportamento das partes e seus procuradores; (III) à atividade e ao comportamento das autoridades judiciárias e administrativas, e, por fim, (IV) à adoção de prazos que "assegurem efetivamente o contraditório e a ampla defesa".[95]

O último critério revelado pelo Tribunal Europeu de Direitos Humanos evidencia a amplitude do direito fundamental sob questão. Nem sempre um processo célere se traduz num processo justo. A duração não é algo a ser combatido a qualquer custo: é uma característica vital à fisiologia do processo e à atuação das garantias processuais.[96] O direito de ver o processo concluído em prazo razoável não envolve uma lógica *ensimesmada*, dissociada das restantes garantias fundamentais do processo. Ela articula-se com tais direitos; um processo não pode considerar-se submetido a duração razoável se chegou a seu termo inobservando o conteúdo processual essencial da Constituição.

A cláusula da duração razoável exprime, portanto, uma exigência de *equilíbrio* entre um processo sem demoras e a proteção contra uma justiça açodada. Tal direito pode ser vulnerado, aliás, pela previsão de prazos demasiadamente curtos, insuficientes para o exercício adequado das posições jurídicas correlatas. A ideia de duração razoável demanda um compromisso entre a efetividade e o complexo de garantias do exercício da jurisdição.[97]

Disso tudo decorre que a argumentação relacionada com a duração razoável deve também considerar a posição jurídica do réu. O réu não é *objeto* do direito à razoável duração do processo, sendo dele, igualmente, titular. O processo, não importa o quanto se lhe busque a celeridade, se quiser *permanecer processo*, na sua integridade constitucional, deve continuar a ser dialético, não podendo ser comprimido a ponto de se transformar em algo "instantâneo e automático".[98]

1.2.2.3. Contraditório e ampla defesa

A temática do contraditório e da ampla defesa consorcia-se com a da *igualdade*, ideia imemorial que está vinculada à solução de diversas questões jurídicas específicas. O valor da isonomia – presente, por exemplo, no artigo 125, inciso I,

---

[95] NERY JÚNIOR, Nelson. *Princípios do processo na constituição federal: processo civil, penal e administrativo.* 9ª ed. rev. atual. ampl. São Paulo: RT, 2009, p. 315.

[96] TOMMASEO, Ferrucio. *I provvedimenti d'urgenza: struttura e limiti della tutela anticipatoria.* Padova: CEDAM, 1983, p. 130.

[97] TROCKER, Nicoló. Il nuovo articolo 111 della costituzione e Il "giusto processo" in materia civile: profili generali. *Rivista Trimestrale di Diritto e Procedura Civile*, Milão, ano LV, n. 2, p. 381-410, junho/2001, p. 407.

[98] ASSIS, Araken de. Duração razoável do processo e reformas da lei processual civil. *Revista Jurídica*, Porto Alegre, ano 56, n. 372, p. 11-27, 2008, p. 15.

do CPC/73, que incumbe o juiz de velar pela igualdade de tratamento das partes no processo[99] – remete à noção de equilíbrio, constatando-se sua violação sempre que afetado o balanço processual.[100] A irradiação da ideia de igualdade no processo obriga os órgãos judiciários e legislativos a abster-se de criar desigualdades e a corrigir aquelas porventura manifestadas. Transcende-se, portanto, a simples igualdade formal – ligada ao tratamento paritário das partes – para alcançar uma noção *dinâmica* ou equalizadora, que tende à redução das desigualdades, jurídicas ou de fato, entre os sujeitos processuais.

É claro, todo tratamento processual desigual reclama uma justificação adequada de sua compatibilidade com os valores do Estado Constitucional, sem o que haverá de constituir, ele próprio, uma violação da igualdade. A *máxima de isonomia, aplicada ao processo, representa uma garantia de tratamento paritário e de igualdade de oportunidades entre os sujeitos do processo*, forjando um ambiente propício ao completo desenvolvimento, no âmbito do direito processual, da garantia do contraditório.[101]

O contraditório – valor fundamental que transcende o processo para iluminar a política como um todo, enquanto "marco característico dos órgãos constitucionais democráticos"[102] – reflete no processo civil um modelo das relações recíprocas entre o juiz e as partes. A estrutura das relações entre os sujeitos do processo constitui o problema central de qualquer sistema processual civil, achegando-se à resolução de algumas das principais questões políticas e ideológicas da sociedade.[103] O contraditório tem, portanto, a sua história, que espelha os valores e circunstâncias de cada época.

No direito clássico, o contraditório era tomado como princípio da razão natural, inerente à ideia mesma de processo.[104] O direito medieval continuou a reconhecer-lhe uma *dimensão social*, para além do próprio processo, elegendo o contraditório como método de trabalho no contexto do raciocínio retórico-dialético. Nem o juiz, nem as partes poderiam alcançar a verdade prática de forma autônoma, senão num contexto dialógico. O *ordo judiciarus medievalis* era profundamente inspirado pela retórica e tópica aristotélica, suscitando uma atitude de tolerância

---

[99] Tal valor figura no artigo 7º do Projeto de CPC, que assegura às partes "paridade de tratamento em relação ao exercício de direitos e faculdades processuais, aos meios de defesa, aos ônus, aos deveres e à aplicação de sanções processuais".

[100] NERY JÚNIOR, Nelson. *Princípios do processo na constituição federal: processo civil, penal e administrativo.* 9ª ed. rev. atual. ampl. São Paulo: RT, 2009, p. 97.

[101] MIRANDA, Jorge. Constituição e processo civil. *Revista de Processo*, São Paulo, v. 25, n. 98, p. 29-42, abril-junho/2000, p. 37.

[102] TARZIA, Giuseppe. O contraditório no processo executivo. *Revista de Processo*, São Paulo, v. 7, n. 28, p. 55-95, outubro-dezembro/1992, p. 56; TESHEINER, José Maria Rosa. *Elementos para uma teoria geral do processo.* São Paulo: Saraiva, 1993, p. 45.

[103] CAPPELLETTI, Mauro. Fundamental guarantees of the parties in civil proceedings: general report. *In: Fundamental guarantees of the parties in civil litigation.* Ed.: CAPPELLETTI, Mauro; TALLON, Denis. Milão: Giuffrè, 1973, p. 751.

[104] PICARDI, Nicola. Il principio del contraddittorio. *Rivista di Diritto Processuale*, Padova, ano LIII, n. 3, p. 673-681, julho-setembro/1998, p. 673-674.

e valorização em relação aos "pontos de vista" alheios. A contar do século XVII, com a apropriação do processo pelo soberano, perdeu-se a dimensão retórica do processo, que acolheu então um modelo assimétrico. Começaria assim a trajetória declinante do contraditório.

Na passagem para o século XX, em compasso com certa visão positivista da ciência jurídica, o princípio exauriu a sua função axiológica e se converteu em categoria secundária. A tendência alcançou o paroxismo entre as duas Guerras Mundiais, quando, sob o influxo da teoria normativa do direito – da qual é emblemático o pensamento de Adolf Merkl – verificou-se a identificação entre processo e procedimento e a reunião, sob uma única categoria, dos procedimentos jurisdicionais e administrativos. Ocorreu então um rebaixamento da impostação clássica do contraditório, que agora passava ser visto como elemento acidental do fenômeno processual.[105]

Na década de 1950, haveria de surgir, entretanto, um novo enfoque teórico, acompanhando a renovação dos estudos sobre a lógica jurídica e a retomada do valor do diálogo para a formação do convencimento judicial. Trata-se da concepção de um agir *cooperativo* das partes com o juiz (e vice-versa) na busca da "verdade", sendo responsável por relocalizar o contraditório da margem para o centro do fenômeno processual, como instrumento de pesquisa da verdade provável.[106] O contraditório foi (re)convertido em elemento qualificador do processo, o qual se caracteriza, essencialmente, pela estrutura procedimental dialética.[107]

Assim, para além da cientificação das partes sobre a existência da ação e dos atos do processo – consubstanciada nas obrigações de noticiar (*Mitteilungspflicht*) e de informar (*Informationspflicht*) – e da oportunização da manifestação de suas razões ao julgador, incorporou-se no significado do contraditório uma dimensão ativa: o direito de *influência efetiva das partes na formação do convencimento do juiz*. O contraditório – gravado no artigo 5º, inciso LIV, da Constituição brasileira – passou a visualizar-se como "método de trabalho", que supõe a conclusão do processo como o resultado de um esforço colaborativo, inserindo o próprio juiz no contraditório, como seu participante.[108] A autoridade passa a compartilhar-se, numa visão coordenada de poder, entre juiz, autor e réu.

---

[105] Referida concepção era evidenciada em afirmações como a de que o princípio do contraditório é "un mezzo del proceso, no un fine', pelo que 'il difetto di contraddittorio può pregiudicare, ma non pregiudica in ogni caso lo scopo del processo" (Carnelutti); e de que "la mancanza effettiva di contraddittorio non sta punto in contrasto lógico col fine del processo, perchè l´attuazione della legge, attraverso uma decisione giusta, può ottenersi anche senza la cooperazione delle parti" (Betti) (PICARDI, Nicola. Il principio del contraddittorio. *Rivista di Diritto Processuale*, Padova, ano LIII, n. 3, p. 673-681, julho-setembro/1998, p. 674-677).

[106] PICARDI, Nicola. Il principio del contraddittorio. *Rivista di Diritto Processuale*, Padova, ano LIII, n. 3, p. 673-681, julho-setembro/1998, p. 680.

[107] FAZZALARI, Elio. *Instituições de direito processual*. Trad.: Elaine Nassif. Campinas: Bookseller, 2006, p. 118-127; TROCKER, Nicoló. Il nuovo articolo 111 della costituzione e Il "giusto processo" in materia civile: profili generali. *Rivista Trimestrale di Diritto e Procedura Civile*, Milão, ano LV, n. 2, p. 381-410, junho/2001, p. 393.

[108] CAPPELLETTI, Mauro. Fundamental guarantees of the parties in civil proceedings: general report. In: *Fundamental guarantees of the parties in civil litigation*. Ed.: CAPPELLETTI, Mauro; TALLON, Denis. Milão: Giuffrè, 1973, p. 748.

O juiz que emerge desse modelo ocupa uma nova posição: não é o ditador do processo inquisitório, mas tampouco o juiz débil de um processo dominado pelas partes. O contraditório constitui uma projeção do princípio democrático no processo (CF, artigo 1º, parágrafo único); trata-se de um meio de participação da sociedade no exercício do Poder, cuja atuação converte o processo num *ambiente de inspiração democrática*.[109]

O diálogo judicial imuniza o processo contra as tentações de autoritarismo nascidas do poder do juiz e da regra *iura novit curia* e impede que seja minimizada (*verkürzt*) a participação do litigante no procedimento. A parte abandona, neste passo, a condição de "objeto" do pronunciamento judicial, representada pela sujeição passiva à definição da causa pelo juiz, e passa a desfrutar de um direito à intervenção ativa, crítica e construtiva no andamento e no resultado do processo.[110] Naturalmente, o contraditório assegura o direito das partes a um debate útil, numa participação coerente com a finalidade do processo: a construção de uma decisão justa e eficaz. Não autoriza ele a manifestação sem limites das partes.[111] Legitima-se, pois, a imposição de freios ao debate, como se dá, v.g., no processo civil brasileiro, com a desconstituição do litisconsórcio facultativo (CPC/73, artigo 542, § 3º).[112]

Dentre as consequências dessa concepção de contraditório encontra-se a proibição, inerente ao processo de inspiração democrática, de que os litigantes sejam surpreendidos por decisões fundadas em questões sobre as quais não tenham tido a oportunidade de tomar posição. Incumbe ao juiz *dar conhecimento prévio de qual direção o direito subjetivo corre perigo*, facultando às partes uma possibilidade efetiva de influenciar a decisão judicial. O debate merece ser aberto inclusive sobre as questões conhecíveis de ofício. Vedam-se assim as *decisões-surpresa*, ou decisões de terceira via, impondo-se ao juiz o dever de ouvir as partes sobre os pontos re-

---

[109] REICHELT, Luís Alberto. *O conteúdo da garantia do contraditório no direito processual civil*. Revista de Processo, São Paulo, v. 33, n. 162, p. 330-351, agosto-2008, p. 334 e 350.

[110] Essa notável ampliação de perspectiva reflete-se nas disposições das modernas codificações processuais, a exemplo do artigo 16 do Código de Processo Civil francês e do § 278, 3 da *Zivilprozessordnung* alemã (com a reforma de 1976), preceitos que contemplam o debate preventivo das partes e do juiz sobre as questões de fato e de direito (TROCKER, Nicoló. Il nuovo articolo 111 della costituzione e Il "giusto processo" in materia civile: profili generali. *Rivista Trimestrale di Diritto e Procedura Civile*, Milão, ano LV, n. 2, p. 381-410, junho/2001, p. 394-395). A concepção cooperativa do processo transparece vigorosamente no modelo bifásico adotado por Alemanha e Áustria (e, desde 2000, pela Espanha), o qual compreende uma fase preliminar na qual a causa é preparada e discutida em conjunto pelas partes e pelo juiz, sendo resolvida, não raramente, nesse primeiro momento procedimental (TARUFFO, Michele. Cultura e processo. *Rivista Trimestrale di Diritto e Procedura Civile*, Milão, ano 63, n. 1, p. 63-92, 2009, p. 77). Nessa trilha, o Projeto de CPC trata de assegurar às partes o "direito de participar ativamente do processo, cooperando com o juiz e fornecendo-lhe subsídios para que profira decisões, realize atos executivos ou determine a prática de medidas de urgência" (artigo 5º).

[111] Assim, nem toda aparente violação do contraditório resolve-se na nulidade da decisão proferida sem a sua observância; somente quando as partes tenham sido privadas da faculdade de manifestar-se quanto a elementos fáticos ou jurídicos relevantes para o pronunciamento do juiz (FERRI, Corrado. Sull´effettivitá del contradditorio. *Rivista Trimestrale di Diritto e Procedura Civile*, Milão, ano 42, n. 3, p. 780-795, setembro/1988, p. 784).

[112] O Projeto de CPC veicula tal previsão no artigo 112, §§ 1º a 3º.

levantes que poderão ser objeto de pronunciamento[113] (com a adoção das cautelas necesárias para obviar o adiantamento da decisão final, o que importaria em ofensa ao dever de imparcialidade).

Dessa percepção *aggiornata* – que concebe a busca da verdade no processo como um esforço cooperativo – decorrem consequências de vulto, como o abrandamento da distinção entre questões de fato e de direito e a relativização da tradicional divisão de iniciativas entre o juiz e as partes (corporificada no antigo brocardo *da mihi factum, dabo tibi jus).*[114] Em suma, o contraditório fixa como parâmetros a possibilidade da participação dos sujeitos em um debate processual; a instauração de um efetivo diálogo sobre o objeto do processo; o estabelecimento de uma estrutura ordenada de colaboração para construir a decisão judicial, e a proteção das partes processuais contra a surpresa na prolação da decisão. Correlaciona-se ainda o contraditório com o dever do julgador de motivar a decisão judicial, na medida em que justamente a motivação permite constatar tenham sido realmente considerados e tomados a sério os arrazoados das partes sobre as questões de fato e de direito.

Se é verdade que tal garantia recuperou prestígio nos últimos decênios do século XX, retomando sua antiga posição de centralidade, mais recentemente voltou o contraditório a deparar-se com tendências de *relativização*, fundadas em postergações e limitações. São exemplos as liminares *inaudita altera pars*, justificadas pela urgência na intersecção das garantias do acesso à justiça e do contraditório. Apesar de encarada com crescente naturalidade, a técnica de limitação do contraditório reclama condições especiais para afinar-se com a Constituição, justamente porque interfere naquela que é a tônica desse direito fundamental – a possibilidade de exercer a parte influência sobre a convicção do juiz. O tema é instigante e será oportunamente retomado nesta obra.

No mesmo inciso do artigo 5º a Constituição assegurou aos litigantes, em processo judicial ou administrativo, o direito à *ampla defesa*. Retirou-o, portanto – em iniciativa já qualificada de "imprudente"[115] – dos limites do processo penal,

---

[113] OLIVEIRA, Carlos Alberto Alvaro de. Garantia do contraditório. In: *Garantias constitucionais do processo civil: homenagem aos 10 anos da Constituição Federal de 1988.* Coord: José Rogério Cruz e Tucci. São Paulo: RT, 1999, p. 143. No direito processual civil alemão a proibição das decisões surpresa (*Überraschungsentscheidungen*) está regulada pelo § 139, 2, da ZPO, com a redação da reforma de 2001. Nos direitos francês (CPP, art. 16) e português (CPC, artigo 3º) há tratamento semelhante. O Projeto de CPC dispõe a respeito no seu artigo 10, determinando que "o juiz não pode decidir, em grau algum de jurisdição, com base em fundamento a respeito do qual não se tenha dado às partes oportunidade de se manifestar, ainda que se trate de matéria sobre a qual tenha que decidir de ofício". O parágrafo único excetua, porém, as medidas de urgência.

[114] A relação entre as partes e o juiz na instrução do processo – temática que, como recorda Comoglio, representa o *nódulo nevrálgico* e o *banco de provas da eficiência* de qualquer sistema processual (Garanzie costituzionali e "giusto processo": modelli a confronto. *Revista de Processo*, São Paulo, ano 23, n. 90, p. 95-150, abril-junho/1998, p. 120) – sofre alterações, deixando a iniciativa probatória de ser *Sache der Parteien* para tornar-se comum ao juiz e às partes (MATTOS, Sérgio Luís Wetzel de. Iniciativa probatória do juiz e princípio do contraditório no processo civil. In: *Prova Cível*. Org.: OLIVEIRA, Carlos Alberto Alvaro de. 2ª ed. rev. atual. Rio de Janeiro: Forense, 2005, p. 135 e 139).

[115] SILVA, Ovídio Araújo Baptista da. A "plenitude de defesa" no processo civil. In: *As garantias do cidadão na justiça.* Coord.: TEIXEIRA, Sálvio de Figueiredo. São Paulo: Saraiva, 1993, p. 149 e 163.

aos quais estava circunscrito, suscitando o problema de sua autonomia dogmática e conceitual. O contraditório e a ampla defesa já foram descritos como *faces do mesmo fenômeno,* a implicar-se reciprocamente.[116] Esse não parece o ângulo correto, como também não o é a visualização, na ampla defesa, da simples prerrogativa de as partes formularem as alegações e provas necessárias à defesa de seus interesses. É que tais aspectos não se diferenciam do conteúdo essencial do contraditório.

Na verdade, a consagração do direito à ampla defesa nos domínios do processo civil estabelece uma exigência de cognição plena e exauriente nos procedimentos judiciais: vale dizer, o esgotamento do corte cognitivo, nos planos horizontal e vertical.[117] Tal garantia articula-se, portanto, com o projeto de universalização da ordinariedade acolhido pela ciência processual do século XX. Sua explicitação, observa Ovídio Baptista da Silva, teve por fim privilegiar as formas de tutela jurisdicional revestidas de plenariedade, no tocante às limitações oferecidas à defesa do réu. Implica, assim, a determinação de que os procedimentos que importam na apreciação definitiva da lide devem ser integrados por ognição ampla.[118] Tal previsão é problemática, reclamando uma abordagem harmonizadora. É impossível proscrever do sistema as tutelas sumárias, solução incompatível com a promessa constitucional de uma tutela efetiva, adequada e tempestiva (artigo 5º, incisos XXXV e LXXVIII, da CF).

Cumpre, pois, na construção hermenêutica da ampla defesa, "encontrar uma solução de compromisso entre ambas normas constitucionais, que deverá ser aferida em concreto, à vista das especificidades inerentes a essa ou aquela situação carente de tutela e o respectivo procedimento destinado à sua proteção".[119] Concretamente, a garantia da ampla defesa significa que as tutelas sumárias autônomas, para que possam ser admitidas no sistema processual brasileiro, devem resguardar a eventualidade da realização de uma cognição ampla.[120]

1.2.2.4. Devido processo constitucional

A *Magna Charta,* de 1215, é o documento costumeiramente apontado como fonte primária da ideia de "devido processo legal",[121] mas não representa senão o

---

[116] BEDAQUE, José Roberto dos Santos. *Tutela cautelar e tutela antecipada: tutelas sumárias e de urgência: tentativa de sistematização.* 5ª ed. rev. ampl. São Paulo: Malheiros, 2009, p. 99.

[117] OLIVEIRA, Carlos Alberto Alvaro de; MITIDIERO, Daniel Francisco. *Curso de processo civil: volume 1: teoria geral do processo civil e parte geral do direito processual civil.* São Paulo: Atlas, 2010, p. 44.

[118] SILVA, Ovídio Araújo Baptista da. *Processo e ideologia: o paradigma racionalista.* Rio de Janeiro: Forense: 2004, p. 128.

[119] MITIDIERO, Daniel Francisco. *Elementos para uma teoria contemporânea do processo civil brasileiro.* Porto Alegre: Livraria do Advogado, 2005, p. 57-58.

[120] BEDAQUE, José Roberto dos Santos. *Tutela cautelar e tutela antecipada: tutelas sumárias e de urgência: tentativa de sistematização.* 5ª ed. rev. ampl. São Paulo: Malheiros, 2009, p. 265.

[121] Seu texto, porém, não empregava tal fórmula, e sim outra, mais imprecisa, a "harmonia com a lei do país". Na leitura posterior da carta feita por Eduardo III, em 1354 – constante do *Statute of Westminster of the Liberties of London* – foi usada a locução semanticamente mais rica e depois consagrada, o *processo devido em direito.*

ponto de partida de uma evolução histórica pontuada pela extensão da garantia da *law of the land* a todos os cidadãos e completada com a edição de atos do Parlamento que culminaram por assumir um significado substancialmente constitucional.[122]

O preceito do *due process* ingressou na Constituição norte-americana com a Quinta Emenda, de 1791, que adjudicou ao *Bill of Rights* o artigo 7º, dispondo que "nor shall any person (...) be deprived of life, liberty, or property, without due process of law".[123] A Décima Quarta Emenda, vigente desde 1868, estende tal proteção, em termos similares, ao processo civil das jurisdições estaduais. A Suprema Corte iniciou o desenvolvimento jurisprudencial da garantia no julgamento do caso *Murray's Lesse V. Hoboken Land & Improvement Co.*, em 1856. Tal linha evolutiva resultou, com o curso do tempo, na integração de uma perspectiva material ao *due process of law*, que acabou também compreendido como "processo justo de *criação legal de normas jurídicas*, designadamente das *normas restritivas* das liberdades dos cidadãos"; assim, a atividade legiferante passou a modular-se igualmente pela exigência de um procedimento justo e adequado.[124]

A Constituição de 1988 introduziu a cláusula do *due process* no artigo 5º, inciso LIV (incorrendo no vício metodológico de substituir a locução "*of law*" – melhor designada por "jurídico" ou "de direito" – pelo vocábulo "legal"). O desafio suscitado pelo preceito reside na sua integração à cultura constitucional brasileira, bastante diversa do ambiente anglo-saxônico. Parcela da doutrina brasileira, por reputar "devido processo legal" um conceito *estático*, geneticamente vinculado à proteção do réu contra a atuação arbitrária do Estado, dedicou-se a reformulá-lo dinamicamente mediante a expressão "direito ao processo justo", mais capacitada, segundo essa visão, a traduzir o influxo dos princípios fundamentais.[125] A terminologia liga-se ao perfil do artigo 111 da Constituição italiana, que fala em "giusto processo", levando a doutrina peninsular a acolher essa locução – em lugar do "devido processo" – como gênero das garantias fundamentais do processo.[126] No fundo, trata-se de nomes diversos para um mesmo fenômeno. A expressão *devido processo legal* segue digna de prestígio pela sua grande plasticidade e significação – tomando-se, é claro, o cuidado de atualizá-la à luz da compreensão atual da relação entre processo e Constituição.

Se o devido processo chega ao Brasil revestido de uma forte valência *ideológica e deontológica* pela tradição anglo-saxônica, esse conteúdo deve servir de ponto de partida, mas não de limitador das possibilidades de (re)construção do conceito.

---

[122] COMOGLIO, Luigo Paolo. I modelli di garanzia constituzionale del processo. *Rivista Trimestrale di Diritto e Procedura Civile*, Milão, v. 3, p. 673-742, setembro/1991, p. 715-716.

[123] "Nem será qualquer pessoa (...) privada de sua vida, liberdade ou propriedade, sem o processo devido em direito".

[124] CANOTILHO, J.J. Gomes. *Direito constitucional e teoria da Constituição*. 2ª ed. Coimbra: Almedina, 1998, p. 449.

[125] Neste sentido, por todos: CAMBI, Eduardo. Neoconstitucionalismo e neoprocessualismo. In: *Processo e Constituição: estudos em homenagem ao professor José Carlos Barbosa Moreira*. Coord: FUX, Luiz; NERY JR., Nelson; WAMBIER, Teresa Arruda Alvim. São Paulo: Revista dos Tribunais, 2006, p. 674.

[126] RIGHI, Eduardo. *Direito fundamental ao justo processo nas tutelas de urgência*. Curitiba: Juruá, 2007, p. 77.

Portanto, mais do que sublinhar a ancianidade da locução, ou entronizar seu sentido original de proteção contra o arbítrio estatal,[127] o importante é construir um sentido para o "devido processo" nacional, enquanto disciplina constitucional mínima da organização do processo, isto é, como expressão constitucional do formalismo processual brasileiro e como modelo constitucional de processo civil justo.[128] Afinal, como assinala Rui Portanova, o devido processo é noção dinâmica, "produto da história, da razão, do fluxo das decisões passadas e da inabalável confiança na força da fé democrática".

O processo constitucionalmente devido não é um padrão pré-figurado, mas um processo de adaptação conduzido por aqueles a quem a Constituição confiou a realização de seu conteúdo. Neste sentido, a despeito da posição diversa de alguns autores,[129] parece desnecessário conceber uma dimensão material no *due process* brasileiro. Os critérios de justiça material que a *Common Law* extrai do devido processo podem ser deduzidos, na Constituição brasileira, da cláusula do Estado Social de Direito e de seus consectários. Quanto à *proporcionalidade* e à *razoabilidade* – cuja fonte por vezes se atribui ao *substantial due process* – tais postulados na verdade provêm, conforme demonstrou Humberto Ávila, da própria estruturação da Constituição como um sistema de princípios que se articulam por meio de relações de ponderação.[130]

A ideia de devido processo reabilita o aspecto procedimental da teoria processual civil, resgatando a noção da legitimação da decisão judicial e do próprio exercício da função jurisdicional pelo *procedimento*.[131] A conceituação do devido processo legal pela doutrina brasileira compreende referido preceito como verdadeira síntese das garantias constitucionais processuais. Trata-se de uma condensação da formação cultural brasileira sobre processo que exprime os valores fundamentais partilhados pela coletividade, melhor convindo designá-la pela locução *devido proces-*

---

[127] MOREIRA, José Carlos Barbosa. Os princípios do direito processual civil na Constituição de 1988. In: *Livro de Estudos Jurídicos: volume 4*. Rio de Janeiro: Instituto de Estudos Jurídicos, 1992, p. 428.

[128] OLIVEIRA, Carlos Alberto Alvaro de. *Do formalismo no processo civil*. 2ª ed. rev. ampl. São Paulo: Saraiva, 2003, p. 86.

[129] NERY JÚNIOR, Nelson. *Princípios do processo na constituição federal: processo civil, penal e administrativo*. 9ª ed. rev. atual. ampl. São Paulo: RT, 2009, p. 87-88; CAMBI, Eduardo. *Neoconstitucionalismo e neoprocessualismo: direitos fundamentais, políticas públicas e protagonismo judiciário*. São Paulo: Revista dos Tribunais, 2009, p. 225.

[130] "(...) o uso da expressão 'devido processo legal substancial', como variante de significado supostamente decorrente da previsão expressa do 'devido processo legal' é triplamente inconsistente: em primeiro lugar, porque leva ao entendimento de que fundamento normativo dos deveres de proporcionalidade e razoabilidade é o dispositivo relativo ao 'devido processo legal', quando o seu fundamento reside na positivação dos princípios de liberdade e igualdade juntamente com finalidades estatais; em segundo lugar, porque os deveres de proporcionalidade e de razoabilidade são aplicados mesmo fora do âmbito processual, razão pela qual perde o sentido o uso da expressão 'devido *processo* legal substancial' para representá-los; em terceiro lugar, porque o 'devido processo legal substancial', se compreendido como os deveres de proporcionalidade e de razoabilidade, dá a entender que esses deveres *não* estão presentes no 'devido processo legal procedimental', quando, como será visto, servem para a sua própria configuração como processo adequado ou justo." (O que é "devido processo legal"? *Revista de Processo*, São Paulo, ano 33, n. 163, p. 50-59, setembro/2008, p. 56).

[131] CINTRA, Antônio Carlos de Araújo; GRINOVER, Ada Pellegrini; DINAMARCO, Cândido Rangel. *Teoria geral do processo*. 21ª ed. rev. atual. São Paulo: Malheiros, 2005, p. 293-294.

so constitucional.[132] O devido processo é uma ampla garantia legitimadora do exercício da jurisdição e formadora das premissas deontológicas do modelo constitucional do processo civil brasileiro, consistindo no gênero de que derivam e no qual estão enfeixadas as restantes garantias do processo. A formatação do devido processo constitucional brasileiro revela um conteúdo essencial, integrado pelas garantias da inafastabilidade da jurisdição, do juiz natural, do contraditório, da ampla defesa, da publicidade processual, da motivação das decisões judiciais e da razoável duração do processo, cuja inobservância importa na violação do perfil constitucional do processo civil.

Além de exercer o papel de garantia geral e subsidiária (*Auffanggrundrecht*) em relação às demais garantias do processo, a cláusula do devido processo exerce uma função de rearticulação daqueles princípios parciais, coordenando-os para a realização da mesma finalidade constitucional, o que lhe confere a natureza de verdadeiro sobreprincípio.[133] O devido processo exprime uma exigência no sentido de que as diversas garantias de ordem fundamental pertinentes ao processo sejam coordenadas sistematicamente e recebam aplicação homogênea, realçando seu caráter "relacional" e sua interdependência funcional.[134] Finalmente, diante da abertura do campo material dos direitos fundamentais na Constituição (artigo 5º, § 2º) instaura-se a possibilidade do reconhecimento de garantias processuais não inseridas no catálogo, funcionando a cláusula do devido processo, nesse passo, como vetor para a incorporação de novas garantias, explícitas ou implícitas, que eventualmente se mostrem necessárias ao modelo constitucional do processo civil brasileiro.

Não se deixa de surpreender, nesse contexto, a relação de circularidade que conecta o direito fundamental à tutela efetiva, adequada e tempestiva à garantia do devido processo constitucional. Um pressupõe o outro, numa vinculação recíproca e dialética, sendo o direito à tutela efetiva nada mais do que direito ao processo moldado pela Constituição. Transpostas tais noções ao plano que considera o processo na perspectiva de seus resultados concretos, conclui-se que o processo constitucionalmente devido é aquele que enseja uma tutela simultaneamente *legítima* quanto aos seus pressupostos, *tempestiva* quanto ao momento de sua prestação, *universal* em seu alcance social e *efetiva* pelos resultados materiais que proporciona.

---

[132] PORTO, Sérgio Gilberto. *Ação rescisória atípica: instrumento de defesa da ordem jurídica*. São Paulo: Revista dos Tribunais, 2009, p. 153- 155. Referindo-se à garantia similar presente no artigo 111 da Constituição italiana, Nicoló Trocker define o "giusto processo regolato dalla lege" como aquele que se desenvolve *segundo os parâmetros fixados pela Constituição* e compartilhados pela coletividade (Il nuovo articolo 111 della costituzione e Il "giusto processo" in materia civile: profili generali. *Rivista Trimestrale di Diritto e Procedura Civile*, Milão, ano LV, n. 2, p. 381-410, junho/2001).

[133] ÁVILA, Humberto. O que é "devido processo legal"? *Revista de Processo*, São Paulo, ano 33, n. 163, p. 50-59, setembro/2008, p. 58.

[134] TROCKER, Nicoló. Il nuovo articolo 111 della costituzione e Il "giusto processo" in materia civile: profili generali. *Rivista Trimestrale di Diritto e Procedura Civile*, Milão, ano LV, n. 2, p. 381-410, junho/2001, p. 409-410.

1.2.3. A proporcionalidade como parâmetro de superação de conflitos

São frequentes no Estado Constitucional os conflitos envolvendo meios e fins, o que se deve ao fato de a Constituição e as leis ordinárias abrigarem uma pluralidade de objetivos colidentes e estabelecerem finalidades relativamente indeterminadas, sujeitando-as a uma definição de sentido variável em face da situação concreta.[135] A coexistência de valores constitucionais relevantes suscita a compreensão de que não existem direitos fundamentais absolutos, e de que as hipóteses de conflitos entre tais direitos implicam, como regra, em restrições recíprocas.

Da evidência de que os meios adotados para concretizar um direito fundamental restringem outras posições jurídicas desenvolveu-se em solo germânico, a partir do século XIX, o princípio jurídico da proporcionalidade[136] (*Verhältnismässigkeitsprinzip*), construção que remonta ao Direito Administrativo alemão e à temática do poder de polícia e de seus limites. Com o tempo a proporcionalidade "constitucionalizou-se" e passou a influenciar os direitos fundamentais, transpondo sua atuação, originalmente direcionada ao controle do administrador público, para uma vinculação direta do legislador. A tendência alcançou reconhecimento doutrinário e jurisprudencial com a Lei Fundamental de 1949, tendo o Tribunal Constitucional Federal da Alemanha desenvolvido a técnica de ponderação de direitos fundamentais a partir da decisão do caso Lüth, em 1958.[137] Na Alemanha a proporcionalidade lançou raízes mais profundas e recebeu sua elaboração teórica mais sofisticada, embora o princípio seja reconhecido em outros sistemas constitucionais.

Entre a máxima da proporcionalidade e a teoria dos princípios existe uma relação de estreita implicação recíproca. Consoante afirma Alexy, "el carácter de principio implica la máxima de la proporcionalidad, y esta implica aquélla".[138] O mandamento de proporcionalidade pode ser visto como um *consectário da estrutura principiológica e teleológica do direito*; tal noção, com efeito, não necessita de dispositivo constitucional que a fundamente, pois decorre da própria positivação de princípios na Constituição.[139] A estrutura mesma dos princípios já coloca em evidência

---

[135] SCHOLLER, Heinrich. Princípio da proporcionalidade no direito constitucional e administrativo da Alemanha. *Revista do Tribunal Regional Federal da 4ª Região*, Porto Alegre, v. 11, n. 38, p. 229-246, 2000, p. 244-245.

[136] Perte da doutrina e jurisprudência refere-se à *proporcionalidade* e à *razoabilidade* como conceitos similares ou intercambiáveis. A confusão entre tais critérios é efeito da teoria norte-americana e do efeito aglutinador da cláusula do *due process of law*. A razoabilidade tem o sentido de uma harmonização do geral com o individual, consorciando-se com a ideia de equidade. Para uma distinção específica – que não será tomada em consideração nesta obra –, cf. Eduardo Cambi (Neoconstitucionalismo e neoprocessualismo. In: *Processo e Constituição: estudos em homenagem ao professor José Carlos Barbosa Moreira*. Coord: Luiz Fux; Nelson Nery Jr.; Teresa Arruda Alvim Wambier. São Paulo: Revista dos Tribunais, 2006, p. 463-464) e Humberto Ávila (*Teoria dos princípios: da definição à aplicação dos princípios jurídicos*. 2ª ed. São Paulo: Malheiros, 2003, p. 109-111).

[137] CAMBI, Eduardo. *Neoconstitucionalismo e neoprocessualismo: direitos fundamentais, políticas públicas e protagonismo judiciário*. São Paulo: Revista dos Tribunais, 2009, p. 451.

[138] *Teoría de los derechos fundamentales*. Trad. Ernesto Garzón Valdes. Madri: Centro de Estudios Constitucionales, 1997, p. 111.

[139] ÁVILA, Humberto. O que é "devido processo legal"? *Revista de Processo*, São Paulo, ano 33, n. 163, p. 50-59, setembro/2008, p. 52-53.

a necessidade de uma aplicação "proporcionalizada", que leve em consideração as interações com outras normas principiológicas.

A proporcionalidade – cuja filiação à categoria dogmática dos princípios é controversa, registrando-se também sua qualificação como *regra*,[140] *postulado normativo*[141] e *metanorma*[142] – visa a alcançar resultados justos em situações de conflito de posições fundamentais, evitando que a busca intransigente de finalidades constitucionais acarrete a violação injustificada de bens concretamente mais valiosos. O critério de proporcionalidade é aplicável sempre que estiver em jogo uma medida concreta destinada a realizar uma finalidade. Seu vasto campo de atuação depende, portanto, de uma relação de causalidade entre meio e fim.[143]

A função do mandamento de atuação proporcional é permitir o controle da *relação entre o fim e o meio*, estabelecendo um confronto do fim desejado e dos fundamentos da intervenção com os correspondentes efeitos restritivos aos princípios fundamentais afetados, a fim de controlar atuações excessivas (*Übermasskontrolle*). À luz do caso concreto, o exame de proporcionalidade pretende oferecer critérios para dimensionar as relações desses elementos e uma moldura argumentativa para a aplicação das normas que intervêm no processo de interpretação. As características indicadas põem em evidência a adequação da proporcionalidade como metacritério capaz de arbitrar as tensões entre efetividade e segurança subjacentes ao sistema processual, no que se insere, por exemplo, a atividade produzida pelo juiz ao decidir sobre o cabimento e a efetivação das tutelas urgentes.

No intuito de outorgar-lhe utilidade e operatividade, a jurisprudência do Tribunal Constitucional Federal alemão estruturou o conteúdo da proporcionalidade em três diferentes níveis, que correspondem à exigência de uma intervenção simultaneamente adequada (*geeignet*), necessária (*notwendig* ou *erforderlich*) e razoável (*angemessen*) ou estritamente proporcional. Deve assim o intérprete/aplicador da norma avaliar as possibilidades de a medida contemplada realizar a finalidade (adequação), de a medida ser menos restritiva aos direitos afetados do que outras medidas disponíveis para alcançar a finalidade (necessidade) e de a finalidade, pela sua valia, justificar as desvantagens impostas pela medida (proporcionalidade em sentido estrito).

---

[140] ALEXY, Robert. *Teoría de los derechos fundamentales*. Trad. Ernesto Garzón Valdes. Madri: Centro de Estudios Constitucionales, 1997, p. 112, nota 84.

[141] A identificação e estudo sistemático da categoria dos *postulados normativos aplicativos*, definidos como "normas imediatamente metódicas, que estruturam a interpretação e aplicação de regras e princípios" é contributo de Humberto Ávila (*Teoria dos princípios: da definição à aplicação dos princípios jurídicos*. 2ª ed. São Paulo: Malheiros, 2003, p. 120). A qualificação da proporcionalidade como postulado aplicativo foi acolhida em voto-vista do Min. Eros Roberto Grau na decisão da Adi 2591/DF, Rel. Min. Carlos Velloso, j. 4/05/2006.

[142] LOVATO, Luiz Gustavo. Proporcionalidade e processo. In: *Constituição, jurisdição e processo: estudos em homenagem aos 55 da Revista Jurídica*. Coord: MOLINARO, Carlos Alberto; MILHORANZA, Mariângela Guerreiro; PORTO, Sérgio Gilberto. Sapucaia do Sul: Notadez, 2007, p. 472 e 475.

[143] ÁVILA, Humberto. *Teoria dos princípios: da definição à aplicação dos princípios jurídicos*. 2ª ed. São Paulo: Malheiros, 2003, p. 105-106.

TUTELA ESPECÍFICA DE URGÊNCIA

O objeto primário da proporcionalidade consiste nas decisões legislativas relacionadas com a conformação de princípios fundamentais, mas as decisões tomadas pela Administração e pela Justiça com base na lei submetem-se ao mesmo controle. Todas as medidas concretas que afetam direitos fundamentais devem ser proporcionais – o que é especialmente válido a propósito das decisões de aplicação das normas de textura semântica aberta, portadoras de conceitos indeterminados, em relação às quais a valoração é realizada pelo intérprete considerando os aspectos e circunstâncias do caso.

A aplicação da proporcionalidade não está isenta de controvérsias. Por mais esforço que se tenha dedicado ao desenvolvimento dos procedimentos lógicos de ponderação, as críticas apontam a insuficiência de tais fatores[144] e os riscos de sua conversão em "fórmula vazia" (*leerfomel*), com o consequente afrouxamento da normatividade legal.[145] Com grande frequência as tentativas de harmonização de princípios racionalizam (=dão justificação logicamente coerente para) ações ou sentimentos cuja real motivação permanece oculta, não constituindo exceção o critério de propocionalidade.[146] Seu emprego para justificar a precarização de direitos fundamentos já goza de trânsito fácil no Brasil, faltando consciência de que o controle de proporcionalidade não está concebido para aplicar-se ao ordenamento jurídico de forma indiscriminada, o que suscitaria graves questões de equilíbrio das funções legislativas e judicantes do Estado. O juízo de proporcionalidade é mecanismo excepcional, que corresponde a uma inédita ascendência do papel do juiz. Recomenda a prudência que dele se acerque o intérprete não como soberano, mas como humilde servidor da Constituição.

1.3. AS TUTELAS PROVISÓRIAS DE URGÊNCIA COMO EXPRESSÃO DA TUTELA EFETIVA, ADEQUADA E TEMPESTIVA

Prosseguindo na trilha da concretização dos direitos fundamentais do processo, os tópicos subsequentes ocupam-se das tutelas antecipatórias e cautelares, que são expressões substantivas de um sistema de tutela de urgência caracteristicamente provisória.

---

[144] Na verdade, como pontua Zagrebelsky, muitas vezes os resultados da proporcionalidade são tidos como inadequados *sob o ponto de vista de uma ciência do direito calcada na racionalidade formal* (*scientia juris*). Seu verdadeiro valor é reconhecido sob a ótica de uma ciência jurídica guiada pela racionalidade material (*juris prudentia*) (*El derecho dúctil: ley, derechos, justicia*. Trad.: Marina Gascón. 7ª ed. Madri: Trotta, 2007, p. 125).

[145] O Projeto de CPC ocupa-se de combater o abuso dos conceitos jurídicos indeterminados, considerando não fundamentada a decisão que *empregue conceitos indeterminados sem explicar o motivo concreto de sua incidência no caso* (artigo 476, parágrafo único, inciso II). Também dispõe, no seu artigo 477, parágrafo único: "Fundamentando-se a sentença em regras que contiverem conceitos juridicamente indeterminados, cláusulas gerais ou princípios jurídicos, o juiz deve expor, analiticamente, o sentido em que as normas foram compreendidas".

[146] TESHEINER, José Maria Rosa. Processo e constituição: algumas reflexões. In: *Constituição, jurisdição e processo: estudos em homenagem aos 55 da Revista Jurídica*. Coord: MOLINARO, Carlos Alberto; MILHORANZA, Mariângela Guerreiro; PORTO, Sérgio Gilberto. Sapucaia do Sul: Notadez, 2007, p. 417-418.

1.3.1. Tutelas sumárias, tutelas de urgência e tutelas provisórias de urgência

Um dos acentos inequívocos do processo civil contemporâneo repousa na noção de "tutela jurisdicional".[147] Superando o apego a questões conceituais, outrora relevantes para instrumentalizar a emancipação da ciência processual, o foco da atualidade voltou-se para o resultado final da atividade jurisdicional e para a sua aptidão de realizar o direito material, concretizando no processo os valores da Constituição exprimidos pelos direitos processuais fundamentais.[148] O regresso da *tutela jurisdicional* ao palco do processo civil é evidência de que a ciência processual encontra-se madura para essa reaproximação com o direito substancial.

A palavra *tutela* não é unívoca em direito, sendo utilizada como sinônimo ora do procedimento, ora do provimento jurisdicional, ora do resultado jurídico-substancial da demanda (isto é, da atuação do direito material, com a entrega do bem da vida).[149] O ponto de unidade desses usos é sua relação com as ideias de amparo, assistência e defesa. A tutela prestada no processo consiste na proteção de interesses pela via jurisdicional para resolver a crise do direito material e assegurar a integridade da esfera jurídica do indivíduo.[150] A ideia de tutela não é exclusivamente *endoprocessual*. Ela define-se pelo valor da ação judicial e pelas suas consequências no mundo da vida. Surpreende-se nesse fenômeno o inegável ciclo entre *processo* e *direito*: o processo toma como ponto de partida a proteção prometida pelo direito material, abstratamente considerada, e retorna ao plano material uma proteção de caráter concreto.[151]

O processo, o veículo da tutela jurisdicional, demanda tempo. Isto faz com que a própria ideia de tutela tenha que ser considerada a partir do ponto de vista do

---

[147] TALAMINI, Eduardo. *Tutela relativa aos deveres de fazer e de não fazer: e sua extensão aos deveres de entrega de coisa: CPC, arts. 461 e 461-A, CDC, art. 84.* 2ª ed. rev. atual. ampl. São Paulo: Revista dos Tribunais, 2003, p. 25.

[148] A postura identifica-se, no plano metodológico, com os movimentos contemporâneos da ciência processual que aspiram à concretização dos valores constitucionais na estrutura do processo. Essa proposta metodológica coincide, em muitos pontos, com aquela que a precedeu – o *instrumentalismo* –, apresentando, no entanto, como uma de suas notas específicas, a identificação do *conflito entre efetividade e segurança* como núcleo do fenômeno processual (AMARAL, Guilherme Rizzo. *Cumprimento e execução da sentença sob a ótica do formalismo-valorativo.* Porto Alegre: Livraria do Advogado, 2008, p. 21). Para um exame detalhado das diferentes fases metodológicas do processo civil, entendidas como formas de pensar e trabalhar da ciência processual, cf. MITIDIERO, Daniel Francisco. *Colaboração no processo civil: pressupostos sociais, lógicos e éticos.* São Paulo: Revista dos Tribunais, 2009, p. 29-47.

[149] DIDIER JÚNIOR, Fredie; BRAGA, Paulo Sarno; OLIVEIRA, Rafael. Ainda sobre a distinção entre a tutela antecipada e tutela cautelar. *Biblioteca Digital Revista Brasileira de Direito Processual.* Belo Horizonte, ano 16, n. 64, outubro-dezembro/2008. Disponível em: <http://www.editoraforum.com.br/bid/bidConteudoShow.aspx?idConteudo=56140>. Acesso em: 7 de junho de 2010, p. 4.

[150] Consoante Michele Taruffo, a doutrina italiana – situada, no particular, em posição de atraso com relação ao processo civil brasileiro – ainda se debate em controvérsias sobre a extensão do significado da tutela, se compreensiva apenas da declaração do direito, ou também de sua atuação (Notte sul diritto alla condanna e all´esecuzione. *Revista de Processo.* São Paulo, v. 32, n. 144, p. 57-84, fevereiro/2007, p. 59).

[151] OLIVEIRA, Carlos Alberto Alvaro de. Direito material, processo e tutela jurisdicional. In: *Polêmica sobre a ação: a tutela jurisdicional na perspectiva das relações entre direito e processo.* Org: MACHADO, Fábio Cardoso; AMARAL, Guilherme Rizzo. Porto Alegre: Livraria do Advogado, 2006, p. 316

tempo que exige o processo. O fato jurídico, em seus diversos aspectos exibe uma estrutura tipicamente temporal, e o direito processual – longe de constituir exceção – aprofunda essa dimensão. O processo nasce, desenvolve-se e se extingue numa conexão natural com a temporalidade, estando bem colocada por Italo Andolina a dupla perspectiva dessa relação: existe tanto o *tempo no processo* (isto é, o tempo que organiza o fluir interno do processo) como o *processo no tempo* (a sintonia entre o processo e sua realidade externa, que assegura a coerência entre a tutela resultante do processo e os fatos mutáveis da realidade).[152] Claro que o tempo no processo não é o *tempo ordinário* experimentado cotidianamente. Trata-se de um tempo *ritualístico*, "inteiramente ordenado, que permite à sociedade regenerar a ordem social e jurídica".[153]

O tempo não é, porém, apenas um dos componentes, mas verdadeiro fundamento axiológico de toda a divisão de ônus, faculdades e poderes no processo, repartição esta que deve possibilitar a prática ordenada e tempestiva dos atos processuais, rumo ao seu resultado natural.[154] No âmbito do processo é habitual que o tempo seja enfrentado como *ônus* – como óbice à efetividade da jurisdição – enfatizando-se a probabilidade de acontecerem prejuízos à parte que pretende obter a modificação de um estado de coisas por intermédio do processo.

Nesse contexto, cabe ao processo posicionar-se diante dos efeitos da passagem do tempo sobre a lide. As alternativas disponíveis – intervir ou não intervir sobre a relação litigiosa – são igualmente dotadas de consequências, e a impressão de que qualquer delas constitua a opção "natural" encerra dentro de si, mesmo que não o pareça, uma premissa ideológica.

De largo proveito no tema revela-se a original concepção de José Tesheiner, processualista responsável por forjar ideia de *litisregulação*, ou regulação provisória da lide. Segundo o autor gaúcho, a litisregulação refere-se ao conjunto de normas processuais que disciplinam, *desde sua entrada no plano processual,* as relações sociais já reguladas pelo direito material. As normas litisreguladoras superpõem-se às normas de direito material, paralisando temporariamente sua eficácia. Há sempre litisregulação, ainda que se mantenha o estado de fato original durante o tramitar do processo. Tal compreensão tem a vantagem de explicitar tanto os casos de concessão como de indeferimento de medidas jurisdicionais, desvestindo a neutralidade da opção – inclusive legislativa – que mantém o *status quo* da lide.[155]

---

[152] Il tempo e il processo. *Revista de Processo*, São Paulo, v. 34, n. 176, p. 259-274, outubro/2009, p. 261 e 274.

[153] CRUZ E TUCCI, José Rogério. *Tempo e processo: uma análise empírica das repercussões do tempo na fenomenologia processual (civil e penal).* São Paulo: Revista dos Tribunais, 1997, p. 26.

[154] ANDOLINA, Italo. Il tempo e il processo. *Revista de Processo*, São Paulo, v. 34, n. 176, p. 259-274, outubro/2009, p. 260.

[155] TESHEINER, José Maria Rosa. Antecipação da tutela e litisregulação: estudo em homenagem a Athos Gusmão Carneiro. *Revista Jurídica*, São Paulo, v. 48, n. 274, p. 27-43, agosto/2000, p. 28 e 43. Segundo o autor, o que legitima a qualificação da tutela de urgência como mecanismo *litisregulador* é o atendimento dos dois requisitos, a saber: a regulação da situação de fato enquanto pender a ação principal e a extinção de seus efeitos como decorrência da extinção do procedimento principal (*Medidas cautelares.* São Paulo: Saraiva, 1974, p. 39).

A regulação dos efeitos da passagem do tempo sobre os direitos controvertidos é um dos fundamentos para a criação das *tutelas jurisdicionais diferenciadas*. Para cumprir sua finalidade, o processo reclama adequação objetiva e subjetiva ao direito material, isto é, à natureza do direito material posto em causa e à qualidade das partes. A norma da *adaptabilidade* é a expressão deontológica dessa exigência de adequação dos procedimentos ao direito material e de criação de tutelas diferenciadas, relacionando a estrutura dos procedimentos à função processual.[156]

Tal adequação só pode ser alcançada com a estruturação de um número suficiente de ferramentas jurídico-processuais adaptadas aos reclames das diferentes realidades jurídico-materiais, que correspondem às exigências organizacionais e procedimentais dos direitos fundamentais à tutela efetiva e adequada e à razoável duração do processo. As tutelas diferenciadas são instituições destinadas à equalização e à compensação das situações concretas das partes em litígio, e sua previsão baseia-se no pressuposto de que necessidades diferenciadas de proteção devem corresponder a formas processuais diversas. Elas tendem à proteção dos valores fundamentais da comunidade em cada momento histórico, e seu repertório se modifica à medida que aqueles valores substanciais se alteram.[157]

A diferenciação das tutelas processuais compreende a disposição de procedimentos de cognição plena e exauriente e de formas típicas de tutela sumária, modeladas de acordo com as particularidades do direito substancial controvertido.[158] A atuação das tutelas diferenciadas tanto pode dar-se ao nível legislativo abstrato como ser exercida em concreto pelo juiz, no marco de liberdade estabelecido pelas cláusulas gerais e pelos conceitos indeterminados. O sistema processual ergue limites à expansão das tutelas diferenciadas, sendo inconcebível, por exemplo, a construção de um procedimento *ad hoc* para cada cidadão que busque os Tribunais para receber proteção judicial. Às tutelas diferenciadas não cabe o papel de substitutas do procedimento comum, devendo existir entre este e aquelas um ponto de equilíbrio *móvel,* necessariamente variável em função das transformações do próprio direito substancial.[159]

Duas técnicas fundamentais de diferenciação são empregadas para enfrentar a propensão do processo judicial à demora. A primeira consiste nas providências que visam a imprimir celeridade ao processo sem o sacrifício da atividade cognitiva do juiz. Sumariza-se, nesse caso, apenas o procedimento.

A segunda técnica abrange providências que retiram do juiz o conhecimento completo da matéria litigiosa. Sumariza-se a própria cognição. Avultam, pois, no

---

[156] OLIVEIRA, Carlos Alberto Alvaro de; MITIDIERO, Daniel Francisco. *Curso de processo civil: volume 1: teoria geral do processo civil e parte geral do direito processual civil.* São Paulo: Atlas, 2010, p. 74-78.

[157] BERIZONCE, Roberto Omar. Tecnicas orgánico-funcionales y procesales de las tutelas diferenciadas. *Revista de Processo*, São Paulo, v. 34, n. 175, p. 130-163, setembro/2009, p. 132.

[158] PROTO PISANI, Andrea Sulla tutela giurisdizionale differenziata. *Rivista di Diritto Processuale*, Padova, ano 34, n. 4, p. 536-591, outubro-dezembro/1979, p. 536-538.

[159] BERIZONCE, Roberto Omar. Fundamentos y confines de las tutelas procesales diferenciadas. *Revista de Processo*, São Paulo, v. 33, n. 165, p. 131-143, novembro/2008, p. 138-139, 141-142.

TUTELA ESPECÍFICA DE URGÊNCIA

plano das tutelas diferenciadas, as tutelas estruturadas mediante formas de *cognição*[160] *materialmente sumária.*[161] Na formulação que distingue os planos horizontal (extensão, amplitude) e vertical (profundidade), a cognição sumária descreve a *apreensão superficial – limitada no plano vertical –* do objeto cognoscível de um determinado processo.[162] É sumária a cognição que não admite a plena produção de provas e autoriza o juiz a decidir com base num nível de convencimento que não aspira à certeza. Assim, enquanto a cognição exauriente – cuja essência reside na realização do contraditório sob forma plena e antecipada[163] – persegue essa (sempre relativa) certeza, privilegiando o valor da segurança, a cognição sumária exprime-se pelos juízos de verossimilhança e se presta à salvaguarda da efetividade da jurisdição.

Não deve passar despercebida, aliás, a conexão entre sumariedade e efetividade. Sempre que o legislador privilegia o aspecto da efetividade, a lide – aqui considerada, com alguma liberdade, como categoria *sociológica –* ingressa no processo em forma parcial, operando-se um recorte do conflito a ser tratado pelo juiz.[164] Desse modo, a técnica de sumarização cognitiva atua essencialmente pela restrição do conteúdo material do processo e pela limitação do direito fundamental das partes com relação aos meios de defesa de suas posições.[165]

As tutelas sumárias constituem uma resposta do sistema processual à necessidade de conjurar os efeitos do tempo no processo, removendo obstáculos à celeridade e efetividade da função jurisdicional. É constante na história do direito processual, desde Roma, a previsão de tutelas que permitam, com base em cognição *prima facie,* a produção de efeitos no mundo dos fatos. Como fenômeno mais amplo, porém, a sumarização remonta à Alta Idade Média, tendo nascido em resposta às crescentes necessidades de rapidez do tráfico mercantil.[166]

---

[160] A cognição é predominantemente um ato de inteligência das questões de fato e de direito deduzidas no processo. O objeto da cognição do juiz no processo é mais amplo que a noção de objeto litigioso do processo, locução cujo sentido abrange apenas o *thema decidendum,* isto é, a questão sobre o qual deve o juiz decidir *principaliter.* No objeto da cognição judicial incluem-se, além do objeto litigioso, "todos os pontos relevantes, de direito e de fato, alegados pelas partes, mesmo permaneçam eles incontroversos" (WATANABE, Kazuo. *Da cognição no processo civil.* 2ª ed. atual. Campinas: Bookseller, 2000, p. 58-59; 106).

[161] Para uma distinção entre os procedimentos sumários e os plenários rápidos, cf. GUILLÉN, Victor Fairen. *El juicio ordinario y los plenarios rápidos.* Bacelona: Bosch, 1953, p. 55-57.

[162] Segundo aponta Luiz Guilherme Marinoni, "a cognição no sentido horizontal indaga sobre 'o que' (qual a matéria) pode formar o objeto cognoscível, ao passo que a cognição no sentido vertical pergunta 'como' (mediante a plenitude probatória, ou não), se pode formar o juízo." *(Técnica processual e tutela dos direitos.* 2ª ed. rev. atual. São Paulo: Revista dos Tribunais, 2008, p. 151).

[163] PROTO PISANI, Andrea. La tutela sommaria in generale e il procedimento per ingiunzione nell´ordinamento italiano. *Revista de Processo,* São Paulo, ano 23, n. 90, p. 22-35, abril-junho/1998, p. 23-24.

[164] SILVA, Ovídio Araújo Baptista da. A "plenitude de defesa" no processo civil. In: *As garantias do cidadão na justiça.* Coord.: TEIXEIRA, Sálvio de Figueiredo. São Paulo: Saraiva, 1993, p. 155.

[165] GUILLÉN, Victor Fairen. *El juicio ordinario y los plenarios rápidos.* Bacelona: Bosch, 1953, p. 55.

[166] OLIVEIRA, Carlos Alberto Alvaro de. *Do formalismo no processo civil.* 2ª ed. rev. ampl. São Paulo: Saraiva, 2003, p. 119.

Nas suas diversas modalidades as tutelas sumárias sempre se mostraram um componente ineliminável do sistema de tutela jurisdicional.[167] Historicamente o recurso a elas tem-se justificado nas seguintes situações: (a) quando se busca evitar o custo do processo de cognição plena e exauriente, na falta de uma séria contestação por parte do réu, a exemplo do ocorre no procedimento monitório; (b) quando se busca evitar que fatos comprometam a utilidade da tutela definitiva, afetando os meios de prova ou a garantia patrimonial do direito do autor; (c) quando se busca garantir a efetividade da tutela definitiva, evitando que os direitos devam permanecer num estado de insatisfação pelo tempo necessário à emanação de uma sentença definitiva ao final de um processo de cognição plena e exauriente.

Nas tutelas sumárias é possível que o legislador deixe ao juiz, de forma atípica e concreta, a valoração da oportunidade do recurso à tutela de urgência, mediante o exame do *periculum*. Quando o legislador toma para si essa valoração, subtraindo ao juiz o exame do *periculum,* pode conservar a característica provisória da medida sumária, mantendo-a incapaz de dar uma disciplina definitiva à relação material. Também pode "saltar o fosso" e conferir-lhe feição *autônoma*, permitindo que se torne definitiva se o juízo de cognição plena não for instaurado.[168] Assim, nem todas as tutelas sumárias correspondem às formas provisórias tradicionalmente denominadas "tutelas de urgência", podendo o fenômeno da sumariedade ser encontrado, além das tutelas sumárias provisórias, nas tutelas sumárias *tout court,* ou autônomas.

A categoria das tutelas sumárias autônomas ressente-se até os dias atuais de uma sistematização teórica mais adequada. Proto Pisani aponta tratar-se de classe heterogênea, integrada por institutos diversos como a condenação com reserva de exceções e os variados procedimentos injuncionais.[169] Os procedimentos sumários *tout court* substituem no seu campo operacional os procedimentos de cognição exauriente, oportunizando um pronunciamento de mérito capaz de tornar-se definitivo. Nascem da relação entre a evidência do direito que está submetido à cognição judicial, de um lado, e a intensidade dessa cognição e as formas procedimentais adotadas, de outro. Tais procedimentos permitem que direitos evidentes – pouco afeiçoados ao procedimento ordinário – recebam uma resposta judicial pronta e

---

[167] PROTO PISANI, Andrea. La tutela sommaria in generale e il procedimento per ingiunzione nell´ordinamento italiano. *Revista de Processo*, São Paulo, ano 23, n. 90, p. 22-35, abril-junho/1998, p. 25.

[168] PROTO PISANI, Andrea. Appunti sulla tutela cautelare nel processo civile. *Rivista di Diritto Civile*, Milão, ano 33, n. 2, março-abril/1987, p. 126.

[169] Sulla tutela giurisdizionale differenziata. *Rivista di Dirritto Processuale*, Padova, ano, n. , p. 536-591, 1979. pp 570-571. O direito processual civil brasileira registra exemplos característicos de tutela sumária autônoma, a exemplo do mandado de segurança, da ação de prestação de contas e, no Livro III do CPC/1973, dos processos 'materialmente sumários', com cognição superficial, destituídos de cautelaridade, como o procedimento para "entrega de bens de uso pessoal do cônjuge e dos filhos" (art. 888, II) e a ação de exibição de coisa em "poder de outrem em que o requerente reputa sua ou tenha interesse em conhecer" (art. 884, I) (WATANABE, Kazuo. *Da cognição no processo civil*. 2ª ed. atual. Campinas: Bookseller, 2000, p. 120 e 141). O Projeto de CPC também prevê uma ação incidental de exibição, a ser decidida por sentença (arts. 382 a 390).

TUTELA ESPECÍFICA DE URGÊNCIA

eficaz.[170] Ao mesmo tempo, asseguram à parte exposta aos efeitos da decisão o poder de acarretar que o processo se prolongue na via ordinária, evitando a conclusão do procedimento sumário.

Os procedimentos sumários autônomos definem-se, com efeito, pela *provisoriedade eventual*, que poderá vir a prevalecer, ou se converter em definitividade, na dependência do comportamento adotado pela parte que suporta os seus efeitos. Trata-se de procedimentos que estão caracterizados pela *eventualidade da realização do contraditório*, sendo possível que aconteça a supressão de toda uma fase tipicamente jurisdicional em razão do comportamento do réu.[171]

A tutela sumária autônoma atinge a estabilidade se o réu não oferece a oposição, ou a fase de cognição plena e exauriente conclui-se com a rejeição da oposição ou com a extinção, hipótese em que se consolidam os "efeitos executivos" da tutela.[172] Também é possível, nesse gênero de medidas, que o procedimento resulte na prolação de uma decisão sumária destituída da qualidade da coisa julgada material, permitindo-se a cognição exauriente em nova relação processual que deverá ser instaurada por iniciativa do réu.

Cuida-se, nessa hipótese, da classe de ações sumárias em que o contraditório pleno não se desenvolve em fase subsequente, porém num *eventual processo autônomo,* de modo que, como afirma Ovídio Baptista da Silva, "o que seria matéria de contestação torna-se conteúdo da 'demanda inversa' correspondente, cabendo [ao réu], assim, o encargo de iniciar, como autor, o contraditório em demanda posterior". Na espécie, prossegue o autor, "além da inversão do contraditório, com a simples 'redução da cognição', em sua fase *primitiva inicial*, agora é a própria demanda original que se fraciona, fazendo com que certas questões litigiosas sejam relegadas para tratamento posterior, a ter lugar, não mais numa fase subsequente da 'mesma ação', mas em demanda plenária independente, na *eventualidade* de que o sucumbente se disponha iniciar, como autor, o contraditório".[173]

Em síntese, as técnicas autônomas de sumarização destinam-se à tutela imediata de certos interesses, deixando para momento posterior do processo (ou para demanda posterior) a função reparadora de eventuais *injustiças* que a busca da efetividade tenha proporcionado.

Diante desse quadro de tutelas sumárias, a doutrina brasileira reservou a locução "tutelas de urgência" apenas às tutelas *sumárias provisórias*,[174] ou seja, às medidas

---

[170] SILVA, Ovídio Araújo Baptista da. *Curso de processo civil.* V. 2. 4ª ed. rev. atual. Rio de Janeiro: Forense, 2007, p. 62.

[171] WATANABE, Kazuo. *Da cognição no processo civil.* 2ª ed. atual. Campinas: Bookseller, 2000, p. 120.

[172] PROTO PISANI, Andrea. Sulla tutela giurisdizionale differenziata. *Rivista di Diritto Processuale*, Padova, ano 34, n. 4, p. 536-591, outubro-dezembro/1979. p 586.

[173] SILVA, Ovídio Araújo Baptista da. *Processo e ideologia: o paradigma racionalista.* Rio de Janeiro: Forense: 2004, p. 157-158.

[174] BEDAQUE, José Roberto dos Santos. *Tutela cautelar e tutela antecipada: tutelas sumárias e de urgência: tentativa de sistematização.* 5ª ed. rev. ampl. São Paulo: Malheiros, 2009, p. 166.

cautelares e antecipatórias – estas por vezes designadas pela expressão "liminares",[175] – que são dependentes da emissão de um provimento principal. O uso corrente, todavia, não está inteiramente correto. Explica-se. De certa forma, a *urgência*, aqui definida, muito amplamente, como a *situação factual que proporcione um risco ou embaraço à efetividade da jurisdição*,[176] é pressuposto comum a todas as tutelas sumárias, sejam elas provisórias ou autônomas.[177] A necessidade de uma atuação judicial célere – fator justificativo da adoção da cognição sumária – está presente nas medidas cautelares, nas medidas antecipatórias e nos procedimentos autônomos, com a peculiaridade de que em determinados casos (nomeadamente, nas medidas cautelares e antecipatórias fundadas no inciso I do artigo 273 do CPC[178]) o juiz é incumbido de aferir a urgência, e em outros (nas medidas antecipatórias fundadas no inciso II do artigo 273 do CPC[179] e nos provimentos sumários autônomos) ela é definida abstratamente pelo legislador.

A ideia de "urgência" afigura-se suficientemente ampla para abranger tanto o perigo de um dano aferido em concreto como a valoração abstrata do tipo de causa ou da situação processual que resultou na redistribuição, em favor do autor, do ônus do tempo no processo. Sob essa perspectiva, se todos os provimentos à base de cognição sumária são "urgentes",[180] fica evidenciada a insuficiência da expressão

---

[175] O tema das "liminares" inspira certa confusão conceitual no processo civil brasileiro. À primeira vista, parece tentador definir o vocábulo pelo seu sentido corrente – também encontrado na palavra *limiar* –, de modo a descrever *quaisquer decisões proferidas pelo juiz no início do processo*, antes da instauração do contraditório. O conceito seria mais bem afeiçoado ao momento da tomada da decisão no procedimento do que ao seu conteúdo (RIGHI, Eduardo. *Direito fundamental ao justo processo nas tutelas de urgência*. Curitiba: Juruá, 2007, p. 162-163). Entretanto, o critério exclusivamente topográfico não corresponde ao uso da expressão na linguagem jurídica. A ninguém ocorreria qualificar de *liminar* a decisão que recebe a inicial da ação, ou determina sua emenda, ou resolve questão processual antes da citação do réu, apesar de proferidas no *limiar* do processo. Tal critério, como bem sublinhou Teori Zavascki, é insuficiente para apreender o completo significado da palavra liminar. Embora as liminares sejam concedidas, em geral, no estágio inicial do procedimento, o sentido comum do termo é dado pela forma elíptica da expressão "medida liminar", realçando o seu *conteúdo*, e apenas secundariamente o momento da sua concessão. É certo que o momento da concessão do provimento não chega a se mostrar desinfluente. De um modo geral, a expressão liminar pressupõe uma decisão proferida anteriormente ao saneamento do processo. Faltaria, v.g., à decisão tomada na sentença, ou pelo Tribunal – ainda que concessiva de tutela cautelar ou antecipatória – a correspondência com o sentido amplamente reconhecido ao vocábulo *liminar*. O conteúdo que realmente distingue as liminares, porém, separando-as de outras decisões interlocutórias, consiste na *antecipação, em caráter provisório, de todas ou algumas das providências que, pelo curso normal do processo, sobreviriam apenas como efeito da sentença de procedência*. Existe, como é perceptível, uma direta vinculação entre a liminar e a sentença que julgar a pretensão do autor (ZAVASCKI, Teori Albino. *Antecipação da tutela*. 7ª ed. São Paulo: Saraiva, 2009, p. 197-198), qualquer que seja a natureza da tutela por ela concedida. Assim, pode-se falar tanto numa liminar cautelar (que antecipa efeitos da sentença cautelar) como numa liminar satisfativa (antecipatória dos efeitos da sentença direcionada à tutela do direito material).

[176] Essa a definição também acolhida por Teori Zavascki (*Antecipação da tutela*. 7ª ed. São Paulo: Saraiva, 2009, p. 29).

[177] Na linha do entendimento exposto, Ovídio Baptista da Silva aponta que a distinção entre os provimentos monitórios e as antecipações da tutela apresenta-se mais simbólica do que real, observando que a urgência a ser comprovada no juízo antecipatório também se faz presente no juízo monitório, porém presumida *jure et de juris* pela lei (*Curso de processo civil. V. 1, tomo II*. 6ª ed. rev. atual. Rio de Janeiro: Forense, 2008, p. 19).

[178] Correspondente ao artigo 276 do Projeto de CPC (tutela da urgência).

[179] Correspondente a uma das hipóteses da tutela da evidência, prevista no inciso I do artigo do Projeto de CPC.

[180] Claro, é possível o ponto de vista de que a urgência só existe, de fato, quando a lei atribui ao juiz o preenchimento da *fattispecie* relativa ao risco de dano jurídico. Não é mesmo tão significativo saber se nas "antecipações"

TUTELA ESPECÍFICA DE URGÊNCIA

"tutelas de urgência" para diferenciar os provimentos cautelares e antecipatórios das medidas autônomas. É somente apondo o termo *provisório* à tradicional expressão que se torna possível individualizar as medidas cautelares e antecipatórias. Esta, portanto, a terminologia empregada no texto, e sua justificação.

Como modalidades de tutela jurisdicional diferenciada,[181] as *tutelas provisórias de urgência* propiciam a adoção de providências imediatas, anteriores ao esgotamento de um procedimento jurisdicional, como forma de compor situações de perigo de dano ou de comprometimento da atividade judicante. A finalidade de tais provimentos reside em manter ou criar o "estado de fato mais conveniente ao resultado prático do [provimento] principal".[182] Tanto as medidas antecipatórias como as cautelares concretizam a ideia de efetividade processual, sendo inerentes a um sistema que assegura acesso eficaz à justiça e promete a garantia de um *processo devido*. O direito à tutela provisória de urgência conta no Brasil com estatura constitucional inequívoca. Semelhante tutela insere-se com naturalidade no arcabouço do processo civil brasileiro, sendo indispensável à estruturação de um processo efetivo.[183]

1.3.2. Tutela cautelar e tutela antecipatória:[184] perspectiva dualista

A doutrina majoritária no Brasil sustenta que os provimentos cautelares e antecipatórios correspondem a funções jurisdicionais diversas, o que tornaria legítima a diferenciação de seus regimes jurídicos.[185] Tal posição contrasta com a clássica formulação de Calamandrei a respeito dos *provvedimento cautelari*,[186] ainda seguida

---

que dispensam tal preenchimento – na antecipação da tutela calcada no "abuso do direito de defesa" (CPC/73, artigo 273, inciso II), por exemplo – o requisito processual da urgência inexiste, ou se está presente sob a forma de uma presunção normatizada abstratamente. O importante, no contexto aqui analisado, é que a opção metodológica que restringe o campo da urgência apenas à "urgência valorada no caso concreto pelo juiz" *leva igualmente à conclusão de ser inadequado* o uso da expressão "tutela de urgência" como gênero das medidas cautelares e antecipatórias – pois quem acolhe o ponto de vista em questão deveria necessariamente concluir que as medidas antecipatórias abrangem provimentos urgentes (artigo 273, inciso I) e não urgentes (inciso II).

[181] ARIETA, Giovanni. *I provvedimenti d´urgenza: ex art. 700 c.p.c.* Padova: Cedam, 1982, p. 35.

[182] CALAMANDREI, Piero. *Introdução ao estudo sistemático dos procedimentos cautelares.* Trad. Carla Roberta Andreasi Bassi. Campinas: Servanda, 2000, p. 144. Sobre a individuação da *tutela preventiva* diante das medidas de urgência, e sua contraposição à chamada tutela sancionatória/repressiva, cf. CALAMANDREI, Piero. *Introdução ao estudo sistemático dos procedimentos cautelares.* Trad. Carla Roberta Andreasi Bassi. Campinas: Servanda, 2000, p. 34-35; MOREIRA, José Carlos Barbosa. Tutela sancionatória e tutela preventiva. In: *Temas de direito processual: 2ª série.* São Paulo: Saraiva, 1988, p. 25.

[183] NERY JÚNIOR, Nelson. *Princípios do processo na constituição federal: processo civil, penal e administrativo.* 9ª ed. rev. atual. ampl. São Paulo: RT, 2009, p. 182.

[184] Athos Gusmão Carneiro censura a expressão "tutela antecipatória", observando que "a 'decisão' do juiz é que será antecipatória da tutela. A tutela não é o sujeito, mas sim o *objeto da antecipação*." (*Da antecipação de tutela.* 6ª ed. atual. Rio de Janeiro: Forense, 2005, p. 120, nota 4). Apesar da crítica ser correta, o emprego da expressão justifica-se como forma *elíptica*, i.é, com o significado de *tutela concedida em caráter antecipatório*.

[185] Confira-se, por todos, THEODORO JÚNIOR, Humberto. Tutela antecipada. In: *Aspectos polêmicos da antecipação de tutela.* Coord.: WAMBIER, Teresa Arruda Alvim. São Paulo: Revista dos Tribunais, 1997, p. 200-201.

[186] Calamandrei distinguia três diferentes grupos de medidas "cautelares" (um quarto, constituído pelas cauções cautelares, não será examinado aqui). O primeiro grupo é constituído de procedimentos instrutórios antecipados,

por contingente expressivo da doutrina italiana.[187] O que talvez escape à percepção atual é o caráter recente desse ponto de vista.

Nos primeiros anos do Código de 1973, ainda sensibilizada pelo prestígio de Calamandrei, a doutrina brasileira não parecia fazer maior caso da separação entre provimentos conservativos e antecipatórios. Diante do poder geral de cautela instituído pelo Código, concebia-se ampla liberdade de construção de medidas de urgência, inclusive de provisórias satisfativas.[188] Mesmo a preocupação com o propalado "inchaço" do processo cautelar – verbalizada, dentre outros, por José Carlos Barbosa Moreira – devia-se menos a uma incompatibilidade de princípios com a função antecipatória do que ao desconforto da doutrina com a inclinação das "cautelares satisfativas" a assumirem uma *autonomia* que seria incompatível com a sua natureza instrumental.[189]

A afirmação de que o processo cautelar não foi construído para prestar tutela satisfativa, tomada atualmente como senso comum, apresenta, na realidade, um caráter curiosamente *retrospectivo*, tendo em vista que a estrutura da tutela cautelar no Código Buzaid não excluía essa função de forma tão peremptória. Aliás, a doutrina daqueles primeiros tempos não ignorava o caráter heterogêneo do Livro III do Código, baseando-se nessa constatação para advertir que a "essência" da tutela cautelar não residia apenas nas medidas conservativas. Para dizer a verdade, havia numerosas medidas satisfativas compartilhando de espaço no ambiente do "processo cautelar".[190]

---

segundo os quais, "em vista de um possível futuro processo de conhecimento, se objetiva fixar e deixar de lado certos resultados probatórios, positivos ou negativos, que poderão ser depois utilizados naquele processo no momento oportuno". No segundo grupo estão os provimentos que objetivam assegurar o resultado prático de uma execução futura, atuando de forma a conservar e evitar a dispersão dos bens que estarão sujeitos ao procedimento executivo. O terceiro grupo compõe-se de medidas que *antecipam procedimentos decisórios*, por meio delas o juiz, constatando que o estado de indecisão da relação controversa pode acarretar dano a uma das partes, *regula provisoriamente a lide*, aguardando que a decisão definitiva no curso do procedimento ordinário (*Introdução ao estudo sistemático dos procedimentos cautelares*. Trad. Carla Roberta Andreasi Bassi. Campinas: Servanda, 2000, p. 54-55, 59 e 64).

[187] Assim, por todos, PROTO PISANI, Andrea. Appunti sulla tutela cautelare nel processo civile. *Rivista di Diritto Civile*, Milão, ano 33, n. 2, março-abril/1987, p. 112. Não obstante, como observou Giuseppe Tarzia, sumariando impressões recolhidas em colóquio europeu realizado em 1984 na *Università degli Studi di Milano*, a função *conservativa* é aquela tradicionalmente atribuída pela doutrina europeia às medidas provisórias (Considerazioni comparative sulle misure provisorie nel processo civile. *Rivista di Diritto Processuale*, Padova, v. 40, n. 2, p. 240-254, abril-junho/1985, p. 244-245).

[188] TESHEINER, José Maria Rosa. *Medidas cautelares*. São Paulo: Saraiva, 1974, p. 44. Outros exemplos podem ser recolhidos. Galeno Lacerda, no início de 1973, em palestra alusiva ao novo Código, reconhecia a função antecipatória do processo cautelar (Processo cautelar. *Revista Forense*, Rio de Janeiro, ano 70, n. 246, p. 151-159, abril-junho/1974, p. 151). Em 1987 José Ignácio Botelho de Mesquita escrevia que o cabimento das "cautelares antecipatórias" – questão outrora problemática – já podia ser considerado irrecusável, deslocando-se o problema para os limites do poder discricionário do juiz (Limites ao poder do juiz nas cautelares antecipatórias. *Revista Brasileira de Direito Processual*, São Paulo, n. 56, p. 43-52, outubro-dezembro/1987, p. 41).

[189] MOREIRA, José Carlos Barbosa. A antecipação da tutela jurisdicional na reforma do Código de Processo Civil. *Revista de Processo*, São Paulo, ano 21, n. 81, p. 198-211, janeiro-março/1996, p. 199.

[190] O tratamento das tutelas de urgência no processo civil brasileiro é tarefa sobremaneira dificultada pela sua falta de sistematicidade. À semelhança de seu congênere italiano – que mereceu a censura da doutrina por reunir um conjunto não homogêneo de medidas sob a insígnia dos "procedimentos especiais" (FAZZALARI, Elio. *Instituições de direito processual*. Trad.: Elaine Nassif. Campinas: Bookseller, 2006, p. 208) – o Código de 1973 foi

Foi o ciclo de reformas dos anos 1990 que forjou no artigo 273 do Código de 1973 um instituto até então desconhecido como categoria ampla e geral, levando à reavaliação da dogmática tradicional e suscitando o problema da autonomia conceitual da tutela antecipatória. No processo brasileiro, o tema da dualidade das medidas provisórias de urgência emergiu, substancialmente, dessa intervenção legislativa.[191] Ao encaixar a tutela antecipatória no Livro I do CPC/1973 (artigos 273 e 461, § 3º) o próprio legislador sugeriu a exclusão de sua natureza cautelar, dando corpo à doutrina que considerava superado o alvitre de Calamandrei segundo a qual *antecipação* e *conservação* são funções de um mesmo gênero de tutela provisória. Num primeiro momento, a autonomia conceitual da tutela antecipatória também representou uma garantia de imunidade contra a denegação, pelos juízes, das medidas provisionais-satisfativas de urgência, que era praticada antes da reforma sob o argumento de que tal ordem de providências seria incompatível com a tutela cautelar.

Nesse cenário, a doutrina prevalecente passou a segregar as medidas cautelares e antecipatórias, isolando as funções de garantia e de antecipação[192] e negando caráter instrumental à tutela antecipatória. Essa ênfase resultou numa distinção ontológica – não apenas de grau – entre as duas formas, chancelando a conclusão de que seus requisitos são substancialmente diversos. Para além de outras diferenças realçadas pela doutrina,[193] o consenso predominante é de que a *summa divisio* entre provimentos cautelares e antecipatórios permaneceu em vigor a despeito da "fun-

---

pouco rigoroso no tratar das tutelas sumárias e provisórias de urgência. Ao lado do processo cautelar (Livro III), existem tutelas sumárias esparsas (CPC, arts. 273, 461) e outras previstas em leis extravagantes. O Livro III do CPC, dedicado ao Processo Cautelar – merecedor, desde o início, da crítica que lhe censurou o artificialismo da segregação da função cautelar num processo autônomo (LACERDA, Galeno. Função e processo cautelar: revisão crítica. *Revista AJURIS,* Porto Alegre, ano 19, n. 56, p. 5-13, novembro/1992, p. 8 e 12; SILVA, Ovídio Araújo Baptista da. Curso de processo civil. V. 2. 4ª ed. rev. atual. Rio de Janeiro: Forense, 2007, p. 100) – caracteriza-se pelo seu conteúdo heterogêneo, tratando promiscuamente de medidas cautelares, antecipatórias e de provimentos sumários definitivos (resultado visível da ausência, à época em que foi redigida a versão originária do Código, de uma elaboração teórica mais profunda de tais institutos).

[191] DINAMARCO, Cândido Rangel. O regime jurídico das medidas urgentes. *Revista Jurídica,* Sapucaia do Sul, ano 49, n. 286, p. 5-28, agosto/2001, p. 6.

[192] Nesse sentido: ASSIS, Araken de. Antecipação da tutela. In: *Doutrina e prática do processo civil contemporâneo.* São Paulo: Revista dos Tribunais, 2001, p. 406-407; MARINONI, Luiz Guilherme. *Antecipação da tutela.* 10ª ed. rev. atual. ampl. São Paulo: Revista dos Tribunais, 2008, p. 107.

[193] Afirma-se, por exemplo, que as medidas cautelares visam a *aparelhar o processo* de meios adequados e suficientes para que possa desenvolver-se regularmente e com utilidade, caracterizando-se como processo justo, enquanto as antecipações se propõem a oferecer *a um sujeito,* em sua *vida exterior ao processo,* o mesmo resultado que ele espera obter ao fim do procedimento, ou parte desse resultado. As cautelares dão apoio ao processo e as antecipações, às pessoas (DINAMARCO, Cândido Rangel. O regime jurídico das medidas urgentes. *Revista Jurídica,* Sapucaia do Sul, ano 49, n. 286, p. 5-28, agosto/2001, p. 22). Foi também apontada como elemento distintivo a autonomia da lide cautelar com referência ao direito substancial de cautela (concebida por Enrico Allorio, mas hoje recusada pela doutrina majoritária). Enquanto a medida antecipatória antecipa eficácias próprias da sentença de procedência da lide, a medida cautelar seria expressão de uma lide própria, com pressupostos característicos e inconfundíveis (SILVA, Ovídio Araújo Baptista da. *Curso de processo civil.* V. 2. 4ª ed. rev. atual. Rio de Janeiro: Forense, 2007, p. 84 e 94; RIBEIRO, Darci Guimarães. *Da tutela jurisdicional às formas de tutela.* Porto Alegre: Livraria do Advogado, 2010, p. 155; 158-159).

gibilidade" introduzida no sistema (CPC/1973, artigo 273, § 7º), pois esta ficaria limitada a situações excepcionais de dúvida objetiva entre as duas formas.[194]

1.3.3. Tutela cautelar e tutela antecipatória: perspectiva unitária

O quadro esboçado até aqui não afasta a possibilidade de uma perspectiva diversa, que defenda a aproximação, e, no limite, a unidade dogmática de ambas as formas de tutela provisória de urgência no processo civil brasileiro. Cumpre, portanto, voltar o foco a essa distinta abordagem.

Naturalmente, certa diferenciação entre as medidas cautelares e antecipatórias é real e deixa perceber-se com nitidez. Não se há de negar, por exemplo, que a tutela antecipatória importa na satisfação provisória do próprio direito, enquanto a tutela cautelar tem caráter conservativo. A distinção decorre, aliás, de necessidades diversas (embora aparentadas) de proteção.[195] Também é verdade que os efeitos do provimento cautelar caracterizam-se pela *efemeridade* – jamais podem tornar-se definitivos. Já os efeitos provisórios da tutela antecipatória podem aspirar à permanência mediante a sua confirmação pela sentença de mérito. Finalmente, existe a singularidade (inclusive em termos históricos) das noções de dano irreparável e *periculum in mora*, associadas, respectivamente, à tutela cautelar e à tutela antecipatória.[196]

A despeito desses pontos, a realidade é que todas as medidas provisórias de urgência respondem ao mesmo propósito de assegurar a utilidade da prestação jurisdicional.[197] Sob a ótica dos direitos fundamentais à tutela efetiva e adequada e à duração razoável do processo (CF, art. 5º, XXXV e LXXVIII) não é desarrazoada a convergência das tutelas cautelar e antecipatória sob a mesma categoria processual (a exemplo do que propusera Calamandrei quanto aos *provvedimento cautelari*), em detrimento da criação de limites estanques entre a conservação e a antecipação

---

[194] TALAMINI, Eduardo. *Tutela relativa aos deveres de fazer e de não fazer: e sua extensão aos deveres de entrega de coisa: CPC, arts. 461 e 461-A, CDC, art. 84*. 2ª ed. rev. atual. ampl. São Paulo: Revista dos Tribunais, 2003, p. 371.

[195] OLIVEIRA, Carlos Alberto Alvaro de; LACERDA, Galeno. *Comentários ao Código de Processo Civil: lei nº 5.869, de 11 de janeiro de 1973. Volume VIII, tomo II*. 8ª ed. rev. atual. aum. Rio de Janeiro: Forense, 2007, p. 23.

[196] O primeiro exprime um risco associado à possibilidade da frustração do resultado final do processo (*infrutuosittà*). Receia-se uma modificação do estado de fato, causada por ato da parte capaz de neutralizar a utilidade da demanda (PASSOS, Joaquim José Calmon de. Da antecipação da tutela. In: *Reforma do código de processo civil*. Coord.: TEIXEIRA, Sálvio de Figueiredo. São Paulo: Saraiva, 1996, p. 197). Para conjurá-lo o sistema dispõe de medidas conservativas (cautelares), que tencionam manter inalterada determinada situação fática. Hipótese diversa (*periculum in mora*) está associada ao "estado de insatisfação", isto é, à não fruição do bem jurídico pretendido pelo autor. Na tutela antecipatória não se trata de prevenir dano posterior que resulta de fatos lesivos, mas conter o prejuízo de continuidade de uma situação antijurídica (o estado de insatisfação do direito provável) (TOMMASEO, Ferrucio. *I provvedimenti d'urgenza: struttura e limiti della tutela anticipatoria*. Padova: CEDAM, 1983, p. 135). Sobre o tema cf., com largo proveito, COMOGLIO, Luigi Paolo; FERRI, Corrado. La tutela cautelare in Italia: profili sistematici e riscontri comparativi. *Rivista di Diritto Processuale*, Padova, v. 45, n. 4, p. 963-981, 1990, p. 975-976; PROTO PISANI, Andrea. Appunti sulla tutela cautelare nel processo civile. *Rivista di Diritto Civile*, Milão, ano 33, n. 2, março-abril/1987, p. 119-120.

[197] ARAGÃO, E. D. Moniz de. Alterações no código de processo civil: tutela antecipada, perícia. In: *Reforma do código de processo civil*. Coord.: TEIXEIRA, Sálvio de Figueiredo. São Paulo: Saraiva, 1996, p. 236.

da solução final do processo. Trata-se de proposta que, com boa razão, conservou seu espaço na doutrina brasileira, continuando a receber a acolhida de excelentes autores.[198]

A linha metodológica que enfatiza o aspecto funcional dos institutos é adequada ao direito processual, diante do seu cunho finalístico de realização do direito material. E, sob esse ângulo finalístico, ambas – tutela cautelar e tutela antecipatória – *atuam no sentido de prevenir o dano*. Do ponto de vista teleológico faz sentido conceber a existência de *apenas um instituto processual*, que conjuga as funções "estática" (a conservação de uma situação de fato até a superveniência da tutela principal) e "dinâmica" (referente à possível antecipação do conteúdo da tutela definitiva).[199]

A unidade revela-se ainda no plano estrutural, porque ambas as espécies revestem-se da natureza de tutelas provisórias e instrumentais.[200] A *instrumentalidade* denota a ausência de autonomia e a qualidade dessas tutelas jurisdicionais de não constituírem um fim em si próprio, mas de estarem, no âmbito do processo, a serviço de uma tutela de caráter definitivo. Supõem uma providência definitiva posterior, da qual buscam assegurar o resultado efetivo. Dizê-las *provisórias*, numa acepção ampla – sem desconhecer a distinção ulterior entre *provisoriedade* e *temporariedade*[201] – significa afirmar que se destinam a exaurir-se se o direito para cuja proteção foram deferidas não for reconhecido *in fine*, num provimento "definitivo". Daí decorre que as medidas provisórias de urgência podem ser revogadas ou modificadas a qualquer tempo pelo juiz.

É frequente a afirmação de que a *satisfatividade* das medidas antecipatórias abriria uma fenda intransponível entre essas e as cautelares. Não resta dúvida de que a tutela antecipatória é satisfativa num certa acepção: a da coincidência dos

---

[198] BEDAQUE, José Roberto dos Santos. *Tutela cautelar e tutela antecipada: tutelas sumárias e de urgência: tentativa de sistematização.* 5ª ed. rev. ampl. São Paulo: Malheiros, 2009, p. 128; 144-148; LACERDA, Galeno. Função e processo cautelar: revisão crítica. *Revista AJURIS,* Porto Alegre, ano 19, n. 56, p. 5-13, novembro/1992, p. 11; ZANETI JÚNIOR, Hermes. *Processo constitucional: o modelo constitucional do processo civil.* Rio de Janeiro: Lumen Juris, 2007, p. 193, nota 79; TALAMINI, Eduardo. *Tutela relativa aos deveres de fazer e de não fazer: e sua extensão aos deveres de entrega de coisa: CPC, arts. 461 e 461-A, CDC, art. 84.* 2ª ed. rev. atual. ampl. São Paulo: Revista dos Tribunais, 2003, p. 367; MACHADO, Antônio Cláudio da Costa. Observações sobre a natureza cautelar da tutela antecipatória do art. 273, I do CPC. In: *Reforma do código de processo civil.* Coord.: TEIXEIRA, Sálvio de Figueiredo. São Paulo: Saraiva, 1996, p. 220.

[199] ARIETA, Giovanni. *I provvedimenti d´urgenza: ex art. 700 c.p.c.* Padova: Cedam, 1982, p. 53.

[200] OLIVEIRA, Carlos Alberto Alvaro de; LACERDA, Galeno. *Comentários ao Código de Processo Civil: lei nº 5.869, de 11 de janeiro de 1973. Volume VIII, tomo II.* 8ª ed. rev. atual. aum. Rio de Janeiro: Forense, 2007, p. 9; 20-21. Conforme registram Comoglio e Ferri, a doutrina italiana define como caracteres sistemáticos e fundamentais da *tutela cautelare* – correspondente ao gênero da tutela provisória de urgência – a *sumariedade*, a *instrumentalidade* e a *provisoriedade* (La tutela cautelare in Italia: profili sistematici e riscontri comparativi. *Rivista di Diritto Processuale,* Padova, v. 45, n. 4, p. 963-981, 1990, p. 965-966 e 973).

[201] Parcela da doutrina, invocando Calamandrei, estabelece uma separação específica entre "provisoriedade" e "temporariedade". Provisórias são as medidas "destinadas a durar até que sobrevenha a tutela definitiva, *que as sucederá*, com eficácia semelhante". Já temporários são os provimentos cuja duração se limita no tempo, sem serem sucedidos por medida de mesma natureza. Apenas poderia haver provisoriedade naquilo que está apto a ser substituído pelo definitivo; assim, ambos – o provisório e o definitivo – deveriam ser de mesma natureza , de tal modo que o provisório possa ser "trocado" pelo definitivo (SILVA, Ovídio Araújo Baptista da. *Curso de processo civil. V. 2.* 4ª ed. rev. atual. Rio de Janeiro: Forense, 2007, p. 52).

efeitos da medida provisória com aqueles da decisão definitiva. Lembre-se, no entanto, que esse caráter satisfativo não pode ser assimilado ao da tutela definitiva, pois a medida antecipatória limita-se a oferecer uma regulação provisória do conflito e é inapta para *regular o direito da parte com características definitivas*. Carlos Alberto Alvaro de Oliveira refuta a concepção de que a realização prática do direito com base em cognição sumária seria indistinguível da verdadeira satisfação, na base da qual está a noção de que *o importante é a satisfação do direito no plano social*. E o faz observando, acertadamente, que a satisfação provisória não priva da *força, da qualidade e dos efeitos* da satisfação definitiva, sendo tal distinção perceptível nos tratamentos diferenciados que o sistema empresta ao adiantamento da execução e à execução definitiva.[202]

A despeito dos argumentos contrários,[203] existe uma diferença entre a satisfação *precária* do interesse e a sua satisfação *definitiva*; basta que se tenha presente a maneira como o processo estrutura a desconstituição dos efeitos práticos da decisão. Com efeito, a restituição do indevido, nas medidas de antecipação, ocorre no mesmo processo, ao passo que na hipótese de sentença é necessário que a parte que pretende a devolução proponha uma ação subsequente, o que não deixa de constituir evidência do caráter provisório das antecipações.

O contraste mais relevante não ocorre, por conseguinte, entre cautelaridade e satisfatividade, mas entre *provisoriedade e definitividade*. Existe uma diferença qualitativa entre a tutela provisória e a definitiva, que são expressões de um binômio caracterizado pela instrumentalidade. Sendo decisões de caráter provisório, anteriores à sentença, as cautelares e as medidas antecipatórias mais têm de semelhante do que a distingui-las. Aliás, um atributo das tutelas de urgência, segundo Tommaseo, reside na sua fluidez e resistência em ser reconduzidas a um sistema rigoroso:[204] a separação entre medidas satisfativas e conservativas frequentemente exibe zonas de penumbra que são de difícil distinção prática. Não parece prudente, sobretudo diante desse cenário característico, insistir demasiadamente no isolamento entre as tutelas de urgência satisfativas e conservativas, ignorando que ambas as espécies, no seu aspecto essencial, destinam-se assegurar a efetividade da tutela definitiva.

---

[202] Alcance e natureza da tutela antecipatória. *Revista Forense*, Rio de Janeiro, v. 93, n. 337, p. 47-53, janeiro-março/1997, p. 52.

[203] Ovídio Baptista da Silva censura a assimilação das medidas satisfativas às assecuratórias, entendendo que os autores que a defendem menosprezam a *satisfação* proporcionada pela tutela antecipatória. Segundo Ovídio, ao ver nas medidas antecipatórias mera "satisfação fática", e negar-lhes a condição de "verdadeira satisfação" do interesse da parte, os que assim apensam identificam-se com a ideologia da ordinariedade e prestam homenagem ao *normativismo* jurídico, para o qual as "meras" consequências factuais das decisões não satisfazem "juridicamente" os direitos (*Curso de processo civil. V. 2*. 4ª ed. rev. atual. Rio de Janeiro: Forense, 2007, p. 20 e 35). Luiz Guilherme Marinoni, apesar de fazer coro à crítica de Ovídio Baptista da Silva à doutrina que, no seu entender, *minimiza* a satisfatividade das decisões fundadas em cognição sumária, não se furta a reconhecer que a satisfação proporcionada pela sentença exibe um *plus*: a aptidão para estabilidade, por ele denominada de "satisfação processual" (*Antecipação da tutela*. 10ª ed. rev. atual. ampl. São Paulo: Revista dos Tribunais, 2008, p. 127).

[204] *I provvedimenti d'urgenza: struttura e limiti della tutela anticipatoria*. Padova: CEDAM, 1983, p. 45.

Tampouco é critério suficiente para apartá-las a circunstância de serem emanadas em um procedimento especial, separado e independente da controvérsia principal, ou então inseridas no curso do próprio processo que versa sobre a relação de direito material. Prova disso é que a *autonomia do procedimento cautelar* instituída pelo artigo 796 do CPC/1973 – que já inexistia a propósito das medidas deferidas de ofício (artigos 797 a 799) – foi abalada pelo § 7º do artigo 273, acrescentado pela Lei nº 10.444/2002, que passou a autorizar a concessão da "medida cautelar em caráter incidental do processo ajuizado"[205] (tal disposição, aliás, uma vez lida sob a ótica do modelo constitucional do processo, não se revela como fonte de fungibilidade ou conversão, mas de verdadeira *indiferença* da técnica processual empregada).[206]

Tanto as tutelas cautelares como antecipatórias pressupõem o exercício, pelo órgão judicial, de um juízo de *verossimilhança* a respeito das pretensões do postulante. Mesmo aqui o jurista encontrará dificuldade para descobrir qualquer diferença de fundo. Como a cognição sumária cumpre a função de instrumentalizar juízos provisórios, que não demandam a declaração de certeza, de modo geral a "verossimilhança" significa que as tutelas provisórias de urgência não exigem o grau máximo de probabilidade para as finalidades às quais se destinam. No dias atuais a própria certeza jurídica não aspira senão a ser uma "convicção da verdade", em cuja base está a consciência de que a verdade não pode ser descoberta na sua essência.[207] Toda demanda oferece ao juiz múltiplas "verdades", incontáveis alternativas de solução do conflito, por vezes igualmente plausíveis.

No sentido filosófico, vinculado à teoria do conhecimento – que resgata uma visão aristotélica de verdade[208] –, nenhum juízo pode ultrapassar o estágio da verossimilhança, dada a impossibilidade de se alcançar a verdade. É apenas num sentido elíptico que se concebe um juízo de verossimilhança, como um juízo que não é formado com base na plenitude das provas e argumentos, mas suscita uma "convicção de verdade". Tampouco convém ignorar o *vínculo estrutural* existente, na expressão de Tommaseo, entre o provimento de urgência e o direito substancial, evidenciado pelo fato de que a medida é deferida com base numa valoração da probabilidade da existência do direito substancial.[209]

---

[205] O Projeto de CPC indica que as medidas cautelares e conservativas poderão ser requeridas antes ou no curso do processo principal (artigo 269). Em ambos os casos a pretensão principal será apresentada e apreciada nos mesmos autos da tutela da urgência (artigo 282, § 2º e artigo 286).

[206] BUENO, Cássio Scarpinella. *Tutela antecipada*. 2ª ed. rev. atual. ampl. São Paulo: Saraiva, 2007, p. 147.

[207] KNIJNIK, Danilo. *A prova nos juízos cível, penal e tributário*. Rio de Janeiro: Forense, 2007, p. 14.

[208] Na clássica concepção grega, que remonta a Aristóteles, o juízo não se baseia no *verdadeiro*, como dado externo ao processo, mas numa reconstrução mental dos fatos. Existe tão somente a verdade *do juízo*, perdendo sentido a distinção entre verdade *formal* e *material* (ZANETI JÚNIOR, Hermes. *Processo constitucional: o modelo constitucional do processo civil*. Rio de Janeiro: Lumen Juris, 2007, p. 82-83).

[209] *I provvedimenti d´urgenza: struttura e limiti della tutela anticipatoria*. Padova: CEDAM, 1983, p. 90.

Não deixa de ser curioso constatar que o reconhecimento desse vínculo enfrenta resistências no tocante à tutela antecipatória[210] e – sobretudo – nas medidas cautelares, fruto da tendência de considerá-las como mecanismo puramente processual. Afirma-se que os provimentos cautelares protegem o *próprio processo*, sem observar que a concessão de medida cautelar depende de dados colhidos do direito material. Na verdade, a verificação da plausibilidade do pedido envolve o exame do plano substancial (elementos como o *fumus* e *periculum* constituem recortes de elementos da relação jurídica substancial), assim como avaliação da situação de perigo para o direito alegado. As *medidas cautelares, como as antecipatórias, protegem o direito material,* embora o façam indiretamente.

Finalmente, irmanam-se as duas espécies pela vocação natural de que se revestem para produzir *transformações reversíveis* no plano dos fatos. Nas tutelas provisórias de urgência a irreversibilidade dos efeitos é situação notadamente excepcional, exigindo uma justificação especial fundada em critérios de ponderação. Em termos gerais, assim como sucede às medidas antecipatórias, a tutela cautelar não admite a emanação de uma situação factual irreversível.

Sem minimizar as dificuldades metodológicas de qualquer investigação comparativa entre sistemas jurídicos de diferentes tradições,[211] um olhar para além dos domínios do processo civil brasileiro demonstra que os mecanismos de salvaguarda adotados por outros sistemas processuais têm amplitude suficiente para abranger a regulação provisória da situação litigiosa. São numerosas as experiências que negam a ideia de uma função cautelar *exclusivamente conservativa,* apartada das medidas antecipatórias.

Segundo dá conta Giuseppe Tarzia, na Alemanha, França, Suíça, Bélgica, Áustria, Grécia, Itália e Espanha prevalece a noção de que uma medida urgente pode, se necessário, *antecipar a sentença definitiva,* outorgando, sob o ponto de vista dos efeitos, a mesma tutela que receberia o autor, se vitorioso, através do procedimento ordinário.[212] Semelhantemente, Elio Fazzalari observa que o *provvedimento d'urgenza* do C.P.C. italiano (artigo 700) admite medidas antecipatórias e é sempre mais frequentemente utilizado para esse fim.[213] No processo civil português, a tutela antecipatória está regulada inteiramente no âmbito dos procedimentos cautelares, compartilhando ambas as espécies de uma disciplina igual. Tal condição é

---

[210] Para Ovídio Baptista da Silva, a recusa em identificar na decisão antecipatória um exame do mérito da causa deriva do *racionalismo jurídico,* doutrina que reluta em aceitar as categorias jurídicas processuais destituídas do selo da *definitividade* (*Processo e ideologia: o paradigma racionalista.* Rio de Janeiro: Forense: 2004, p. 109).

[211] COMOGLIO, Luigi Paolo; FERRI, Corrado. La tutela cautelare in Italia: profili sistematici e riscontri comparativi. *Rivista di Diritto Processuale,* Padova, v. 45, n. 4, p. 963-981, 1990, p. 963-964.

[212] Considerazioni comparative sulle misure provisorie nel processo civile. *Rivista di Diritto Processuale,* Padova, v. 40, n. 2, p. 240-254, abril-junho/1985, p. 245-246.

[213] *Instituições de direito processual.* Trad.: Elaine Nassif. Campinas: Bookseller, 2006, p. 244. Sobre as recentes alterações introduzidas no CPC italiano que aproximaram a medida cautelar peninsular ao *référé* francês, situando a medida sumária como alternativa ao procedimento ordinário, cf., com indicação de bibliografia específica, BERIZONCE, Roberto. Tecnicas orgánico-funcionales y procesales de las tutelas diferenciadas. *Revista de Processo,* São Paulo, v. 34, n. 175, p. 130-163, setembro/2009, p. 150.

constatável no artigo 381º do CPC português, que regula, em caráter único, sob a epígrafe "providências cautelares", todas as medidas destinadas a "assegurar a efetividade do direito ameaçado", quer sejam elas conservativas, quer antecipatórias. Também a *Ley de Enjuiciamento Civil* espanhola, de 2000, explicitar em seu artigo 726 que o provimento cautelar pode consistir em ordens e proibições de conteúdo similar ao que se pretenda no processo. As disposições provisionais do processo civil alemão que tutelam pretensões não pecuniárias (*einstweilige Verfügungen*) podem apresentar caráter conservativo (disposições de segurança, disposições de regulação), ou, excepcionalmente, satisfativo. Finalmente, cabe referência ao poder cautelar geral instituído pelo Código de Processo Civil Modelo para Iberoamérica, de 1988, o qual, em capítulo único dedicado ao processo cautelar (Título II, artigos 274 a 281), autoriza o juiz a conceder medidas provisionais e a assegurar provisoriamente os efeitos da decisão de mérito (artigo 280).

Os exemplos até aqui reunidos conferem razão a Barbosa Moreira, quando este aquilata de excessiva a preocupação de se traçarem fronteiras entre as funções de conservação e antecipação. Na verdade, como bem adverte o processualista carioca, a pesquisa dos elementos comuns dessas espécies continua a ser mais relevante do que a *busca metafísica dos fatores que as distinguem*.[214] Sem negar a riqueza de suas origens históricas, é *na dogmática contemporânea* que as tutelas cautelar e antecipatória partilham da mesma função constitucional, predicado que está à base de sua fungibilidade.[215] Servem à efetividade da jurisdição, diferenciando-se pelo seu conteúdo preponderante, mais achegado, ora à conservação, ora à satisfação. As diferenças entre essas espécies reproduzem-se, aliás, em alguma medida, *no interior* de cada uma delas. Sob o rótulo da tutela cautelar e antecipatória, abrigam-se medidas diversas que primam pela heterogeneidade, podendo-se afirmar o predomínio, em alguns casos, de uma identidade mais acentuada da medida considerada em relação à espécie congênere de tutelas de urgência, e em outras, de um maior distanciamento.

Essencialmente, medidas cautelares e antecipatórias, na sua intensa variedade tipológica, têm a mesma natureza por serem *formas irmanadas de regulação da lide,* dotadas de sentidos complementares: a preservação da situação de fato e, inversamente, a sua inovação.[216] O fundamental é que as sutilezas técnicas da distinção entre tutela antecipatória e cautelar não devem interpor-se diante das necessidades do cotidiano forense. Essa é a visão realmente compatível com a postura metodológica que confere à forma o valor de garantia, jamais de obstáculo à justiça. Ao cogitar da visão unitária dessas tutelas como premissa não se pretende, naturalmen-

---

[214] Tutela de urgência e efetividade do direito. *Revista de Direito Processual Civil Gênesis*, Curitiba, n. 28, p. 286-297, abril-junho/2003, p. 293; DINAMARCO, Cândido Rangel. O regime jurídico das medidas urgentes. *Revista Jurídica*, Sapucaia do Sul, ano 49, n. 286, p. 5-28, agosto/2001, p. 9.

[215] MITIDIERO, Daniel Francisco. *Comentários ao Código de Processo Civil. Tomo III*. São Paulo: Memória Jurídica, 2006, p. 71-72.

[216] TESHEINER, José Maria Rosa. Antecipação da tutela e litisregulação: estudo em homenagem a Athos Gusmão Carneiro. *Revista Jurídica*, São Paulo, v. 48, n. 274, p. 27-43, agosto/2000, p. 28.

te, ocultar suas características específicas. Trata-se, sobretudo, de *evitar sobrevalorizar suas diferenças*. Diante disso, a questão terminológica é secundária. Se a expressão "tutela cautelar" é inadequada para exprimir tal unidade, pode-se muito bem adotar a locução sugerida neste texto ("tutelas provisórias de urgência"), ou qualquer outra suficientemente precisa.

Como consequência de todo o exposto, a apreciação dos elementos e dos requisitos das tutelas provisórias urgentes exige uma coerência *valorativa* e *interpretativa* capaz de identificar um regime fundamental comum. O Livro III do CPC/1973 oferece uma *disciplina geral* daquelas tutelas, não especificamente da tutela cautelar.[217] Pela intimidade da ligação entre esses instrumentos, muitas disposições referidas especificamente à tutela cautelar merecem ser aplicadas à tutela antecipatória. As regras previstas para uma espécie aplicam-se à congênere, exceto quanto às questões que estiverem reguladas de forma expressa e diferenciada.[218]

Nas diretrizes iniciais concebidas pela Comissão de Juristas responsável pela elaboração do novo Código de Processo Civil, feitas divulgar por aquele grupo de juristas, já figurava o propósito de "incluir na Parte Geral as disposições gerais sobre as Tutelas de cognição, execução, e de urgência, temas estes previstos no atual Capítulo VII (Processo e procedimento) do Livro I (Do Processo de Conhecimento) e o Livro IV, que será substituído, com a eliminação da parte referente aos procedimentos cautelares específicos".

O Projeto do novo Código de Processo Civil brasileiro acolhe a ideia da unificação dogmática das medidas antecipatórias e cautelares, reunindo-as sob o signo das "tutelas de urgência e da evidência" (artigo 269 e parágrafos). O Código projetado investe o juiz do poder geral de "determinar as medidas que considerar adequadas quando houver fundado receio de que uma parte, antes do julgamento da lide, cause ao direito da outra lesão grave e de difícil reparação" (artigo 270), ficando dispensada a demonstração do risco de dano nos casos de tutela de direito evidente (artigo 278). O texto proposto institui ainda, tanto para medidas cautelares como satisfativas, requisitos que são essencialmente comuns (artigos 276 a 278).

---

[217] DINAMARCO, Cândido Rangel. *A reforma da reforma*. 5ª ed. São Paulo: Malheiros, 2003, p. 91.

[218] TALAMINI, Eduardo. *Tutela relativa aos deveres de fazer e de não fazer: e sua extensão aos deveres de entrega de coisa: CPC, arts. 461 e 461-A, CDC, art. 84*. 2ª ed. rev. atual. ampl. São Paulo: Revista dos Tribunais, 2003, p. 371.

TUTELA ESPECÍFICA DE URGÊNCIA

2. A tutela específica relativa aos deveres de fazer e de não fazer e sua antecipação

2.1. O PERCURSO HISTÓRICO-IDEOLÓGICO DA TUTELA RELATIVA AOS DEVERES DE FAZER E DE NÃO FAZER

No modelo original desenhado pelo CPC de 1973, o cumprimento dos deveres de fazer e não fazer presumia uma demanda de natureza condenatória, resultante na formação de um título executivo, à qual se seguia um processo autônomo de execução de sentença (artigo 632). A doutrina brasileira concorda em que a estrutura do Código se mantinha muito distante do ideal quanto a esse aspecto.[219] Ocorre que, longe de constituir uma criação arbitrária, o modelo do Código espelhava, nesse particular, os resultados de uma trajetória ideológica que lançara raízes profundas na ciência processual civil.

Como adverte Michele Taruffo, as escolhas fundamentais sobre os fins do processo civil são essencialmente ideológicas, mesmo quando se apresentam como neutros produtos da técnica. Estão influenciadas pelos valores dominantes e são

---

[219] O Código ressentia-se da falta mecanismos eficientes para a prestação da tutela específica. No tocante à tutela dos deveres de fazer fungíveis, o pedido, se procedente, daria ensejo a sentença condenatória, seguida por ação de execução; nesta, em caso de novo descumprimento pelo infrator após a citação, exigia-se a nomeação de um terceiro, que executaria o serviço às expensas do autor (artigo 634, § 7º). A regulação dos meios sub-rogatórios, mediante prestação por terceiro (artigo 634) ou pelo próprio credor (artigo 637), mostrava-se complexa e de difícil aplicação. Melhor sorte não acompanhava a tutela dos deveres infungíveis. Carecia o Código de meios coercitivos eficientes, sendo a multa pecuniária por dia de atraso (artigo 644) aplicável somente quando constasse pedido expresso da inicial da ação de conhecimento, e apenas em "caso de descumprimento da *sentença*" (artigo 287 e 645), deixando desprotegidas diversas situações relativas a deveres de fazer, e especialmente os de não fazer. Como acentua Luiz Guilherme Marinoni, ao limitar a imposição de multa à sentença o Código deixava ao desamparo o emprego mais relevante da técnica considerada – o de servir de veículo para a tutela preventiva (Da ação abstrata e uniforme à ação adequada à tutela dos direitos. In: *Polêmica sobre a ação: a tutela jurisdicional na perspectiva das relações entre direito e processo*. Org: MACHADO, Fábio Cardoso; AMARAL, Guilherme Rizzo. Porto Alegre: Livraria do Advogado, 2006, p. 200). Tais carências não eram exclusividade do processo brasileiro. Diante de lacuna similar presente na disciplina normativa do CPC italiano, defendia Tommaseo que a execução dos provimentos de urgência não devesse obedecer ao procedimento de execução forçada – próprio das prestações pecuniárias –, mas sim uma "execução processual" diferenciada, fruto de sua *executoriedade intrínseca*, a qual permitiria ao juiz regular, discricionariamente, na decisão antecipatória, os meios destinados a concretizá-la (*I provvedimenti d'urgenza: struttura e limiti della tutela anticipatoria*. Padova: CEDAM, 1983, p. 332-333; 340-342).

produto de um consenso sociopolítico, antes que jurídico. A técnica pode fabricar o instrumental, *porém é a ideologia que fixa os escopos do processo.*[220] Compendiar a evolução das tutelas relativas aos deveres de fazer e não fazer de valor torna-se, portanto, um empreendimento valioso – não somente para iluminar as correntes culturais que alimentaram o Código Buzaid, mas sobretudo para compreender as alterações que atingiram o processo civil brasileiro no curso dos últimos quinze anos.

O problema da execução específica das obrigações de fazer e de não fazer remonta ao Direito Romano e seu conceito de obrigação. Em Roma, a impossibilidade da execução coativa não era questão limitada aos deveres de prestação de fato, pois em termos gerais, a inexecução de qualquer obrigação deveria resultar numa condenação pecuniária. Mas a questão se colocava de maneira mais acentuada quanto àquela categoria. A ordem jurídica romana não concebia pudesse alguém ser constrangido a praticar ato contra sua vontade. Mesmo na fase tardia do Direito Romano, quando exceções foram abertas com relação a outras espécies de deveres, conservou-se firme a proibição da execução específica das obrigações de fazer,[221] sendo definido pelo aforismo *nemo praecise ad factum cogi potest* ("ninguém pode ser coagido à prestação de um fato"). Essa premissa ideológica desfavorável ao adimplemento específico das prestações de fato serve de ponto de partida para explicar a debilidade dos respectivos instrumentos de tutela, os quais atravessariam uma evolução histórica peculiar.

O Direito Romano efetuava uma significativa distinção ente a *actio* e os *intedicta*, considerando os segundos "providências de natureza administrativa, exercidos pelo *praetor* romano, distintas da verdadeira jurisdição". O procedimento privado da *actio* notabilizava-se pela *inexistência de atividade executiva* no seu interior.[222] Não obstante, a tutela interdital tinha alcance expressivo, insinuando-se em diversos setores da vida social; chegaram a ser contabilizadas aproximadamente sessenta situações que admitiam essa espécie de proteção.[223] Fica a pergunta: como pôde a influência dos interditos diluir-se, até resultar, nos tempos modernos, em uma função jurisdicional predominantemente destituída de *imperium*, e, como tal, *cronicamente inadequada* para a prestação da tutela relativa aos deveres de fazer e de não fazer? A resposta envolve a consideração de variados fatores. Considere-se, de início, que a relação do processo civil moderno com o direito romano foi intermediada pela influência cristã do período tardio.

No período pós-clássico, os princípios cristãos introduziram no Direito Romano novos valores, por vezes opostos àqueles que formavam o direito clássico.[224]

---

[220] Cultura e processo. *Rivista Trimestrale di Diritto e Procedura Civile*, Milão, ano 63, n. 1, p. 63-92, 2009, p. 70-71.

[221] SILVA, Ovídio Araújo Baptista da. *Curso de processo civil. V. 1, tomo II.* 6ª ed. rev. atual. Rio de Janeiro: Forense, 2008, p. 27.

[222] SILVA, Ovídio Araújo Baptista da. *Jurisdição e execução na tradição romano-canônica.* 2ª ed. rev. São Paulo: Revista dos Tribunais, 1997, p. 24-25.

[223] MACHADO, Fábio Cardoso. *Jurisdição, condenação e tutela jurisdicional.* Rio de Janeiro: Lumen Juris, 2004, p. 26.

[224] SILVA, Ovídio Araújo Baptista da. *Jurisdição e execução na tradição romano-canônica.* 2ª ed. rev. São Paulo: Revista dos Tribunais, 1997, p. 91.

A mudança do substrato ideológico da sociedade romana correspondeu a modificações nas formas jurídico-processuais, cujos efeitos se estenderam ao período medieval. Merece relevo, neste particular, o fenômeno da "pessoalização" dos direitos reais, que verdadeiramente correspondeu a uma alteração de paradigma no âmbito na ciência jurídica.[225] A "pessoalização" consiste num fenômeno de grande repercussão, vinculado a circunstâncias históricas e ideológicas longamente desaparecidas, mas que ainda imprime seus efeitos sobre a ciência do processo.[226] Liga-se ele à universalização da sentença condenatória, que passou a ser concebida como forma de tutela por excelência oferecida pelo sistema processual a todos os direitos cuja satisfação reclama uma atividade judiciária material, não se satisfazendo com a produção de efeitos apenas "jurídicos".

A despeito de a universalização da sentença condenatória constituir obra do processo comum medieval, resultante do trabalho dos compiladores, ela deu curso à tendência que *já se anunciava no direito romano tardio*, quando foi agregada às tradicionais fontes romanas das obrigações (o delito e o contrato) a classe das "obrigações legais", nascendo daí a concepção de que os vínculos obrigacionais podem ser diretamente emanados da lei.[227] Esse fenômeno reduziu todas as relações jurídicas das quais decorrem deveres a relações de "débito-crédito". Ampliado o campo das obrigações, deu-se o alargamento da *actio* romana no âmbito processual, de modo que a proteção jurisdicional assegurada a todo dever jurídico devesse conduzir, necessariamente, a uma condenação. Os interditos enfraqueceram-se com o fenômeno da pessoalização, perdendo seu caráter autônomo e sendo absorvidos pela *actio*. Generalizou-se a equação *obligatio-actio-condemnatio*; o procedimento da *actio*, que no *ordo judiciorum privatorum* fora direcionado para a tutela das relações obrigacionais, de natureza privada, acabou estendendo-se na direção de outras modalidades de direitos subjetivos.

A queda do Império Romano intensificou tais acontecimentos ao dissolver o *imperium* do magistrado, ficando as funções executivas e mandamentais sufocadas pela tutela condenatória. Assim, o fenômeno, como um todo, teve impulsos mais políticos do que jurídicos. No período medieval, o processo romano – inspirado pelos valores cristãos de proteção ao devedor e réu – acabou por suplantar as formas primitivas do processo germânico. Consolidava-se, desta forma, a supremacia da *condemnatio* sobre as formas de tutela executiva que durante algum tempo ainda se fizeram presentes. A seu tempo, o Iluminismo criou as condições para que a metodologia do Direito fosse assimilada à das ciências exatas, na sua busca inces-

---

[225] Paradigmas, na acepção de Thomas Kuhn constituem -se em pressupostos ou premissas de construção de uma concepção científica, permitindo-a estruturar-se como ciência "normal", em oposição a uma "ciência revolucionária" (SILVA, Ovídio Araújo Baptista da. *Processo e ideologia: o paradigma racionalista*. Rio de Janeiro: Forense: 2004, p. 30).

[226] Observa Zagrebelsky ser uma característica das grandes concepções jurídicas a sua "força de inércia", que lhes permite continuar atuando residualmente, ainda quando tenham perdido sua razão de ser pela mudança das circunstâncias originais (*El derecho dúctil: ley, derechos, justicia*. Trad.: Marina Gascón. 7ª ed. Madri: Trotta, 2007.p. 41).

[227] SILVA, Ovídio Araújo Baptista da. *Processo e ideologia: o paradigma racionalista*. Rio de Janeiro: Forense: 2004, p. 132-133.

sante da "verdade", e assim auxiliou a proscrever do discurso jurídico a "lógica da argumentação" e a repudiar os compromissos da tradição medieval com o passado – inclusive nos aspectos que ainda a ligavam à tutela interdital.

O nascimento da ciência processual no século XIX traria consigo a chancela do ideal racionalista, cujas aspirações de neutralidade somente o procedimento ordinário seria capaz de assegurar, na exata medida em que *subordina o julgamento e a intervenção do Poder Judiciário sobre o mundo sensível a um prévio e exaustivo conhecimento dos fatos pelo julgador*. Referida ideologia – como bem refere Ovídio Baptista da Silva – "é responsável pela irresistível tendência, a que, a que estão expostos os processualistas, de privilegiar sempre as *demandas plenárias*, com supressão das formas sumárias de tutela processual, independentemente do elevado custo social que esta opção possa provocar".[228] Essa concepção explica as razões pelas quais o processo civil moderno acolheu o caráter universal da sentença condenatória e a supressão da tutela interdital.[229]

Considerando-se que a *actio* não compreendia atividade executiva no seu interior, ficando limitada à cognição dos fatos e do direito, o resultado não poderia ser outro senão um processo puramente cognitivo, com a execução reservada a processo autônomo. Lançavam-se as bases do "Processo de Conhecimento", legítima peça de *arqueologia jurídica* "exumada do direito privado romano e universalizada pelo liberalismo europeu dos séculos XVIII e XIX, de inspiração francesa".[230] Por meio de Bernhard Winsdscheid, e sob o influxo do racionalismo jurídico, a ideia da "pessoalização dos direitos reais" encontrou sua sistematização e foi definitivamente incorporada pela ciência do processo. O domínio do paradigma iluminista conduziu ao dogma da neutralidade da ciência processual e à perda do sentido histórico das instituições do processo, que passaram a ser pensadas como se fossem exclusivas criações atemporais da lógica, sem tempo e lugar próprios.

Referida tendência alcançou seu paroxismo no início do século XX. Se a escola histórico-dogmática italiana teve um mérito inegável, este foi o de buscar reconstruir o processo em base publicísticas, emprestando-lhe autonomia e dignidade científica. No entanto, tal desiderato afastou perigosamente os processualistas de seu compromisso com as necessidades do direito material. No afã de afirmar o processo civil como ciência autônoma a doutrina apartou o processo do direito material, proscrevendo a noção de instrumentalidade.[231]

---

[228] *Jurisdição e execução na tradição romano-canônica*. 2a. ed. rev. São Paulo: Revista dos Tribunais, 1997, p. 115 e 132.

[229] SILVA, Ovídio Araújo Baptista da. *Processo e ideologia: o paradigma racionalista*. Rio de Janeiro: Forense: 2004, p. 132-133.

[230] SILVA, Ovídio Araújo Baptista da. A "plenitude de defesa" no processo civil. In: *As garantias do cidadão na justiça*. Coord.: TEIXEIRA, Sálvio de Figueiredo. São Paulo: Saraiva, 1993, p. 151.

[231] PORTO, Sérgio Gilberto. A crise de eficiência do processo: a necessária adequação processual à natureza do direito posto em causa, como pressuposto de efetividade. In: *Processo e Constituição: estudos em homenagem ao professor José Carlos Barbosa Moreira*. Coord: FUX, Luiz; NERY JR., Nelson; WAMBIER, Teresa Arruda Alvim. São Paulo: Revista dos Tribunais, 2006, p. 182.

A elaboração teórica da ação abstrata, pedra de toque desse projeto autonomista, criou uma perigosa cisão entre direito material e processo, colaborando para formar a convicção – hoje sabidamente equivocada – de que a tutela jurisdicional pode assumir uma forma única e neutra, indiferente aos interesses matérias.[232] A fórmula da ação processual uma e abstrata representou um traumático rompimento com a diferenciação e adequação das tutelas ao direito.[233] O modelo dessa tutela *indeferenciada*, supostamente apta a enfrentar todas as crises do direito substancial, encontra-se no procedimento ordinário, caracterizado pela cognição plenária (no plano horizontal) e exauriente (no plano vertical).

A mesma doutrina histórico-dogmática, totalmente identificada com os parâmetros da ordinariedade e com a função unicamente declaratória da jurisdição, não concebia a atividade material realizada para concretizar a decisão da causa como sendo *jurisdicional*. Francesco Carnelutti, em sua obra *Sistema del diritto processuale civile,* de 1936, ainda considerava jurisdicional *somente o processo declarativo*, por ele intitulado "processo de conhecimento". Para Piero Calamandrei, aquilo que realizasse o juiz do domínio dos fatos, faria como administrador, não mais como juiz. As repercussões factuais das decisões – isto é, seus efeitos executivos e mandamentais – seriam meras consequências do ato jurisdicional, não tendo o mesmo *status* jurídico da atividade que havia sido desenvolvida para alcançar a certificação dos direitos.[234] Como resultado, a doutrina experimentou uma notável dificuldade em qualificar e trabalhar as tutelas com base na atividade que se realiza depois da sentença de procedência. É despiciendo sublinhar os efeitos nocivos dessas premissas sobre os mecanismos de tutela relativos aos deveres de fazer e não fazer, os quais permaneceram em notável estado de *atrofia*.

Entrementes, o processo civil brasileiro evoluía numa cadência própria, apesar de submetido às influências da ciência europeia. O direito processual luso-brasileiro – noutro reflexo daquela sua sensibilidade ímpar, destacada por Galeno Lacerda, para *acudir à tutela dos interesses emergentes dentro do processo*[235] – mantivera-se até o final do século XIX mais próximo do modelo interdital do processo comum do que o sistema francês e os sistemas influenciados por ele, caracterizados pela

---

[232] OLIVEIRA, Carlos Alberto Alvaro de. *Teoria e prática da tutela jurisdicional.* Rio de Janeiro: Forense, 2008, p. 76.

[233] Ovídio Baptista da Silva sublinha a contradição inerente ao discurso dos cultores dessa fase metodológica da ciência processual: "ninguém se questiona como a 'ação' processual, que eles concebem como sendo *uma* e *abstrata,* poderia ter *conteúdo* declaratório, ou constitutivo ou condenatório, sem tornar-se 'azioni della tradizione civilistica'. O prodígio de alguma coisa que, não tendo substância, por ser igual a si mesma, e a todos indistintamente concedida, possa ser declaratória, constitutiva ou condenatória é uma contradição lógica que não chega a ofender a racionalidade dos juristas que lidam com processo." (*Jurisdição e execução na tradição romano-canônica.* 2ª ed. rev. São Paulo: Revista dos Tribunais, 1997, p. 179).

[234] SILVA, Ovídio Araújo Baptista da. *Processo e ideologia: o paradigma racionalista.* Rio de Janeiro: Forense: 2004, p. 189.

[235] Processo cautelar. *Revista Forense,* Rio de Janeiro, ano 70, n. 246, p. 151-159, abril-junho/1974, p. 157.

notória aversão aos meios coercitivos de tutela.[236] Foi a herança cultural do direito luso-brasileiro que lhe permitiu trilhar um feliz caminho próprio.

Caracteristicamente, as Ordenações preservaram a figura dos "embargos à primeira", tradicional ação reinol de feitio cominatório. Quando o Regulamento 737, de 1850, passou a aplicar-se ao processo cível, por força do Decreto 763, de 1890, esse procedimento especial foi mantido. Com a permissão dada pela Constituição de 1891 para que os Estados dispusessem sobre o procedimento civil, a maioria das leis estaduais fez desaparecer a ação cominatória.[237] O CPC de 1939 resgatou da tradição lusa a *ação cominatória para prestação de fato ou abstenção de ato*, mas atribuiu-lhe débil estrutura monitória, insuscetível de medida liminar.[238] O réu era citado para cumprir o dever em dez dias. Contestando o pedido, ficava afastada toda a eficácia do mandado inicial, devendo a ação prosseguir ordinariamente. Apenas a sentença final teria força executiva, ficando severamente mitigada a efetividade do instrumento.

Coube ao Código de Processo Civil de 1973, no entanto, dar a acolhida mais perfeita e acabada à concepção racionalista.[239] Rompendo com o Código anterior, que ainda se mantivera fiel à antiga tradição, o CPC de 1973 adotou o "Processo de Conhecimento" marcado pela ordinariedade e despido de toda manifestação de repercussão sobre o mundo sensível. Os artigos 62, § 1º, e 463 do Código Buzaid serviam de norte a essa instituição peculiar.[240] A atividade executiva não era mais fase de concretização da decisão, como no CPC de 1939, mas permanecia confinada num *processo executivo autônomo*, a ser instaurado mediante a citação do réu.

O Código de 1973 completou o *ciclo de ordinarização* da tutela relativa aos deveres de fazer e de não fazer, apenas ligeiramente esboçado no Código anterior. A atividade sub-rogativa seria desenvolvida em demanda de execução, e mesmo a multa só poderia incidir depois do trânsito em julgado, sendo reivindicada em processo executivo autônomo. Excepcionalmente, convivia o sistema com algumas poucas "ações especiais" fiéis ao modelo interdital destinadas à tutela dos deveres de fazer e de não fazer – todas, porém, de conteúdo patrimonial, a exemplo do interdito proibitório e das ações de manutenção e reintegração de posse e de nunciação de obra nova. O sistema ressentia-se de proteção equivalente para os novos direitos

---

[236] TALAMINI, Eduardo. *Tutela relativa aos deveres de fazer e de não fazer: e sua extensão aos deveres de entrega de coisa: CPC, arts. 461 e 461-A, CDC, art. 84.* 2ª ed. rev. atual. ampl. São Paulo: Revista dos Tribunais, 2003, p. 104-105.

[237] MITIDIERO, Daniel Francisco. *Comentários ao Código de Processo Civil. Tomo III.* São Paulo: Memória Jurídica, 2006, p. 188-189.

[238] Para um alentado histórico dos procedimentos injuncionais no processo civil brasileiro, das Ordenações ao Código de 1939, cf. MACEDO, Elaine Harzheim. *Do procedimento monitório.* Porto Alegre, 1996, p. 69-73; 77-80.

[239] Hermes Zaneti Jr. situa o CPC de 1973 como a etapa culminante de um processo de recepção tardia do direito *napoleônico*, de índole racionalista, iniciado em 1916, com o Código Civil, e continuado com o CPC de 1939 (*Processo constitucional: o modelo constitucional do processo civil.* Rio de Janeiro: Lumen Juris, 2007, p. 22).

[240] SILVA, Ovídio Araújo Baptista da. Ação para cumprimento das obrigações de fazer e não fazer. In: *Inovações do Código de Processo Civil.* Org.: GIORGIS, José Carlos Teixeira. Porto Alegre: Livraria do Advogado, 1997, p. 174.

personalíssimos e de instrumentos convenientes para a prestação da tutela preventiva, submetendo-os ao inadequado modelo da sentença condenatória.[241]

A tutela condenatória priva de uma congênita *incompletude*, fruto da exigência da instauração de outro procedimento para a prática dos atos materiais. Ademais, nesse procedimento, o juiz está adstrito a meios executivos típicos. A condenação legitima-se como técnica processual *apenas quando não é possível dar imediata execução à sentença*, pois ela não torna ilegítima a posse daquilo que se busca, e é objeto da sentença e da execução, no patrimônio do réu.[242]

Contrariamente ao que sustenta parcela da doutrina,[243] a reforma do CPC/1973 pela Lei n. 8.952, de 13/12/1994 (que observou precisamente essa concepção), não resultou na eliminação da tutela condenatória. A sentença que reconhece a obrigação de pagar quantia, passível de execução pela via do artigo 475-J, continuou a apresentar natureza condenatória. Aliás, a persistência da tutela condenatória no procedimento do artigo 475-J é percepível no fato de que o Código de 1973 permaneceu a adotar a *nota típica daquela espécie de tutela:* o *intervalo* entre condenação e instauração do procedimento expropriatório, durante o qual é dado ao condenado satisfazer, espontaneamente, o direito reconhecido pela sentença. Simplesmente a tutela condenatória foi *circunscrita ao seu campo próprio*, em que se precisa preservar uma "linha discriminativa" entre os patrimônios do autor e do réu, e no qual o princípio da *segurança* inspira um procedimento com maiores formalidades, em atenção ao direito fundamental de ampla defesa do executado. Sua realização prática foi deformalizada, aproximando-se a estrutura da execução pecuniária algo mais do princípio da efetividade, sem proscrever o valor da segurança.[244] Tem algo de irônico essa dissolução da rígida separação entre conhecimento e execução, buscada nas fundas raízes da cultura luso-brasileira, fazendo por merecer a observação de Ovídio Baptista da Silva: "*Voltamos ao passado. Viva o progresso!*".[245]

Sob a premissa teórica de uma reconstrução da tutela processual adequada, o novo artigo 461 do CPC/1973 articulou um sistema de atuação das tutelas mandamental e executiva *lato sensu*, resgatando, com as devidas adaptações, a tutela

---

[241] FLACH, Daisson. Processo e realização constitucional: a construição do "devido processo". In: *Visões críticas do processo civil brasileiro: uma homenagem ao Prof. Dr. José Maria Rosa Tesheiner*, p. 27. Escrevendo nos idos de 1978, José Carlos Barbosa Moreira acusava a inadequação do esquema "processo de condenação + execução forçada" em relação aos deveres de fazer e de não fazer, observando que o regramento legal "tem a melancolia de uma confissão de impotência; nas entrelinhas balbucia-lhe em surdina um pedido de desculpas pela incapacidade de fazer funcionar a contento o instrumental de tutela" (Tutela sancionatória e tutela preventiva. In: *Temas de direito processual: 2ª série*. São Paulo: Saraiva, 1988, p. 22-23).

[242] MARINONI, Luiz Guilherme, *Técnica processual e tutela dos direitos*. 2ª ed. rev. atual. São Paulo: Revista dos Tribunais, 2008, p. 72.

[243] MACHADO, Fábio Cardoso. *Jurisdição, condenação e tutela jurisdicional*. Rio de Janeiro: Lumen Juris, 2004, p. 124; BEDAQUE, José Roberto dos Santos. *Direito e processo: influência do direito material sobre o processo*. 5ª ed. rev. ampl. São Paulo: Malheiros, 2009, p. 137.

[244] AMARAL, Guilherme Rizzo. *Cumprimento e execução da sentença sob a ótica do formalismo-valorativo*. Porto Alegre: Livraria do Advogado, 2008, p. 138.

[245] A "antecipação" da tutela na recente reforma processual. In: *Reforma do código de processo civil*. Coord.: TEIXEIRA, Sálvio de Figueiredo. São Paulo: Saraiva, 1996, p. 137.

TUTELA ESPECÍFICA DE URGÊNCIA

interdital romana.[246] O artigo 461 – cuja área de aplicação amplificou-se, posteriormente, para abranger o artigo 461-A – tornou-se o *centro gravitacional relativo ao cumprimento específico dos deveres em geral*.[247] A interditalização dessas tutelas – ou seja, sua incorporação na estrutura das demandas cognitivas, inclusive sob a forma de provimentos liminares – evidenciou a recuperação do interesse do sistema processual pela situação concreta dos litigantes, dando cumprimento efetivo ao princípio da igualdade de tratamento das partes (o qual, como lembra Ovídio Baptista da Silva, é tantas vezes proclamado, mas sistematicamente negado na praxe).[248]

Fruto de comissão coordenada pelos Ministros Sálvio de Figueiredo Teixeira e Athos Gusmão Carneiro, o novo dispositivo encontrou antecedente no anteprojeto de lei que fora elaborado em 1985 por comissão revisora então designada pelo Ministério da Justiça para estudar reformas ao CPC de 1973. Os artigos 889-A e 889-B daquele anteprojeto, com poucas alterações, inspiraram, além do próprio artigo 461, as disposições correlatas da Lei n. 7.347/85, art. 11, Lei n. 8.069/90, art. 213, Lei n. 8.078/90, art. 84, e Lei n. 8.884/94, art. 62. A introdução do artigo 461 representou uma negação do paradigma sobre o qual fora estruturado o texto original do CPC/1973, importando numa redefinição da função jurisdicional.

As demandas fundadas no artigo 461 do CPC/1973 distinguem-se visivelmente daquelas que visam ao cumprimento de obrigações pecuniárias. Nas demandas vinculadas ao artigo 475-J, continuou a existir a tutela condenatória; apesar de reunidas no mesmo procedimento, condenação e execução permanecem tutelas distintas.[249] De certa forma, portanto, a alteração imprimida pelo artigo 461 é mais ampla do que a gerada pelo artigo 475-J. Não se trata, em relação aos deveres de fazer e não fazer, de *apenas simplificar a forma de tutela, mas de verdadeiramente modificá-la na sua essência*.

Não deixa de ser curiosa a inversão de posições entre os deveres de quantia e os devedores de obrigações de fazer e de não fazer, argutamente notada por Guilherme Rizzo Amaral: de um modelo *protetivo* do devedor da prestação de fato ou de abstenção, encontrado no Código original, partiu-se para um sistema mais agressivo e eficaz, que coloca tal devedor em substancial desvantagem se comparado ao devedor de uma obrigação pecuniária.[250] Acrescente-se que passaram a coe-

---

[246] SILVA, Ovídio Araújo Baptista da. *Curso de processo civil. V. 1, tomo II*. 6ª ed. rev. atual. Rio de Janeiro: Forense, 2008, p. 40.

[247] DINAMARCO, Cândido Rangel. *A reforma da reforma*. 5ª ed. São Paulo: Malheiros, 2003, p. 229. Tal sistema, por sua vez, torna a reaparecer, sem grandes alterações de fundo, nos artigos 521 e 522 do Projeto de CPC.

[248] *Jurisdição e execução na tradição romano-canônica*. 2ª ed. rev. São Paulo: Revista dos Tribunais, 1997, p. 187 e 189.

[249] SILVA, Ovídio Araújo Baptista da. *Curso de processo civil. V. 1, tomo II*. 6ª ed. rev. atual. Rio de Janeiro: Forense, 2008, p. 40. A redação do Projeto de CPC continua a segregar condenação e execução, dispondo o artigo 509, nesse sentido, que o cumprimento da sentença condenatória ao pagamento de quantia certa será instaurado "a requerimento o exequente, sendo o executado intimado para pagar o débito, no prazo de quinze dias".

[250] YARSHELL, Flávio Luiz. "Efetivação" da tutela antecipada: uma nova execução civil? In: *Processo e Constituição: estudos em homenagem ao professor José Carlos Barbosa Moreira*. Coord: FUX, Luiz; NERY JR., Nelson; WAMBIER, Teresa Arruda Alvim. São Paulo: Revista dos Tribunais, 2006, p. 336. O contraste não passou despercebido a Edoardo Ricci, que se manifestou impressionado com a disparidade de tratamento dispensado aos credores brasileiros,

xistir no Código dois sistemas de tutela relativa aos deveres de fazer e de não fazer. Reservou-se o regime mais severo para as situações em que há decisão judicial impondo a efetivação do direito; para aqueles casos, residuais e pouco numerosos, nos quais a atividade funda-se em título extrajudicial – ou em título judicial alheio ao regime do artigo 461 – vigora forma menos rigorosa, identificada com o tradicional processo executivo e seu modelo da tipicidade dos meios.

O novo perfil de proteção desenhado pelo artigo 461 do Código de 1973 respondeu a relevantes razões socioeconômicas.[251] É disposição mais rente à forma dos conflitos modernos que emergem da economia da civilização pós-industrial, não mais ligada predominantemente à troca de coisas, e sim a relações de troca de fatores humanos, sobretudo com a prestação de serviços. É nesse contexto contemporâneo, que privilegia interesses jurídicos satisfeitos mediante prestações de fato, que se exige do legislador dotar o sistema de instrumentos flexíveis e adaptáveis às características do direito material litigioso. Não carece de razão Luiz Guilherme Marinoni quando sustenta que o artigo 461 do CPC/1973 e seu símile, o artigo 84 do CDC, inscreveram-se entre as "normas infraconstitucionais mais comprometidas com o direito fundamental de ação no ordenamento brasileiro".[252]

Se as promessas de efetividade da reforma não foram cumpridas, o fato antes se deve à cultura dos que manejam o instrumento[253] do que a deficiências inatas da regulação normativa, ditadas por falta de técnica ou de ousadia do legislador. Lamentavelmente, à semelhança do que afirmou Giuseppe Tarzia sobre a doutrina italiana, a processualística brasileira continua tendo por *vecchio idolum* considerar a reforma legislativa como o centro do problema da crise da justiça.[254]

---

quando comparadas as soluções de cumprimento das prestações de fato e das prestações pecuniárias. Para o autor peninsular, tal disciplina "parece (…) explicável apenas como momento intermediário de uma evolução que caminha em direção ao tratamento igualitário dos credores", levando a imaginar que "as tendências evolutivas estejam na verdade antecipando a disciplina evolutiva futura" (A aplicação do art. 273 do CPC e seus principais aspectos: reflexões históricas e comparativas. In: *Estudos em homenagem à professora Ada Pellegrini Grinover*. Coord.: YARHELL, Flávio Luiz; MORAES, Maurício Zanoide de. São Paulo: DPJ Editora, 2005, p. 541).

[251] O Projeto de CPC, em clara deferência ao artigo 461 do CPC/1973, cuidou de manter as linhas gerais do instituto, apenas separando as normas pertinentes ao "julgamento", que enfatizam a primazia da tutela específica (artigos 484; 486-487), daquelas relativas ao "cumprimento" da decisão (artigos 521-522). Incorreu, porém, na terrível atecnia de denominar "condenatória" à sentença impositiva do cumprimento de um fazer ou não fazer.

[252] Da ação abstrata e uniforme à ação adequada à tutela dos direitos. In: *Polêmica sobre a ação: a tutela jurisdicional na perspectiva das relações entre direito e processo*. Org: MACHADO, Fábio Cardoso; AMARAL, Guilherme Rizzo. Porto Alegre: Livraria do Advogado, 2006, p. 237

[253] Com razão Daisson Flach ao afirmar que a parcimônia observada no uso dos artigos 273 e 461 do CPC/1973 deve-se, pelo menos em parte, a certo espírito "macunaímico" de tolerância que a sociedade brasileira reserva aos deveres de comportamento (Processo e realização constitucional: a construção do "devido processo". In: *Visões críticas do processo civil brasileiro: uma homenagem ao Prof. Dr. José Maria Rosa Tesheiner*, p. 29).

[254] Crisi e riforma del processo civile. *Rivista di Diritto Processuale*, Padova, v. 46, n. 3, p. 632-642, julho-setembro/1991, p. 633.

TUTELA ESPECÍFICA DE URGÊNCIA

2.2. POSIÇÕES JURÍDICAS SUBJETIVAS ABRANGIDAS PELO SISTEMA DE TUTELA ESPECÍFICA

O artigo 461 do CPC/1973 referiu-se à "ação que tenha por objeto o cumprimento de obrigação de fazer ou não fazer".[255] A expressão "obrigação" teve uso criticável, igualmente encontrado no artigo 11 da Lei 7.347/85 e no artigo 84 da Lei 8.078/90. Segundo acentua Ovídio Baptista da Silva, o emprego do termo presta homenagem à tradicional corrente, capitaneada por Chiovenda, que equiparava, no limiar do processo, direitos absolutos e relativos, tratando a todos como direitos obrigacionais.[256] Impõe-se evitar, pois, a armadilha conceitual: o sistema processual de tutela relativa aos deveres de fazer e de não fazer abrange todos os deveres jurídicos cujo conteúdo é uma abstenção ou a prestação de um fato.

O dever jurídico pode ser conceituado como a necessidade da observância de certa conduta imposta pelo ordenamento jurídico a uma pessoa para a satisfação de um interesse alheio,[257] transcendendo o simples conselho ou exortação. É normalmente acompanhado da cominação de sanção, sem que essa constatação importe em recair numa concepção imperativista do Direito. Inexiste, aliás, correlação necessária entre *dever jurídico* e *direito subjetivo*. Os deveres jurídicos protegem interesses, porém nem sempre tal proteção reveste-se do *plus* no qual consiste o direito subjetivo. Há deveres que não estão vinculados a direitos (como aqueles referentes a normas administrativas que decretam, v.g, a vacinação obrigatória). O direito subjetivo estrutura-se quando o ordenamento jurídico atribui à pessoa em cujo interesse o dever foi instituído um puder de dispor dos meios coercitivos que o protegem. Neste caso, a tutela do interesse tem seu funcionamento colocado na dependência da vontade do titular do direito.

Os deveres de fazer e de não fazer compõem uma subclasse dos deveres jurídicos. Podem exibir natureza específica, concernente às relações pessoais, ou apresentar-se como deveres genéricos, geralmente de abstenção, correspondendo aos chamados direitos absolutos.[258] A prestação de tais deveres pode revestir uma qualidade positiva ou negativa; fala-se numa *ação* ou numa *inação*. Cumpre ter presentes, especialmente no caso dos deveres positivos, os critérios que os diferenciam dos *deveres de entregar coisa*. Como toda prestação positiva – inclusive a que corresponde ao dever de entrega de coisa – envolve em alguma medida um fazer, o entendimento do que constitui um dever de fazer dá-se por exclusão: existe um

---

[255] O Projeto de CPC também emprega indevidamente a expressão "obrigação" em contexto referido aos deveres de fazer e de não fazer, sobretudo nos seus artigos 484, 485, 487 e 522.

[256] Ação para cumprimento das obrigações de fazer e não fazer. In: *Inovações do Código de Processo Civil*. Org.: GIORGIS, José Carlos Teixeira. Porto Alegre: Livraria do Advogado, 1997, p. 180.

[257] COSTA, Mário Júlio de Almeida. *Direito das obrigações*. 7ª ed. rev. atual. Coimbra: Almedina, 1998, p. 53-54.

[258] ANTUNES VARELA, João de Matos. *Das obrigações em geral. Vol. I.* 10ª ed. rev. atual. Coimbra: Almedina, 2000, p. 79.

fazer quando o comportamento exigido "não se destina preponderantemente a transferir a posse ou titularidade de coisa ou soma ao titular do direito".[259]

O critério para qualificar as situações fronteiriças (como nas prestações mistas e complexas) corresponde ao interesse preponderante na prestação; assim, um dever de fazer pode englobar, *instrumentalmente*, uma atividade de entregar, sem descaracterizar-se.[260] Os deveres de não fazer – para os quais tal problema não se coloca – abrangem duas situações distintas: concebe-se o *dever de tolerar*, cujo titular obriga-se a suportar, sem reagir, atos que interferem em sua esfera jurídica (v.g.: servidão), e o *dever de abster-se*, que implica o deixar de praticar atos que interfiram na esfera jurídica alheia (v.g.: não exercer concorrência desleal).[261] Os deveres de não fazer classificam-se ainda naqueles que, descumpridos, geram efeitos que *admitem desfazimento* (ex: dever de não erguer um muro); e aqueles que, em idêntica circunstância, não aceitam desfazimento (ex: dever do artista de não apresentar-se em um festival).

Cumpre sejam postas em perspectiva, assim, as espécies de deveres de fazer e de não fazer cuja proteção jurisdicional ocorre por intermédio do sistema de tutela relativa aos deveres de fazer e de não fazer, não sem antes lembrar que todas essas categorias suscitam, no plano da tutela, problemas comuns.

2.2.1. Obrigações

As obrigações são espécie dos deveres jurídicos. Em sentido técnico, obrigação é a relação jurídica por meio do qual uma pessoa fica adstrita para com outra à realização de uma prestação, digna de proteção legal, correspondente ao interesse do credor. Pode ser decomposta em duas faces: o dever jurídico atribuído ao sujeito passivo (devedor) e o correspondente direito subjetivo do sujeito ativo (credor). A obrigação é instituída no interesse de uma determinada pessoa e adstringe o devedor a uma conduta específica, apartando-se, assim, das vinculações a um comportamento genérico e das vinculações não associadas a direitos subjetivos.[262]

---

[259] TALAMINI, Eduardo. *Tutela relativa aos deveres de fazer e de não fazer: e sua extensão aos deveres de entrega de coisa: CPC, arts. 461 e 461-A, CDC, art. 84.* 2ª ed. rev. atual. ampl. São Paulo: Revista dos Tribunais, 2003, p. 132.

[260] Segundo a perspectiva de Eduardo Talamini, são basicamente três as situações em que um entregar se ajunta ao fazer *em caráter instrumental e não preponderante*, determinando a prestação da tutela *ex* artigo 461. Tal ocorre quando o devedor obriga-se a entregar, ao final, o resultado material da atividade (v.g., confeccionar um quadro e entregá-lo ao comprador); quando o dever de fazer envolve providenciar a matéria-prima que será empregada para a consecução da obra (v.g., empreitada com fornecimento de material); quando o dever de fazer tem natureza complexa e inclui, incidentalmente, o fornecimento de bens (v.g., cobertura de convênio médico) (*Tutela relativa aos deveres de fazer e de não fazer: e sua extensão aos deveres de entrega de coisa: CPC, arts. 461 e 461-A, CDC, art. 84.* 2ª ed. rev. atual. ampl. São Paulo: Revista dos Tribunais, 2003, p. 134-135).

[261] Sobre a distinção específica entre o mero *non facere* (abster-se) e o *pati* (tolerar), cf. ANTUNES VARELA, João de Matos. *Das obrigações em geral. Vol. I.* 10ª ed. rev. atual. Coimbra: Almedina, 2000, p. 83-84.

[262] ANTUNES VARELA, João de Matos. *Das obrigações em geral. Vol. I.* 10ª ed. rev. atual. Coimbra: Almedina, 2000, p. 54 e 62-63.

TUTELA ESPECÍFICA DE URGÊNCIA

O requisito da *patrimonialidade* é prescindível, não sendo necessário que a prestação e o interesse do credor tenham valor econômico ou possam ser avaliados em pecúnia. Basta que prestação corresponda a um interesse legítimo do credor, que seja digno de proteção judicial.[263] As obrigações têm como fontes típicas e exclusivas os negócios jurídicos, o regime da responsabilidade civil e o instituto do enriquecimento sem causa.

Os deveres de fazer e de não fazer adjuntos às obrigações integram o universo de proteção do sistema de tutela específica.[264] Sua mais importante classificação distingue as obrigações *fungíveis* e *infungíveis*, quer admitam seu cumprimento por terceiro, quer apenas pelo próprio devedor. O elemento que permite apurar o caráter fungível ou infungível da prestação debitória repousa no interesse do sujeito ativo da relação obrigacional.[265] A obrigação, não tendo finalidade autônoma, dirige-se ao atendimento de um interesse econômico, científico ou espiritual do credor. A prestação é infungível quando o cumprimento pessoal da prestação pelo devedor é a única conduta que concretiza tal interesse, objetiva ou subjetivamente.[266] A doutrina já apontou o caráter relativo dessa separação – que é apropriada às obrigações simples, mas problemática diante das obrigações complexas em que convivem prestações de naturezas diversas[267] – e o crescente estreitamento do campo da infungibilidade, especialmente em relação às obrigações de não fazer.

No fundo, por detrás da tensão entre adimplemento específico e infungibilidade da prestação oculta-se o *conflito fundamental entre a tutela do credor e a proteção do*

---

[263] ANTUNES VARELA, João de Matos. *Das obrigações em geral. Vol. I.* 10ª ed. rev. atual. Coimbra: Almedina, 2000, p. 107. Almeida Costa concorda que a patrimonialidade, no sentido referido – a exigência de que a prestação tenha valor econômico, exprimível em dinheiro – não pode ser integrada ao conceito de obrigação (*Direito das obrigações.* 7ª ed. rev. atual. Coimbra: Almedina, 1998, p. 84).

[264] No conjunto de obrigações de prestar fato merecem particularização as *obrigações de prestar declaração de vontade,* às quais o CPC/1973 conferiu uma figura própria de tutela, separada do sistema geral de proteção. A chamada *tutela substitutiva da declaração* de vontade não foi regida pelo artigo 461 do Código de 1973, mas pelos artigos 466-A, 466-B e 466-C. Como regra, a prestação da declaração volitiva é suprida pelo provimento judicial, não cabendo, nesse caso, o emprego das "medidas de apoio" (TALAMINI, Eduardo. *Tutela relativa aos deveres de fazer e de não fazer: e sua extensão aos deveres de entrega de coisa: CPC, arts. 461 e 461-A, CDC, art. 84.* 2ª ed. rev. atual. ampl. São Paulo: Revista dos Tribunais, 2003, p. 15). É preponderante na doutrina a defesa da natureza constitutiva da sentença que substitui a declaração de vontade (ver, por todos, DINAMARCO, Cândido Rangel. *Instituições de direito processual civil. V. 4.* 3ª ed. São Paulo: Malheiros, 2009, p. 560). No ciclo das reformas do CPC/1973, a retirada dos artigos sobre a sentença substitutiva da declaração da vontade do Livro do Processo de Execução e sua transferência ao Livro do Processo de Conhecimento, Capítulo da Sentença e Coisa Julgada (artigos 466-A a 466-C), veio favorecer a definição de que se trata de decisões constitutivas. O Projeto de CPC regula tal tutela no artigo 488, mantendo-a, assim, no âmbito do processo de conhecimento.

[265] COSTA, Mário Júlio de Almeida. *Direito das obrigações.* 7ª ed. rev. atual. Coimbra: Almedina, 1998, p. 88-89.

[266] São duas as hipóteses de infungibilidade concebidas pela doutrina. A primeira – *natural* – concerne à situação em que o cumprimento da prestação por terceiro não gera, em termos objetivos, um resultado assimilável àquele que seria obtido com o comportamento do devedor. São as prestações que aderem às qualidades pessoais do devedor, como as de fato negativo e as positivas consistentes na emissão de uma declaração de vontade negocial (COSTA, Mário Júlio de Almeida. *Direito das obrigações.* 7ª ed. rev. atual. Coimbra: Almedina, 1998, p. 611). A segunda hipótese – infungibilidade *convencional* – refere-se ao caso em que, embora a prestação do terceiro possa produzir resultado equiparável, foi convencionada a exigibilidade do cumprimento pelo próprio devedor.

[267] TARUFFO, Michele. L'attuazione esecutiva dei diritti: profili comparatistici. In: *Processo e tecniche di attuazione dei diritti.* Coord.: MAZZAMUTO, Salvatore. Napoli: Jovene, 1989, p. 81.

devedor, que não pode ser resolvido de forma absoluta.[268] Põe-se em causa, portanto, a necessidade de adotar um exame criterioso acerca da real infungibilidade do dever, cuja proclamação apressada pode representar uma ênfase contrária à tutela efetiva dos direitos.

Ainda no tema, outrossim, convém sejam referidas aquelas especialíssimas obrigações infungíveis de fazer que reclamam no seu cumprimento qualidades essenciais do espírito humano, científicas ou artísticas (v.g., o fazer ao qual se vinculou um famoso artista de produzir uma obra de arte insubstituível), nas quais a prevalência do aspecto *intuitu personae* e a intangibilidade da personalidade determinam consequências apreciáveis sobre a estruturação da tutela processual.[269]

Por fim, a superação da clássica orientação romanística não permite mais esgotar a obrigação no dever de prestar. A doutrina moderna alcançou, pela civilística alemã, uma compreensão globalizante da relação obrigacional, integrando aos deveres de prestação, principais e secundários – e juntamente com outras posições subjetivas, como os ônus, as expectativas jurídicas, os direitos potestativos e os estados de sujeição – certa classe de deveres ditos *anexos* ou *laterais* (*Nebenpflichten*). Esses deveres anexos, decorrentes do princípio da boa-fé objetiva, conformam-se à natureza da relação jurídica e à própria finalidade desejada pelas partes.[270] Sua proteção jurisdicional compreende-se no espectro do artigo 461, inexistindo, no sistema jurídico brasileiro, qualquer restrição à tutela específica de tais posições.[271]

2.2.2. Deveres "legais"

O sistema de tutela específica abrange certos deveres *particulares* de prestação de fato, ou abstenção, que, não pertencendo ao campo obrigacional, podem ser intitulados – com alguma liberdade – deveres "legais". Recaem nesse âmbito, por exemplo, os deveres de fazer e de não fazer ligados ao direito *pessoal* de família (Livro IV, Título I do CC/2002) e ao direito de vizinhança (Livro III, Título III, Capítulo V, do CC/2002). Em determinados casos o sistema geral de tutela específica aplica-se de forma complementar porque os deveres em questão dispõem de formas próprias de tutela processual. É a hipótese do artigo 888 do CPC/1973,

---

[268] TARUFFO, Michele. Notte sul diritto alla condanna e all'esecuzione. *Revista de Processo*. São Paulo, v. 32, n. 144, p. 57-84, fevereiro/2007, p. 74.

[269] OLIVEIRA, Carlos Alberto Alvaro de. *Teoria e prática da tutela jurisdicional*. Rio de Janeiro: Forense, 2008, p. 186.

[270] Sobre os deveres anexos e sua conexão com o princípio da boa-fé no direito privado, cf. COSTA, Mário Júlio de Almeida. *Direito das obrigações*. 7ª ed. rev. atual. Coimbra: Almedina, 1998, p. 92 e ss. Ver ainda GORON, Lívio Goellner. Anotações sobre a boa-fé no direito comercial. *Revista de Direito Privado*, São Paulo, v. 4, n. 13, p. 143-158, janeiro-março/2003, p. 144-149.

[271] Pode-se objetar que os deveres acessórios não têm seu conteúdo predefinido, mas construído em vista da situação concreta, o que prejudicaria a possibilidade de sua tutela judicial específica, cabendo apenas a indenização de perdas e danos. Tal objeção perde algo de seu sentido quando se observa que a proteção judicial do artigo 461 pode ter por objeto a *cessação ou repetição* de uma violação já ocorrida ou em andamento. Afora isto, também o ressarcimento na forma específica, como se verá, por ser veiculado pelo sistema desse artigo.

que regulou algumas "medidas provisionais" vinculadas a deveres de fazer e de não fazer (incisos I e III a VIII), dispondo inclusive sobre a antecipação da tutela (parágrafo único). Aqui, o mecanismo de tutela específica incide apenas para regular as técnicas de efetivação da tutela.[272] O dever de não inovar no curso do procedimento judicial é tutelado pela "ação de atentado"[273] (CPC, artigos 879 a 881), limitando-se o sistema de tutela específica a subministrar as técnicas para efetivar a tutela executiva ou mandamental.[274]

Por outro lado, a aplicação da tutela específica estende-se para além dos deveres instituídos por regras jurídicas. A reconstrução da teoria das normas e a afirmação da plena normatividade dos princípios demandam também uma nova atitude metodológica em relação às fontes normativas dos deveres de fazer e de não fazer. As situações subjetivas teladas não estão necessariamente estabelecidas em normas-regras: podem ser deduzidas de princípios ou cláusulas gerais, assumindo a qualidade de deveres *prima facie*. Assim, a prestação de tutelas processuais tipicamente associadas à ideia de tutela específica faz-se possível, em linha de princípio, também diante de deveres emanados de *princípios* ou de *cláusulas gerais*, situação em que inexistente uma regra pré-positivada no sistema jurídico.

Finalmente, as técnicas de concretização da tutela específica são aplicáveis para induzir ao cumprimento de deveres instrumentais do processo, como na apresentação de bens sujeitos à execução e na constituição de capital em garantia do cumprimento de obrigação (CPC/1973, artigos 600 e 602)[275] e na concretização dos efeitos secundários de sentença proferida em demanda sem eficácia preponderante executiva ou mandamental. Esse aplicação, por sinal, torna claro que o escopo do mecanismo de tutela específica transcende as demandas ditas executivas e mandamentais, pois se prende sobretudo à *natureza* da tutela pretendida atuar, independentemente de sua relação com o pedido principal.

2.2.3. Deveres em face de direitos absolutos

O sistema de tutela específica atua na satisfação dos "direitos absolutos", que espelham deveres a ser observados por todos os membros da comunidade. O dever de abstenção que corresponde aos direitos absolutos distingue-se do dever de prestar da relação obrigacional, mesmo quando este consiste num *non facere*. Na obrigação, o vínculo é relativo e específico; no caso dos direitos absolutos, trata-se

---

[272] OLIVEIRA, Carlos Alberto Alvaro de; LACERDA, Galeno. *Comentários ao Código de Processo Civil: lei nº 5.869, de 11 de janeiro de 1973. Volume VIII, tomo II.* 8ª ed. rev. atual. aum. Rio de Janeiro: Forense, 2007, p. 27-29.

[273] TESHEINER, José Maria Rosa. Litisregulação. *Revista da Consultoria Geral do Estado do Rio Grande do Sul.* Porto Alegre, v. 2, n. 3, p. 55-69, 1972, p. 66.

[274] Os exemplos mencionados desapareceram do Projeto de CPC, que reconduziu, portanto, ao mecanismo geral de tutela específica essas situações anteriormente reguladas por procedimentos especiais.

[275] Correspondentes no Projeto de CPC aos artigos 733, inciso V e 518.

de dever genérico, a todos imposto, de nada fazer que perturbe ou impeça o gozo dos poderes do titular do interesse.[276]

Importa ressaltar, todavia, que se o direito absoluto dirige-se *erga omnes*, a sua tutela *não* é exercida contra todos, mas dirige-se somente contra aquele que violou ou ameaçou concretamente a posição jurídica. O caráter genérico do dever não se transmite à tutela processual, que, para ser prestada, necessita ser adequadamente individualizada. Ao deduzir em juízo um direito absoluto deve o autor especificar qual, dentre todos os deveres de abstenção, foi transgredido no caso concreto.[277]

O sistema subministra tutela contra condutas que ameacem ou afrontem direitos fundamentais de primeira dimensão, protegendo, por exemplo, as liberdades fundamentais e a integridade biopsíquica do indivíduo. Inserem-se no seu escopo, mesmo subsidiariamente, deveres de fazer ou não fazer correlatos a direitos reais, envolvendo servidões e a proteção da posse; direitos autorais (Lei 9.610/98), da propriedade intelectual em matéria de informática (Lei 9.609/98) e da propriedade industrial (Lei 9.279/96). A tutela dos direitos absolutos conecta-se com o fenômeno dos novos direitos, muitos dos quais originam deveres de abstenção. Os direitos do constitucionalismo contemporâneo reportam-se com frequência a bens jurídicos indivisíveis e a interesses não patrimoniais, que pouco se aproveitam da tutela ressarcitória.[278] Parece residir neste ponto justamente uma das maiores potencialidades do artigo 461: cumprir a exigência de uma tutela eficaz, sobretudo preventiva, de direitos materialmente fundamentais.

2.3. O SISTEMA DE TUTELA ESPECÍFICA SOB O ASPECTO FUNCIONAL

Cumpre agora explicitar as tutelas materiais e processuais que podem ser veiculadas por meio do sistema de tutela específica relativa aos deveres de fazer e não fazer, não sem antes explorar o tema sempre intrincado da vinculação entre direito material e processo, sabendo-se que as concepções existentes estruturam diferentes formas de relação entre ambos os planos.

2.3.1. Considerações sobre a relação entre tutela processual e direito material

Respondendo à necessidade de reconstruir o vínculo entre o direito material e as tutelas fornecidas pelo processo, a teoria processual, em sua etapa metodológica

---

[276] ANTUNES VARELA, João de Matos. *Das obrigações em geral. Vol. I.* 10ª ed. rev. atual. Coimbra: Almedina, 2000, p. 120.

[277] FAZZALARI, Elio. *Instituições de direito processual.* Trad.: Elaine Nassif. Campinas: Bookseller, 2006, p. 341.

[278] MACHADO, Fábio Cardoso. *Jurisdição, condenação e tutela jurisdicional.* Rio de Janeiro: Lumen Juris, 2004, p. 206-207.

contemporânea, tem concebido diferentes abordagens para esse problema fundamental. Parcela da doutrina, com efeito, ocupou-se de resgatar a noção da "ação de direito material" como um ponto-chave para explicitar a relação entre direito e processo.[279]

Outra importante corrente sustenta que a ação e a pretensão de direito material, apesar de terem sido historicamente importantes para a ciência processual – tanto é assim que as *ações*, inconfundíveis com a ação processual, continuam a povoar o discurso do processo civil – não são mais suficientes para ilustrar o vínculo entre direito material e processo, sendo mais adequado localizar na ideia de *tutela* o pólo metodológico da questão.[280] A tentativa de qualificar a ação com atributos inerentes ao resultado do processo seria imprópria, devendo a tradicional gama de "ações típicas" resolver-se *na tipologia das formas de tutela* que podem ser reivindicadas e obtidas em juízo, colocando-se o acento nos efeitos jurídicos e nos conteúdos variáveis dos provimentos jurisdicionais de tutela.[281] Consoante tal doutrina, a noção de tutela, a despeito das críticas recebidas, ajusta-se melhor aos tempos atuais de constitucionalização do processo civil e de atuação dos direitos fundamentais.[282]

Algumas razões ponderáveis parecem conferir razão a essa segunda corrente. De fato, embora a tutela prestada pelo juiz esteja apoiada no plano do direito material, seus efeitos são diversos, em muitos casos, dos contidos nesse plano. A

---

[279] A teoria da "ação de direito material" remonta uma concepção da ciência jurídica que pretendia basear a ação no direito subjetivo. Tal compreensão vincula-se à escola da *Zivilprozesstheorie* (1800-1850) e projetou seus efeitos sobre a Escola Histórica, encontrando em Savigny (1841) um teórico exponencial (OLIVEIRA, Carlos Alberto Alvaro de. Direito material, processo e tutela jurisdicional. In: *Polêmica sobre a ação: a tutela jurisdicional na perspectiva das relações entre direito e processo*. Org: MACHADO, Fábio Cardoso; AMARAL, Guilherme Rizzo. Porto Alegre: Livraria do Advogado, 2006, p. 295). No Brasil, a concepção de que ora se trata, defendendo que a construção do procedimento processual deve como norte a noção da "ação de direito material", pode ser reconduzida a Pontes de Miranda. A ação de direito material está inserida numa cadeia lógica causal, que se inicia com o direito subjetivo, transita pela pretensão e deságua na ação (material). A pretensão material é concebida a partir da noção de direito subjetivo. Quando a vantagem encerrada pelo direito deixa de ser atendida, seu titular investe-se do poder de exigi-la, residindo justamente nesse *poder*, ou *faculdade*, a pretensão material. A pretensão não constitui um novo direito subjetivo, porém um estado especial, uma virtualidade da qual passa a se revestir aquele direito. O exercício da pretensão reclama do titular o desempenho de um certo comportamento ativo – exigir de alguém uma determinada pretensão –, mas que ainda não representa o agir para satisfação (MITIDIERO, Daniel. *Elementos para uma teoria contemporânea do processo civil brasileiro*. Porto Alegre: Livraria do Advogado, 2005, p. 96, 110 e 112-113). Uma vez frustrada a tentativa de exercer a pretensão, nasce do direito outra potencialidade: a ação. A ação, no plano do direito material, consiste na faculdade do titular de reagir contra sua violação ou ameaça de violação (PORTO, Sérgio Gilberto. Classificação das ações, sentenças e coisa julgada. *Revista de Processo*, São Paulo, ano 19, n. 73, p. 37-46, janeiro-março/1994, p. 38-29). Assim, a teoria dualista reconhece valia à noção da ação de direito material, vislumbrando nessa "ação" – entre aspas, para distingui-la da abstrata ação processual – um elemento prévio e indispensável, no plano do direito material, para que seja proferida uma sentença de procedência. Concebe, portanto, duas ações, uma de direito material e outra de direito processual, justificando, assim, o adjetivo "dualista".

[280] OLIVEIRA, Carlos Alberto Alvaro de. *Teoria e prática da tutela jurisdicional*. Rio de Janeiro: Forense, 2008, p. 61.

[281] COMOGLIO, Luigi Paolo. Note riepilogative su azione e forme di tutela, nell´ottica della domanda giudiziale. *Rivista di Diritto Processuale*, Padova, v. 48, n. 2, p. 465-490, abril-junho/1993, p. 489.

[282] AMARAL, Guilherme Rizzo. *Cumprimento e execução da sentença sob a ótica do formalismo-valorativo*. Porto Alegre: Livraria do Advogado, 2008, p. 106.

decisão judicial é marcada pelo atributo da soberania, que corresponde à própria autonomia do direito processual em face do direito material. Claro, não se nega que o direito material exerce uma poderosa influência sobre a tutela processual. Afinal, há uma relação de adequação entre o modo como é (ou pode ser) efetivado o direito material e os meios empregados pelo processo. Ocorre que a escolha da tutela processual não está norteada exclusivamente pelo conteúdo do direito material, existindo fatores próprios do plano processual que intervêm nesse fenômeno. Além dos valores em jogo, do direito material envolvido e do caso concreto, outros elementos – como os princípios da efetividade, da segurança e da demanda (ou dispositivo em sentido material) – interferem na escolha das diferentes formas e técnicas de tutela processual.[283]

É inegável que o direito material também contempla formas de tutela.[284] As tutelas prestadas pelas normas de direito material compõem, neste sentido, "tutelas normativas" que sucedem à inobservância das normas que protegem direitos subjetivos. *A ideia de tutela parece consistir, portanto, num valor capaz de permitir, ao menos num certo nível, o diálogo das concepções teóricas que problematizam a influência do direito material sobre o processo. A diferença persistente entre essas teorias localiza-se na ênfase dada a cada um dos planos (material e processual).* Na concepção aqui acolhida – que prescinde da ideia da "ação material" – as tutelas materiais possuem um caráter abstrato e não integram o "núcleo fisionômico" dos direitos subjetivos, por serem elementos exteriores à sua estrutura.[285] É extremamente útil identificar as tutelas de direitos no plano substancial, mas o jurista não pode ignorar a "potencialidade criativa" do fenômeno processual, materializada na eficácia substancial do processo, que o transforma em instrumento "potencializador do direito material".[286] Afinal, a tutela de direito material está prevista em abstrato no plano material e é concretizada depois de exercida a função jurisdicional, quando retorna, de forma qualificada, à esfera do direito material, como uma autêntica tutela de direitos.

A tutela dispensada em juízo considera fatores processuais, que convergem no pedido imediato, e substanciais, condensados no pedido mediato. A decisão de mérito *une o direito processual e o material.* No provimento de mérito – inclusive na antecipação da tutela – reside a vinculação mais próxima entre esses planos, a possibilitar "a transição do processo no domínio da vida, do direito material".[287] Tem-se aí a valiosa concepção de uma *relação circular do processo,* segundo a qual "o

---

[283] OLIVEIRA, Carlos Alberto Alvaro de. *Teoria e prática da tutela jurisdicional.* Rio de Janeiro: Forense, 2008, p. 137

[284] MARINONI, Luiz Guilherme. *Técnica processual e tutela dos direitos.* 2ª ed. rev. atual. São Paulo: Revista dos Tribunais, 2008, p. 113.

[285] OLIVEIRA, Carlos Alberto Alvaro de. Direito material, processo e tutela jurisdicional. In: *Polêmica sobre a ação: a tutela jurisdicional na perspectiva das relações entre direito e processo.* Org: MACHADO, Fábio Cardoso; AMARAL, Guilherme Rizzo. Porto Alegre: Livraria do Advogado, 2006, p. 288.

[286] ZANETI JÚNIOR, Hermes. *Processo constitucional: o modelo constitucional do processo civil.* Rio de Janeiro: Lumen Juris, 2007, p. 217.

[287] OLIVEIRA, Carlos Alberto Alvaro de. *Teoria e prática da tutela jurisdicional.* Rio de Janeiro: Forense, 2008, p. 95-96; 106.

processo devolve (...) algo diverso do direito material afirmado pelo autor na inicial, algo que por sua vez é diverso mesmo da norma expressa no direito material positivado".[288]

2.3.2. "Tutela específica", "tutela do resultado prático equivalente" e tutelas no plano do direito material

Acolhida a noção de que as normas de direito material oferecem tutela, coloca-se a questão de demarcar o conjunto das tutelas materiais que se articulam com relação ao cumprimento dos deveres de fazer e de não fazer. O sistema de tutela específica introduzido pelas reformas no artigo 461 do CPC/1973[289] – repositório de verdadeira "cláusula geral de atipicidade dos meios executivos", na expressão de Fredie Didier Jr.[290] – deve ser interpretado em sistema com o artigo 84 do CDC, que dispõe serem admissíveis, para o cumprimento dos deveres de fazer e de não fazer, todas as espécies de tutelas materiais. Abre-se, assim, um amplo catálogo de tutelas substanciais que podem ser invocadas. O próprio artigo 461, a despeito de opiniões contrárias,[291] iluminou essa definição com um conteúdo de direito material, correspondente à primazia das tutelas específicas e ao caráter excepcional da conversão em perdas e danos (*caput* e § 1º).

Ao mencionar as tutelas "específicas" e "do resultado prático equivalente",[292] o sistema indicou mecanismos que tendem ao mesmo efeito da resolução espontânea do conflito, produzindo situação similar ao cumprimento voluntário das prestações de fazer e de não fazer. A locução "tutela específica" – como gênero – designa variadas tutelas no plano do direito material capazes de atender a esse propósito. A preferência pela tutela não específica (ou seja, pela tutela ressarcitória do equivalente) pressupunha um ordenamento jurídico indiferente às posições sociais. A prevalência da tutela específica é corolário do direito fundamental à tutela efetiva, não podendo ser negada por quem se propõe a tomar a sério a efetividade como núcleo de valor do sistema processual brasileiro. Trata-se do reflexo de uma ordem jurídica não mais neutra, que privilegia valores considerados fundamentais.[293]

---

[288] ZANETI JÚNIOR, Hermes. *Processo constitucional: o modelo constitucional do processo civil.* Rio de Janeiro: Lumen Juris, 2007, p. 204-205 (grifos no original).

[289] E essencialmente preservado nos artigos 484 e 521 do Projeto de CPC.

[290] *Curso de direito processual civil.* Vol. 5. Salvador: Jus Podium, 2009, p. 433.

[291] TALAMINI, Eduardo. *Tutela relativa aos deveres de fazer e de não fazer: e sua extensão aos deveres de entrega de coisa: CPC, arts. 461 e 461-A, CDC, art. 84.* 2ª ed. rev. atual. ampl. São Paulo: Revista dos Tribunais, 2003, p. 35.

[292] As expressões são igualmente encontradas nos artigos 484 e 521 do Projeto de CPC. Segundo o primeiro, "na ação que tenha por objeto obrigação de fazer ou de não fazer, o juiz, se procedente o pedido, concederá a tutela específica da obrigação ou determinará providências que assegurem o resultado prático equivalente ao do adimplemento".

[293] MARINONI, Luiz Guilherme. *Tutela específica: arts. 561, CPC e 84, CDC.* 2ª ed. rev. São Paulo: Revista dos Tribunais, 2001, p. 19 e 134.

O direito à efetividade da tutela, como ressalta Michele Taruffo, demanda que a execução na forma específica seja assegurada com a *máxima extensão possível,* compreensão que a doutrina italiana extraiu do artigo 24 de sua Constituição.[294] O direito material brasileiro revela sinais claros dessa preferência, como no caso dos artigos 863 do CC/1916 e 313 do CC/2002.[295] As limitações foram cedendo também por obra da doutrina processualista, e inicialmente no âmbito das obrigações de prestar declaração de vontade. O processo civil brasileiro recepcionou, ainda no Código de 1939, a possibilidade das sentenças substitutivas de declaração de vontade. A legislação da ação civil pública estendeu tal princípio aos deveres de fazer e de não fazer em geral (artigo 11 da Lei 7.347/1985), e as reformas impostas ao Código de 1973 representaram a culminação dessa importante tendência,[296] consolidando a opção principiológica pela tutela específica e estruturando os meios necessários a esse fim.

No sistema geral de tutela específica as ideias de tutela específica (*stricto sensu*) e tutela do resultado prático equivalente têm significados distintos. A tutela específica em sentido estrito compreende a busca do resultado final por meio da conduta do próprio réu. Já a tutela do resultado prático equivalente concebe a obtenção do resultado por meio da atividade de terceiro.[297] Ambas reúnem-se sob uma noção *lata* de tutela específica, remetendo ao resultado específico que decorreria do cumprimento espontâneo da prestação de fazer ou de não fazer.[298]

Claro, a opção do sistema jurídico brasileiro pela tutela específica não pressupõe seu caráter *absoluto.* Excluem-se desse princípio direitos que, no plano material, não a admitem depois de violados (ou aceitam, quando muito, o cabimento de perdas e danos). Ilustra-se tal afirmação com o exemplo do rompimento de noivado, em relação ao que não se concebe a tutela específica, já que a convolação de núpcias não é um dever justiciável. Acrescente-se que inexiste uma ordem necessária

---

[294] Notte sul diritto alla condanna e all´esecuzione. *Revista de Processo.* São Paulo, v. 32, n. 144, p. 57-84, fevereiro/2007, p. 76.

[295] Anacronicamente, o CC/2002 preservou alguns exemplos injustificáveis de vedação à tutela específica por meios coercitivos. Assim, sobretudo, o artigo 247, que, numa leitura literal, sugere a compulsoriedade da conversão em perdas e danos em caso de inadimplemento ("Incorre na obrigação de indenizar perdas e danos o devedor que recusar a prestação a ele só imposta, ou só por ele exequível"). Na verdade, só a impossibilidade culposa determina a conversão (artigo 248), enquanto a "recusa à prestação" não retira do devedor da sujeição à tutela específica (DALL´AGNOL JÚNIOR, Antônio Janyr. Tutela das obrigações de fazer e não fazer (art. 461). *Revista de Processo*, São Paulo, v. 31, n. 134, p. 231-244, abril/2006, p. 235).

[296] Traços da inclinação antiga preservaram-se, todavia, no texto do parágrafo único do artigo 638 do CPC/1973, o qual proveu como se coubesse ao devedor o domínio da conversão em perdas e danos ("Havendo recusa ou mora do devedor, a obrigação pessoal do devedor converter-se-á em perdas e danos, aplicando-se outrossim o disposto no art. 633"). Algum resquício da mesma concepção persiste no artigo 772 do Projeto de CPC.

[297] Também no plano civilístico, enfatiza Antunes Varela, é relevante a distinção entre *execução específica* e *cumprimento coercitivo* do dever (*Das obrigações em geral. Vol. II.* 7ª ed. rev. atual. Coimbra: Almedina, 1997, p. 152).

[298] MARINONI, Luiz Guilherme; MITIDIERO, Daniel. *Código de Processo Civil: comentado artigo por artigo.* São Paulo: Revista dos Tribunais, 2008, p. 427.

TUTELA ESPECÍFICA DE URGÊNCIA

entre tutela específica (*stricto sensu*) e do resultado equivalente, cumprindo ao juiz eleger o caminho mais apropriado para a prestação da tutela específica.[299]

Para identificar as tutelas possíveis no plano do direito material, adota-se – até porque outras variantes não apresentam divergência notável[300] – a formulação de Luiz Guilherme Marinoni, que identifica as tutelas *certificatória, modificatória, inibitória* (ou preventiva), *do adimplemento, da remoção do ilícito,* e *ressarcitória.* O mérito da classificação proposta por Marinoni está em identificar com clareza as formas de tutela preventiva ofertadas pelo sistema jurídico. Dentre as tutelas mencionadas, o artigo 461 do CPC pode ser referenciado, no plano material, à tutela *preventiva* e às tutelas de *remoção do ilícito, ressarcitória na forma específica* e de *adimplemento na forma específica.*[301] Vale registrar que as classificações das tutelas no plano do direito material e no plano processual são complementares, uma vez que as espécies contidas nesses arranjos, a despeito de atuarem em planos diversos, interagem entre si.

A *tutela preventiva*, também designada inibitória – cuja sede constitucional reside na proteção do artigo 5º, inciso XXXV, da CF contra a "ameaça a direitos" –, destina-se a impedir a prática, a repetição ou a continuação do ilícito. Seu pressuposto reside na probabilidade do ilícito, não do dano, do qual, aliás, sequer se merece cogitar no âmbito da proteção preventiva.[302] A tutela preventiva tem por fim evitar ilícitos tanto comissivos como omissivos. Pode exigir um não fazer ou um fazer, segundo o caso. A tutela preventiva encontrou seu *locus* nas disposições processuais relativas à tutela específica, como consequência do novo perfil do Estado e das novas situações cotidianas relacionadas a direitos de conteúdo não patrimonial e direitos fundamentais, que reivindicam tutelas preventivas em face da inadequação da proteção ressarcitória. A doutrina italiana, a despeito da inexistência de um sistema completo de atuação dos direitos no plano material – é célebre a carência de meios coativos do processo civil peninsular – apercebeu-se do caráter essencial da tutela preventiva e da necessidade de superar a tradicional *tipicidade dos meios inibitórios* daquela cultura processual, mediante a construção dogmática de uma "inibitória atípica".[303] São expressivos os exemplos dessa tutela no direito brasileiro, bastando lembrar a proteção constitucional da intimidade, da vida privada, da honra e da imagem (artigo 5º, inciso X), que outorga tutela inibitória aos titula-

---

[299] DINAMARCO, Cândido Rangel. *Instituições de direito processual civil.* V. 4. 3ª ed. São Paulo: Malheiros, 2009, p. 526.

[300] Eduardo Talamini, por exemplo, reúne as tutelas do adimplemento, de remoção do ilícito e inibitória (esta quando destinada a inibir a continuidade ou repetição do ilícito) e as reúne no mesmo da "sanção restitutória", cuja objetivo seria a obtenção do resultado igual ao que se teria caso a norma violada houvesse sido atendida (*Tutela relativa aos deveres de fazer e de não fazer: e sua extensão aos deveres de entrega de coisa: CPC, arts. 461 e 461-A, CDC, art. 84.* 2ª ed. rev. atual. ampl. São Paulo: Revista dos Tribunais, 2003, p. 182).

[301] MARINONI, Luiz Guilherme. *Antecipação da tutela.* 10ª ed. rev. atual. ampl. São Paulo: Revista dos Tribunais, 2008, p. 91.

[302] MARINONI, Luiz Guilherme. *Técnica processual e tutela dos direitos.* 2ª ed. rev. atual. São Paulo: Revista dos Tribunais, 2008, p. 192-195.

[303] TARUFFO, Michele. Notte sul diritto alla condanna e all´esecuzione. *Revista de Processo.* São Paulo, v. 32, n. 144, p. 57-84, fevereiro/2007, p. 66-67.

res desses direitos. Também o artigo 12 do CC/2002, ao investir a pessoa natural do poder de exigir que cesse a ameaça ou a lesão a direito de personalidade, institui tutela preventiva no plano do direito material.

A *tutela do adimplemento* visa a proporcionar ao titular do direito obrigacional o bem ou a utilidade econômica que constitui objeto da obrigação. Tem lugar na forma *específica* ou pelo *equivalente ao valor da prestação*.[304] A primeira espécie – que encontra acolhida no sistema de tutela específica quanto aos deveres de fazer e não fazer – tem lugar quando a obrigação inadimplida ainda pode ser cumprida e continua a servir ao interesse objetivo do titular do direito. São pressupostos da tutela específica do adimplemento o inadimplemento ou adimplemento imperfeito, hipótese em que o credor pode exigir que o devedor atue no sentido de corrigir a imperfeição constatada.[305]

Note-se que a tutela do adimplemento na forma específica pressupõe a mora, a qual não se confunde com o mero *inadimplemento*, exigindo que a tardança no cumprimento da obrigação seja imputável ao próprio devedor (artigo 394, c/c 396, CC/2002). Prescinde-se, não obstante, do requisito *culpa*: o credor tem direito à entrega do bem ou ao cumprimento da prestação devida quer tenha ocorrido culpa ou não do inadimplente. Enquanto permanecer possível e pretendida a prestação debitória, a valoração da conduta mostra-se irrelevante para efeitos de proteção do credor.[306]

A *tutela ressarcitória* presume dano causado por ato *contrário* a direito, e sua função consiste em restabelecer a exata situação de fato (ou a mais próxima possível) que haveria de existir caso o dano não houvesse acontecido. Essa modalidade de tutela material considera a presença do dano e também da responsabilidade de seu causador. O ressarcimento verifica-se na forma específica ou pelo equivalente pecuniário.[307] Diante da preferência do direito brasileiro pela modalidade específica, o dever de ressarcir torna-se substancialmente um *dever de fazer*: em virtude do dano, "o lesado não passa a ter um mero direito sobre o patrimônio do devedor, mas sim o poder de obrigar o infrator à reparação".[308]

---

[304] Não se confunde a tutela do equivalente à prestação com a tutela do equivalente ao valor do dano: a primeira atende à expressão econômica da obrigação inadimplida, não do eventual prejuízo decorrente do inadimplemento (que poderá vir a ser objeto de tutela ressarcitória) (MARINONI, Luiz Guilherme; MITIDIERO, Daniel. *Código de Processo Civil: comentado artigo por artigo*. São Paulo: Revista dos Tribunais, 2008, p. 426).

[305] MARINONI, Luiz Guilherme. *Técnica processual e tutela dos direitos*. 2ª ed. rev. atual. São Paulo: Revista dos Tribunais, 2008, p. 283.

[306] MARINONI, Luiz Guilherme. *Tutela específica: arts. 561, CPC e 84, CDC*. 2ª ed. rev. São Paulo: Revista dos Tribunais, 2001, p. 186.

[307] A tutela ressarcitória pelo equivalente busca proporcionar ao lesado o valor equivalente à diminuição patrimonial experimentada, o valor equivalente ao custo de reparar o dano, ou mesmo uma sanção pela lesão a bem jurídico não patrimonial. A tutela que impõe uma sanção pecuniária em face da violação de um bem não patrimonial também é de ser considerada ressarcitória pelo equivalente.

[308] MARINONI, Luiz Guilherme. *Técnica processual e tutela dos direitos*. 2ª ed. rev. atual. São Paulo: Revista dos Tribunais, 2008, p. 329.

TUTELA ESPECÍFICA DE URGÊNCIA

A noção de ressarcimento específico engloba, além da reparação *in natura*, todas as formas de reparação não pecuniárias, que visam a reparar o dano por um meio diverso da entrega de dinheiro. O mecanismo de tutela específica viabiliza a plena atuação da tutela ressarcitória específica. Em virtude dele pode o lesado, por exemplo, requerer uma ordem judicial para coagir o transgressor a ressarci-lo na forma específica, por meio do cumprimento de um fazer, sob pena da incidência de multa.

Finalmente, a *tutela de remoção do ilícito* tem por objetivo afastar uma situação de ilicitude já instaurada e remover os efeitos concretos que dela decorrem. Diferencia-se da tutela preventiva, que visa a inibir a prática, repetição ou continuação de um ilícito. A tutela de remoção é repressiva em relação ao ilícito, e tem como pressuposto um ato antijurídico suscetível de provocar efeitos concretos permanentes. Não se dirige contra um agir continuado, mas contra uma ação exaurida, cujos efeitos se perpetuam no tempo.[309] Ao remover os efeitos do ilícito, afasta-se a probabilidade de que ele venha a causar danos futuros. São exemplares de tutelas de remoção do ilícito a busca e apreensão de produtos que violam marca alheia e as medidas que visam à interdição ou demolição de obra, entre outras que antes da reforma do CPC/1973 compunham o universo das chamadas "medidas cautelares satisfativas". A remoção do ilícito envolve fundamentalmente a imposição de deveres de fazer, ou de entregar coisa, donde vem sua íntima conexão com o sistema de tutela específica.

2.3.3. Tutelas no plano do direito processual

Antes de examinar as tutelas processuais contidas no sistema de tutela específica deve-se iniciar com a observação de que as tutelas existentes no plano do direito processual têm feição própria. Nenhum dos verbos característicos da tutela processual – declarar, constituir, mandar e executar – apresenta relevância no plano do direito material. São espécies inerentes ao processo e ao império da atividade jurisdicional.[310] O que se considera, no ponto, são as eficácias – e respectivos efeitos – processuais das decisões judiciais (que se prestam para concretizar, desde o âmbito do processo, as tutelas prometidas pelo direito material).

O emprego da palavra "tutela" merece uma breve justificativa. Existe relevante doutrina que propõe a denominação de "técnicas" às eficácias das decisões processuais.[311] O termo "tutela" parece, no entanto, mais apropriado para

---

[309] MARINONI, Luiz Guilherme; MITIDIERO, Daniel. *Código de Processo Civil: comentado artigo por artigo*. São Paulo: Revista dos Tribunais, 2008, p. 425.

[310] OLIVEIRA, Carlos Alberto Alvaro de. Direito material, processo e tutela jurisdicional. In: *Polêmica sobre a ação: a tutela jurisdicional na perspectiva das relações entre direito e processo*. Org: MACHADO, Fábio Cardoso; AMARAL, Guilherme Rizzo. Porto Alegre: Livraria do Advogado, 2006, p. 293.

[311] MARINONI, Luiz Guilherme. Da ação abstrata e uniforme à ação adequada à tutela dos direitos. In: *Polêmica sobre a ação: a tutela jurisdicional na perspectiva das relações entre direito e processo*. Org: MACHADO, Fábio Cardoso; AMARAL, Guilherme Rizzo. Porto Alegre: Livraria do Advogado, 2006, p. 216 e 224.

representar o fenômeno: primeiro, por aludir às ideias de *proteção e defesa*, que se afeiçoam perfeitamente à sua função; segundo, porque "técnicas" descrevem melhor os instrumentos caracteristicamente neutros dos quais o sistema se serve para concretizar os efeitos processuais, devendo o termo "tutela" ficar reservado para distinguir as diferentes eficácias do direito processual – declaratória, mandamental, executiva.

Cada espécie de tutela processual evidencia a presença de um valor preponderante, tendo em vista o binômio *efetividade/segurança*. Assim, as tutelas *declaratória, constitutiva e condenatória* correspondem ao domínio do princípio da segurança, ao passo que as tutelas *mandamental* e *executiva (lato sensu)* remetem à prevalência do princípio da efetividade.[312]

2.3.3.1. Tutelas processuais no sistema de tutela específica

A primazia da tutela específica com relação aos deveres de fazer e de não fazer exige uma atuação processual capaz de modificar a realidade sensível, adequando-a à decisão judicial que impõe uma prestação de fato ou uma abstenção. Tal exigência justifica a adoção, pelo sistema de tutela específica, das tutelas processuais revestidas justamente dessa qualidade,[313] isto é, as tutelas *mandamental* e *executiva lato sensu* – mas não condenatórias, declaratórias ou constitutivas.[314] Tal conclusão, entretanto, não foi atingida de maneira pacífica. A polêmica que se seguiu à reforma de 1994 demonstrou como os paradigmas da *ordinariedade* e da *condenatoriedade* continuam influenciando o processo civil brasileiro. A doutrina relutou inicialmente em aceitar que a sentença proferida com base no artigo 461 do CPC/1973 era capaz de permitir a adoção de providências materiais na mesma relação processual, utilizando o argumento – superável, numa leitura sistemática – de que o artigo 644 do CPC, com a redação da Lei n. 8./953/1994, contemplava uma "ação" autônoma de execução dos deveres de fazer e não fazer que estivessem determinados num título judicial.[315]

Na verdade, antes mesmo da Lei n. 10.444/2002 – que eliminou a possibilidade de tal interpretação – a tutela condenatória já demonstrava toda a sua inadequação para prestar as tutelas materiais vinculadas ao artigo 461. Basta recordar que a condenação está vocacionada para *reparar a violação do direito*, não para *impedir que essa*

---

[312] OLIVEIRA, Carlos Alberto Alvaro de. *Teoria e prática da tutela jurisdicional.* Rio de Janeiro: Forense, 2008, p. 140.

[313] Trata-se, no caso, das tutelas que privam da característica de não serem *autossuficientes.* Sobre o tema cf. MITIDIERO, Daniel Francisco. *Colaboração no processo civil: pressupostos sociais, lógicos e éticos.* São Paulo: Revista dos Tribunais, 2009, p. 145.

[314] BEDAQUE, José Roberto dos Santos. *Direito e processo: influência do direito material sobre o processo.* 5ª ed. rev. ampl. São Paulo: Malheiros, 2009, p. 136-137.

[315] Neste sentido, manifestando-se antes da ultimação do ciclo de reformas, GRINOVER, Ada Pellegrini. Tutela jurisdicional nas obrigações de fazer e não fazer. *Revista de Processo*, São Paulo, v. 20, n. 79, p. 65-76, 1995, p. 74-76.

violação futuramente ocorra. A persistência no emprego da tutela condenatória acabaria inviabilizando, por certo, a mais nobre função do sistema de tutela específica – a *preventiva*. Além disso, as "medidas necessárias" do § 5º do artigo 461 foram desde então estruturadas para serem usadas no interior do processo de conhecimento. Do ponto de vista dos valores do processo seria tão inadequado propor o uso da tutela condenatória para o cumprimento dos deveres de fazer e de não fazer quanto defender a generalização da tutela executiva *lato sensu* no campo das obrigações pecuniárias.

Questão interessante, por ressaltar as premissas do novo sistema, consiste em ter o CPC/1973 adotado, em referência às tutelas jurisdicionais, a palavra "efetivação".[316] É adequado o uso desse vocábulo em lugar de "execução", pois a concretização da antecipação da tutela nem sempre ocorre por meio da atividade habitualmente considerada execução. Isto é, nem toda realização de provimento antecipatório envolve atos sub-rogatórios, conceito que mais diretamente se vincula àquela noção.[317] O que o Código entende por efetivação são os atos de intervenção do juízo na realidade material, compreendendo as formas de execução dita própria e imprópria.[318] Andou bem o legislador ao evitar a palavra "execução", que, apesar de utilizada para a mesma finalidade descritiva, está demasiadamente associada ao procedimento executivo autônomo.

Impossível deixar de notar, aliás, o crescente desprestígio da "execução" no domínio do processo civil, evidenciado também pelo artigo 475-I do Código de 1973, que preferiu denominar "cumprimento da sentença" ao gênero que compreende a execução expropriatória e a efetivação da tutela específica.[319] Sob o ponto de vista dogmático, o termo efetivação passou a descrever – da mesma forma que o cumprimento da sentença – a atividade desenvolvida pelo Poder Judiciário para fazer realizar, no plano material, o conteúdo da decisão judicial não autossuficiente. Aliás, diante da distinção que se faz entre sub-rogação e coerção, resulta mesmo inadequado o emprego de expressão associada à parte ("execução") para designar o todo – melhor convindo falar em efetivação, palavra, nesse sentido, "neutra". Eis por que também os artigos 461 e 273 do CPC preferiram evitar a carga de ambiguidade da terminologia tradicional, adotando linguagem que melhor exprime a plasticidade dos efeitos das tutelas específicas e antecipatórias.

---

[316] O par. 5º do artigo 461 já aludia à "efetivação" da tutela específica desde a Lei 8.952/1994. Com a Lei 10.444/2002, também o § 3º do artigo 273 teve substituído o termo "execução" por "efetivação". O Projeto de CPC manteve-se na mesma trilha, empregando a expressão a propósito do cumprimento tanto da tutela específica como das tutelas de urgência e evidência (artigos 273, 280, § 2º, inciso II, 281, § 2º, e 521).

[317] DIDIER JÚNIOR, Fredie. Inovações na antecipação dos efeitos da tutela e a resolução parcial do mérito. *Revista de Direito Processual Civil Gênesis*, Curitiba, v. 7, n. 26, p. 711-734, outubro-dezembro/2002.

[318] WAMBIER, Luiz Rodrigues; WAMBIER, Teresa Arruda Alvim; MEDINA, José Miguel Garcia. *Breves comentários à nova sistemática processual civil: emenda constitucional n. 45/2004 (reforma do judiciário); Lei 10.444/2002; Lei 10.358/2001 e 10.352/2001*. 3. ed. rev. atual. ampl. São Paulo: RT, 2005, p. 165.

[319] O Projeto de CPC manteve a expressão "cumprimento da sentença" nos seus artigos 500 e seguintes.

2.3.3.2. A tutela mandamental no âmbito do sistema de tutela específica

A doutrina majoritária, presa ao conceito de uma jurisdição apenas certificadora de direitos – ideologia refletida no texto original do artigo 463 do CPC/1973, que tinha por esgotado o ofício jurisdicional na declaração do direito – opôs longa resistência à qualificação das tutelas com base na atividade que se realiza depois da sentença de procedência, por considerá-la "não jurisdicional".[320] Esta a fonte da imensa dificuldade, só transposta mais recentemente, de se visualizar a tutela mandamental como forma jurisdicional autônoma.[321]

Parte da névoa que persiste sobre a questão decorre da tendência de rotular tanto as medidas coercitivas como as sub-rogatórias de *meios executivos*, atribuindo às formas coercitivas o nome de "execução indireta".[322] Como acentua José Tesheiner, os conceitos de execução e mandamento afetam-se reciprocamente. Ao conceituar execução como *qualquer ato que implique um fazer do que foi ordenado pela sentença* a doutrina está recusando espaço à ideia da atividade mandamental.[323] Essa assimilação entre as medidas coercitivas e sub-rogatórias relaciona-se, portanto, com a negação da autonomia da tutela mandamental e deve ser evitada (aliás, a diferenciação entre as técnicas sub-rogatórias e coercitivas representa, sem dúvida, uma qualidade da ciência processual brasileira, proveniente do reconhecimento da autonomia da tutela mandamental).

Os provimentos mandamentais são familiares à cultura processual luso-brasileira, esta autêntica herdeira do influxo germânico no processo comum (segundo evidenciavam as "soluções de força" das Ordenações, que adiantavam a execução à atividade cognitiva,[324] e denota, mais recentemente, o êxito do mandado de segurança). De origem alemã, a tutela mandamental foi reconstruída por Pontes de Miranda como autêntico contributo da ciência jurídica brasileira, ajustado à mentalidade ibérica e seu apreço natural pelas ordens imperativas.

Os provimentos mandamentais definem-se pela ordem que é expedida pelo juiz ao réu, órgão estatal, ente privado ou indivíduo, para que cumpra voluntariamente a decisão judicial. Sua nota essencial é o caráter imperativo do mandamento

---

[320] SILVA, Ovídio Araújo Baptista da. *Jurisdição e execução na tradição romano-canônica.* 2ª ed. rev. São Paulo: Revista dos Tribunais, 1997, p. 171.

[321] A resistência da doutrina brasileira à autonomia da tutela mandamental manifesta-se na doutrina de Cândido Dinamarco, que recusa a existência de *sentenças que sejam somente mandamentais, sem serem condenatórias;* o mandamento seria apenas um *plus* à condenação, única técnica processual capaz de verdadeiramente permitir a intervenção judicial sobre o mundo dos fatos (*A reforma da reforma.* 5ª ed. São Paulo: Malheiros, 2003, p. 231-232). Para uma resposta à crítica de que a individuação das tutelas mandamental e executiva toma como critério algo "exterior à decisão", portanto diverso daquele adotado para distinguir as demais categorias, ver WATANABE, Kazuo. Tutela antecipatória e tutela específica das obrigações de fazer e não fazer: arts. 273 e 461, CPC. *Revista de Direito do Consumidor,* São Paulo, n. 19, p. 77-101, julho-setembro/1996, p. 79-83.

[322] ASSIS, Araken de. *Cumprimento da sentença.* Rio de Janeiro: Forense, 2006, p. 33.

[323] *Medidas cautelares.* São Paulo: Saraiva, 1974, p. 29.

[324] MITIDIERO, Daniel Francisco. *Elementos para uma teoria contemporânea do processo civil brasileiro.* Porto Alegre: Livraria do Advogado, 2005, p. 15.

contido na decisão. A tutela mandamental incide quando o escopo é agir sobre a *vontade* da parte, não sobre seu patrimônio, e direciona-se ao cumprimento voluntário, mas não necessariamente espontâneo. À ordem do Estado agregam-se mecanismos de pressão, isto é, técnicas ou medidas destinadas a atuar sobre a vontade do demandado, coagindo-o a cumprir a decisão.[325]

O denominador comum às sentenças mandamentais e às executivas *lato sensu* consiste no proporcionar, na mesma relação processual, como parcela da própria demanda de conhecimento, o exercício de atividade posterior à decisão judicial. Distinguem-se entre si pelo fato de que na tutela mandamental o juiz ordena e à parte cabe cumprir o que o Estado determinou; na executiva, é o próprio Estado que providencia para que se dê a satisfação do direito tutelado.

Os provimentos mandamentais são expressão de um tipo de litigiosidade moderna que testemunha a redução dos conflitos exclusivamente privados e o incremento das lides dos particulares com o Poder Público, instituições paraestatais e corporações privadas. Tais litígios reclamam decisões com uma carga imperativa maior do que as de conflitos exclusivamente privados.[326] Não é coincidência, portanto, o irresistível desenvolvimento da tutela mandamental no Brasil. Depois de acolhida por expressiva doutrina, a eficácia mandamental resultou consagrada pela legislação (inicialmente no artigo 212, § 2º, da Lei 8.069/1990, e, depois, em caráter genérico, no artigo 14 do CPC).

O sistema de tutela específica edificado pelas reformas no artigo 461 do CPC/1973, que permitiu a tutela relativa aos deveres de fazer e de não fazer mediante ordens mandamentais (e, por extensão do artigo 461-A, aos deveres de entregar coisa), representou o estágio culminante da consagração dessa eficácia, fazendo-se merecedor, com inteira razão, do epíteto de *cláusula geral da mandamentalidade no direito brasileiro*.[327] O artigo 461 não trouxe *a priori* limites ao manejo da tutela mandamental. Essa é indispensável com relação aos deveres infungíveis, para os quais é ineficaz a sub-rogação, mas nada impede seja utilizada em face de deveres fungíveis. Aliás, o sistema encontra na tutela mandamental vantagens apreciáveis, que lhe conferem grande valor na estruturação da tutela processual. Uma vez atendido o requisito da suscetibilidade do réu aos meios coercitivos, os provimentos mandamentais costumam assegurar satisfação mais expedita do interesse do autor, com menor complexidade e menos custos, se comparado à técnica sub-rogatória.

As limitações que encontra a tutela mandamental concernem *ao direito material posto em juízo*. Apesar de superado o dogma da intangibilidade da vontade humana, seguem tidas por incoercíveis as obrigações que envolvem atividade criativa do

---

[325] AMARAL, Guilherme Rizzo. *Cumprimento e execução da sentença sob a ótica do formalismo-valorativo*. Porto Alegre: Livraria do Advogado, 2008, p. 132.

[326] SILVA, Ovídio Araújo Baptista da. *Curso de processo civil*. V. 1, tomo II. 6ª ed. rev. atual. Rio de Janeiro: Forense, 2008, p. 34.

[327] MARINONI, Luiz Guilherme; MITIDIERO, Daniel. *Código de Processo Civil: comentado artigo por artigo*. São Paulo: Revista dos Tribunais, 2008, p. 429.

devedor, nas quais a ausência de cumprimento voluntário da decisão judicial determina, necessariamente, a conversão em perdas e danos.[328]

2.3.3.3. *A tutela executiva lato sensu no sistema de tutela específica*

O ato executivo já foi definido como aquele por meio do qual o Estado retira algum valor jurídico do patrimônio do réu e o transfere ao patrimônio do autor para satisfazer uma pretensão jurídica declarada legítima. Assim, a tutela executiva *lato sensu* seria aquela que implica a passagem à esfera jurídica de alguém de algo que lá deveria estar, e não está.[329]

Atuamente, porém, a transferência de valor entre patrimônios não serve mais de critério definidor,[330] sendo substituída pela ideia de *sub-rogação*. Ao atuar executivamente o Estado-juiz substitui-se à vontade do réu, assegurando que a satisfação do autor ocorra compulsoriamente, sem a participação do demandado. A essência do fenômeno consiste em *prescindir do comportamento do réu* para alcançar o resultado.[331] A execução é *ação originalmente privada da parte*, sendo empreendida substitutivamente pelo juízo, enquanto a tutela mandamental envolve a atuação do juiz naquilo que somente ele, na sua *estatalidade*, poderia realizar.[332] Há sub-rogação – portanto, execução – quando o devedor é desapossado da coisa, que é entregue ao credor, *mas igualmente quando o fato devido é prestado por terceiro, às expensas do devedor.* O órgão judicial *executa* tanto no "cumprimento da sentença" que se segue à decisão condenatória como nos atos que sucedem as sentenças executivas.

Naturalmente, existem diferenças entre a execução das obrigações pecuniárias e a execução relativa aos deveres de fazer e de não fazer e dos deveres de entregar ou restituir coisa. A distinção entre as "ações" condenatórias e as executivas *lato sensu* não é puramente procedimental. Na primeira espécie, o órgão judicial autoriza a intromissão no patrimônio alheio, dele retirando o que se encontrava de forma legítima, para satisfazer o requerente. Na execução "real", o Estado busca no patrimônio do réu bem que ali se encontra em contrariedade ao direito.[333] Finalmente – acrescenta-se – na execução do fazer ou não fazer o Estado determina que terceiro pratique o ato que competia originalmente ao réu. Mas todas as hipóteses

---

[328] MARINONI, Luiz Guilherme. *Tutela específica: arts. 561, CPC e 84, CDC.* 2ª ed. rev. São Paulo: Revista dos Tribunais, 2001, p. 72-73.

[329] SILVA, Ovídio Araújo Baptista da. *Curso de processo civil.* V. 1, tomo II. 6ª ed. rev. atual. Rio de Janeiro: Forense, 2008, p. 6.

[330] TALAMINI, Eduardo. Tutelas mandamental e executiva *lato sensu* e a antecipação de tutela *ex vi* do art. 461, § 3º, do CPC. In: *Aspectos polêmicos da antecipação de tutela.* Coord.: WAMBIER, Teresa Arruda Alvim. São Paulo: RT, 1997, p. 142-143.

[331] AMARAL, Guilherme Rizzo. *Cumprimento e execução da sentença sob a ótica do formalismo-valorativo.* Porto Alegre: Livraria do Advogado, 2008, p. 133-134..

[332] SILVA, Ovídio Araújo Baptista da. *Curso de processo civil. V. 1, tomo II.* 6ª ed. rev. atual. Rio de Janeiro: Forense, 2008, p. 232.

[333] RIBEIRO, Darci Guimarães. *Da tutela jurisdicional às formas de tutela.* Porto Alegre: Livraria do Advogado, 2010, p. 116-117.

descritas, no que têm de comum, podem ser reduzidas ao conceito-síntese da sub-rogação.

A tutela "executiva *lato sensu*" contém uma *parcela* do fenômeno da execução: descreve a atividade executiva praticada no interior de um processo sincrético, a reunir conhecimento e execução, sem a necessidade de uma fase posterior para sua realização prática, sendo correspondente, entre outros, aos provimentos executivos contemplados pelo sistema de tutela específica.. Diferencia-se da atividade – que é igualmente executiva – contida no interior de um processo autônomo, consequente à apresentação de um título executivo extrajudicial, ou no interior de uma fase procedimental.

2.4. TÉCNICAS PROCESSUAIS CABÍVEIS NA EFETIVAÇÃO DA TUTELA ESPECÍFICA

Após incumbir o juiz de conceder prioritariamente a tutela específica, o sistema trata das técnicas processuais para sua efetivação. A relação entre as técnicas e as formas de tutela é mesma que dá entre um instrumento e sua finalidade. A tutela consiste numa definição abstrata em relação a uma determinada necessidade, e a técnica concerne aos meios e procedimentos dos quais se serve o ordenamento jurídico para alcançar a necessidade em qestão. As técnicas previstas no sistema de tutela específica são, portanto, os instrumentos que permitem concretizar a tutela processual prometida em relação aos deveres de fazer e de não fazer.

É corrente a expressão "medidas de apoio" em referência a esses instrumentos processuais de prestação da tutela específica, que são as ferramentas de construção de um procedimento justo e adequado de tutela jurisdicional.[334] O artigo 273, § 3º, do CPC/1973, na redação da Lei n. 10.444/2002, manda observar, na efetivação da tutela antecipatória, "no que couber e conforme sua natureza, as normas previstas nos arts. 588, 461, §§ 4º e 5º, e 461-A".[335] Já se observou que as expressões "conforme sua natureza" e "no que couber" exprimem o poder dado ao juiz para moldar plasticamente o procedimento de concretização da medida antecipatória.[336] Essa flexibilidade constitui, efetivamente, um elemento fundamental do microssistema de tutela específica. Apesar de conceitualmente neutras, seu uso não o é, regendo-se pelo conjunto de direitos fundamentais do processo.

Além da técnica da multa, o CPC/1973, usando do expediente da exemplificação, abre ao juiz amplo espectro de "medidas de apoio", ferramentas voltadas ao fim da obtenção da tutela específica, cujo emprego subordina-se à espécie de tute-

---

[334] RIGHI, Eduardo. *Direito fundamental ao justo processo nas tutelas de urgência.* Curitiba: Juruá, 2007, p. 85.

[335] O Projeto de CPC encaminha solução semelhante ao dispor que a efetivação da medida de urgência "observará, no que couber, o parâmetro operativo do cumprimento da sentença definitivo ou provisório" (artigo 273).

[336] BUENO, Cássio Scarpinella. *Tutela antecipada.* 2ª ed. rev. atual. ampl. São Paulo: Saraiva, 2007, p. 119-122.

la pretendida e às características do caso concreto.[337] O efeito mais notável dessa prescrição residiu na quebra do modelo da tipicidade dos meios de cumprimento das decisões judiciais, tradicionalmente associado à execução pecuniária, e, antes de 1994, ao cumprimento dos deveres de fazer e de não fazer. Considerando-se que o princípio da tipicidade expressa uma ideologia restritiva dos poderes de atuação judicial (pois submete o exercício da jurisdição à lógica da legalidade estrita) não resta dúvida de que o modelo de tutela específica adotado pelo processo civil brasileiro movimenta-se na direção oposta, pressupondo uma intervenção judicial ativa no domínio dos fatos, e, precisamente por isso, mais exigente do ponto de vista da fundamentação do decidir e da responsabilidade do agir judicial. Trata-se de microssistema dotado de um amplo e auspicioso potencial para "contaminar" o sistema processual como um todo.[338]

O sistema permite o emprego tanto de medidas coercitivas como sub-rogatórias. O juiz está autorizado a estruturar as medidas mais apropriadas ao caso concreto. Tal autorização é o reflexo, no campo da tutela antecipatória, do poder já anteriormente outorgado ao juiz pelo artigo 798 do CPC/1973 de determinar as "medidas provisórias que julgar adequadas". São possíveis todas as medidas atípicas que o sistema jurídico não vede em abstrato e que sejam simultaneamente legítimas para o caso concreto, segundo um parâmetro de proporcionalidade.

Em princípio, a aplicação das "medidas de apoio" deve ser sucessiva, adotando-se uma nova medida quando a anterior se revelou ineficaz. É indevido, v.g., impor multa réu para coagir ao adimplemento do fazer *e ao mesmo tempo* determinar a prestação do fato por terceiro.[339] Evidentemente, tal entendimento não veda o emprego de determinada medida como coadjuvante de uma medida principal (ex: ordem ao réu e a terceiros para que não embaracem a colocação de filtro antipoluição), nem a utilização simultânea das técnicas coercitivas e sub-rogatórias quando *essencial para a tutela efetiva do direito* (ex.: ordena-se ao réu que forneça remédio essencial à sobrevivência do autor, sob pena de multa, acompanhada de determinação ao Oficial de Justiça para que apreenda o mesmo medicamento no depósito).

---

[337] O Projeto de CPC também permite ao juiz determinar as "medidas necessárias", citando, exemplificativamente, "a imposição de multa por período de atraso, a busca e apreensão, a remoção de pessoas e coisas, o desfazimento de obras, a intervenção judicial em atividade empresarial ou similar e o impedimento de atividade nociva" (artigo 521, "caput" e § 1º). Ademais, no artigo 118, inciso III, o Projeto autoriza o juiz a adotar "medidas indutivas, coercitivas, mandamentais ou sub-rogatórias". À parte o pleonasmo da menção a medidas coercitivas e mandamentais, resta saber o que pretende o Projeto com a expressão "indutivas", compondo um terceiro gênero cuja significação parece fadada à controvérsia. Para uma crítica à expressão "indutiva" e a seu possível uso para legitimar no processo a técnica da prisão, ver TESHEINER, José Maria Rosa. *PL 5.139/2009: medidas indutivas, um cavalo de Tróia?* Disponível em: <http://tex.pro.br/tex/listagem-de-artigos/176-artigos-nov-2009/5859-pl-51392009-medidas-indutivas-um-cavalo-de-troia>. Acesso em: 8 de janeiro de 2011.

[338] WAMBIER, Luiz Rodrigues; WAMBIER, Teresa Arruda Alvim. Anotações sobre a efetividade do processo. *Revista dos Tribunais*, São Paulo, ano 92, n. 814, p. 63-70, agosto/2003, p. 64.

[339] Em sentido contrário, admitindo a adoção simultânea de medidas coercitivas e sub-rogatórias: GUERRA, Marcelo Lima Guerra. *Execução indireta*. São Paulo: Revista dos Tribunais, 1998, p. 183 e nota 77.

Segue-se, pois, um enfoque sumário das técnicas acolhidas pelo mecanismo de tutela específica e das medidas atípicas mais expressivas, cabíveis no âmbito desse sistema de tutela.

2.4.1. Técnicas de natureza coercitiva

2.4.1.1. Multa coercitiva

Como medida coercitiva nominada o sistema de tutela específica autoriza a imposição de multa ao demandado, mecanismo por excelência de efetivação da tutela mandamental. A cominação pecuniária ao réu tem longa tradição no processo luso-brasileiro: remonta ao direito reinol das Ordenações Afonsinas, quando foi introduzida em substituição à prisão do faltoso. Originalmente, destinava-se a punir o desprezo do réu ao tribunal, e não propriamente a coagir ao cumprimento da obrigação (conforme se concebe atualmente, por influxo do sistema francês), sendo nítido, porém, desde o início, seu caráter mandamental. O Código Buzaid dera tratamento acanhado ao instituto, mas leis posteriores dotaram a multa de regime mais abrangente (Lei 7.347/85, artigo 11; Lei 8.069/90, artigo 213, e a Lei 8.884/94, artigo 62).

Apesar de o CPC/1973 assim não mencionar, tem-se por certo, como consequência do direito à tutela efetiva, que a multa pode ser estipulada em caráter fixo ou progressivo e segundo qualquer unidade temporal.[340] Reserva-lhe o sistema flexibilidade notável, bastante assemelhada ao instituto pioneiro da *astreinte* francesa.[341] Prevalece o entendimento de que titularidade da multa pertence ao autor, mesmo quando instituída *ex officio* pelo juiz, como é do costume do processo civil brasileiro.[342] A estruturação da técnica deve levar em consideração o direito material e a natureza do dever cujo cumprimento se pretende concretizar. Assim, à tutela das prestações de fazer e não fazer que perde a utilidade no inadimplemento é propícia a multa fixa, incidente em momento único, e à tutela das prestações que

---

[340] MARINONI, Luiz Guilherme; MITIDIERO, Daniel. *Código de Processo Civil: comentado artigo por artigo*. São Paulo: Revista dos Tribunais, 2008, p. 430. Idêntica solução tende a prevalecer na interpretação do Projeto de CPC, cujos artigos 521 e 522 referem-se apenas a multa "periódica" e "por período de atraso".

[341] A jurisprudência francesa, numa curiosa inversão, extraiu a legitimação da *astreinte – sua mais típica forma de execução indireta –* do artigo 1142 do *Code Napoléon*, que justamente exclui as formas coativas de efetivação da tutela. Mediante uma "deformação" do conceito de *domages*, os Tribunais franceses passaram a consentir numa pena pecuniária pelo retardamento de um fazer, sob o pressuposto de ter ela um caráter "ressarcitório". Assim, a complexa evolução histórica do instituto trouxe a marca dessa vinculação ao dano do inadimplemento, só superada com a reforma legislativa de 1972, que deu à *astreinte* nítida função compulsória, divorciada dos mecanismos ressarcitórios (TARUFFO, Michele. L'attuazione esecutiva dei diritti: profili comparatistici. In: *Processo e tecniche di attuazione dei diritti*. Coord.: MAZZAMUTO, Salvatore. Napoli: Jovene, 1989, p. 89-90).

[342] O PLS 166 acolheu a interessante solução de destinar ao exequente "o montante equivalente ao valor da obrigação", direcionando o excedente à unidade da Federação (artigo 522, § 5º).

conservam sua utilidade, a multa de incidência periódica ou progressiva.[343] Cumpre notar que mesmo no caso de deveres violáveis por ato de eficácia instantânea a multa periódica ainda pode ser empregada – não para impelir ao cumprimento do dever violado, mas para, em sendo isso possível, coagir ao desfazimento do resultado da ação indevida.

Como o sistema processual admite a tutela mandamental em relação aos deveres de fazer e não fazer fungíveis e infungíveis, é consequente o cabimento de multa em ambas as hipóteses.[344] A *astreinte* pode ser preferível à execução direta inclusive no contexto dos deveres fungíveis, por apresentar, no geral, menores custos e maior rapidez. A despeito disso, sua eficácia condiciona-se a uma prudente avaliação das condições do réu: a multa só é eficaz em face do litigante cuja situação patrimonial leva-o a sentir-se ameaçado. A *astreinte* atinge sua máxima potencialidade diante do réu cuja situação econômica é *média;* o insolvente e o rico, por razões distintas, mas compreensíveis, não são alcançados com a mesma eficiência. Num país como o Brasil, marcado por acentuados contrastes econômicos, o manejo da multa coercitiva recomenda, por conseguinte, atenção especial às peculiaridades do caso concreto.

À multa coercitiva aplicam-se, por outro lado, as restrições da tutela mandamental relativas à incoercibilidade dos deveres que envolvem uma atividade criativa do devedor. Nesse caso, a ausência de cumprimento voluntário do dever impõe a conversão em perdas e danos.

Quanto à sua cobrança, já se defendeu que a multa deve permanecer inexigível enquanto não transitar em julgado a sentença mandamental, considerando-se ilegítima a imposição ao réu do pagamento do valor das *astreintes* enquanto reinar incerteza sobre o direito reivindicado na demanda.[345] A posição supõe que a eficácia da medida decorre de sua simples imposição pelo juízo, prescindindo da ameaça da execução do valor imposto. A realidade é que a perspectiva de sofrer a execução do valor cumulativo constitui parcela apreciável do efeito coercitivo da multa. Solução que postecipe a cobrança para data longínqua – mais virtual do que concreta – traz sensível prejuízo à efetividade da técnica. Aplicada a *astreinte*, portanto, o mais razoável é que seu valor possa ser executado de imediato pelo titular do crédito,[346] embora a cobrança deva processar-se pelo regime da execução provisória.

---

[343] MARINONI, Luiz Guilherme. *Tutela específica: arts. 561, CPC e 84, CDC*. 2ª ed. rev. São Paulo: Revista dos Tribunais, 2001, p. 108.

[344] Neste sentido a decisão proferida pelo STJ no REsp 893.041/RS, j. em 5.12.2006. A redação dada ao artigo 287 do CPC pela Lei 10.444/2002 desfez a associação entre multa e dever infungível, dizendo-a cabível para "prestar ato" qualquer, e não mais "prestar fato que não possa ser realizado por terceiro".

[345] DINAMARCO, Cândido Rangel. *Instituições de direito processual civil*. V. 4. 3ª ed. São Paulo: Malheiros, 2009, p. 540-541.

[346] Neste sentido a decisão do STJ, REsp 1098028/SP, Rel. Ministro Luiz Fux, Primeira Turma, j. em 09/02/2010, DJU de 02/03/2010. O Projeto de CPC optou por autorizar a execução provisória, permitindo seu levantamento, porém, só "após o trânsito em julgado ou na pendência de agravo de admissão contra decisão denegatória de seguimento de recurso especial ou extraordinário" (artigo 522, § 1º). É solução intermediária aos pontos de vista expostos.

TUTELA ESPECÍFICA DE URGÊNCIA

2.4.1.2. Técnicas coercitivas inominadas

É amplo o espaço para a edificação de "medidas de apoio" coercitivas. Sempre que a efetivação da tutela específica reclamar a participação do réu ou de terceiro – inclusive para coadjuvar a atuação de atos executivos – a ordem poderá acompanhar-se da técnica de coerção. A jurisprudência brasileira, aliás, ainda não se apercebeu inteiramente do potencial dessa abertura normativa das medidas de apoio,[347] cuja utilização pode render uma variedade de medidas coercitivas, como a publicação, com função compulsória, do teor da decisão judicial em órgão de imprensa, anunciando que o réu está a descumprir a ordem judicial[348] – providência adotada no processo italiano, como noticiam Ferrucio Tommaseo e Giovanni Arieta[349] –, ou mesmo a anotação de informações sobre o réu em cadastro público de devedores.

Torna-se possível cogitar, por exemplo, da aplicação de medida enérgica, inspirada no direito inglês, consistente no sequestro coercitivo do patrimônio do devedor, com a finalidade de constrangê-lo, mediante tal embaraço, ao adimplemento do dever.[350] Pelo exemplo dado percebe-se ser factível a adoção de medidas que, apesar de intrinsecamente sub-rogatórias, atuam *funcionalmente como medidas coercitivas* – por exemplo, a determinação judicial do lacre de uma unidade industrial enquanto não forem instalados filtros antipoluentes.

Diversamente do que acontece com a multa coercitiva, é inegável que medidas como essas podem incidir fortemente sobre a esfera dos direitos fundamentais do réu e sobre princípios constitucionais sensíveis (figure-se, por exemplo, a possibilidade de violação ao direito fundamental de personalidade ou ao princípio constitucional da livre iniciativa). Como adiante será visto, a estruturação de medidas dessa natureza merece ser precedida de um adequado juízo de ponderação e de uma justificativa decisória coerente.

2.4.2. Técnicas de natureza sub-rogatória

2.4.2.1. Técnicas sub-rogatórios nominadas

As medidas sub-rogatórias arroladas em caráter exemplificativo no artigo 461, § 5º, do Código de 1973[351] permitem a prestação da tutela específica em relação aos deveres de fazer fungíveis por meio da chamada execução direta. Sua tôni-

---

[347] Também presente no Projeto de CPC, dado o teor do seu artigo 521, § 1º.

[348] DIDIER JÚNIOR, Fredie *et al. Curso de direito processual civil. Vol. 5.* Salvador: Jus Podium, 2009, p. 434.

[349] TOMMASEO, Ferrucio. *I provvedimenti d´urgenza: struttura e limiti della tutela anticipatoria.* Padova: CEDAM, 1983, p. 352-353; ARIETA. Giovanni. *I provvedimenti d´urgenza: ex art. 700 c.p.c.* Padova: Cedam, 1982, p. 287.

[350] GUERRA, Marcelo Lima. *Execução indireta.* São Paulo: Revista dos Tribunais, 1998, p. 242.

[351] O Projeto de CPC repete-as no artigo 521, § 1º, acrescentando ao rol original do CPC/1973 a "intervenção judicial em atividade empresarial", medida dotada certamente de grande utilidade.

ca consiste na prestação do fato por terceiro, auxiliar do juízo ou não. A despeito de dúvidas específicas quanto à sua pertinência,[352] as técnicas indicadas têm função na atividade sub-rogatória do juízo.

A busca e apreensão pode ser deferida quando for necessária a subtração de coisa que está em poder do réu, por ser instrumento necessário ao cumprimento do fazer (ex: documentos, plantas, projetos) ou porque o objeto faz parte do resultado material da prestação (ex.: busca e apreensão de remédios que o Estado se obrigou a prestar ou de imóvel que o merceneiro confeccionou). A remoção de coisas pode servir à retirada de uma coisa que obstaculiza o resultado específico do fazer, como no caso de equipamento poluente que funciona na fábrica. A remoção de pessoas pode assegurar a abstenção física de pessoas cuja atuação impede a obtenção do resultado específico da prestação de fazer ou não fazer (ex: a remoção da diretoria de uma entidade que se recusa a atuar num determinado sentido; a remoção de manifestantes que perturbam o silêncio ou sossego em determinado local), enquanto o desfazimento de obras dirige-se a remover o resultado material de uma atividade indevida.

Ao referir-se ao impedimento de atividade nociva, por fim, parece o Código aludir à atividade judicial que bloqueia uma atuação indevida do réu (ex: o lacre do acesso a um determinado local), cujo caráter sub-rogatório é inegável. A requisição de força policial, com razão, não é considerada "medida necessária" autônoma, mas providência instrumental de auxílio a outras medidas.[353]

Embora as "medidas de apoio" sub-rogatórias possam ser particularmente eficazes, seu emprego envolve o problema da escolha do terceiro responsável por executar a prestação (quando se tratar de particular). Na fase inicial das reformas do CPC/1973 a boa doutrina já ensinava que a técnica sub-rogatória do artigo 461 não deveria seguir o complexo procedimento do artigo 634 do Código, pois a exigência de licitação para a seleção do terceiro frustraria a promessa de uma efetiva tutela específica e de urgência quanto aos deveres de fazer e de não fazer.[354]

A questão, de toda forma, ficou superada com o advento da Lei n. 11.382/2006, que simplificou substancialmente o procedimento a ser adotado, bastando agora venha aos autos a proposta do serviço – apresentada, presumivelmente, pelo credor – e que o juiz, ouvidas as partes, a aprove[355] (solução que já era alvitrada por Marinoni antes da conclusão da reforma).[356] Note-se que nos casos de prestação de

---

[352] Assim Antônio Carlos de Araújo Cintra, questionando – especialmente sob o prisma do resguardo do respeito à dignidade humana – o cabimento da busca e apreensão e da remoção de pessoas e coisas como medidas tendentes à efetivação da tutela específica de direito à prestação ou à abstenção de fato (*Comentários ao código de processo civil. Vol. IV*. Rio de Janeiro: Forense, 2003, p. 294).

[353] TALAMINI, Eduardo. *Tutela relativa aos deveres de fazer e de não fazer: e sua extensão aos deveres de entrega de coisa: CPC, arts. 461 e 461-A, CDC, art. 84.* 2ª ed. rev. atual. ampl. São Paulo: Revista dos Tribunais, 2003, p. 273-275.

[354] MARINONI, Luiz Guilherme. *Tutela específica: arts. 561, CPC e 84, CDC.* 2ª ed. rev. São Paulo: Revista dos Tribunais, 2001, p. 169.

[355] A questão encontrou tratamento semelhante no Projeto de CPC, na forma do artigo 773.

[356] *Tutela específica: arts. 561, CPC e 84, CDC.* 2ª ed. rev. São Paulo: Revista dos Tribunais, 2001, p. 171.

fato complexo, ou de acentuada interferência na esfera jurídica do réu, é recomendável – em linha com uma concepção *cooperativa* do formalismo processual – que o juiz consulte as partes antes de deferir o serviço, iniciativa que afastará possíveis problemas na escolha do profissional e na aprovação do orçamento.

2.4.2.2. Técnicas sub-rogatórias inominadas

As medidas sub-rogatórias indicadas pelos preceitos legais que disciplinam a tutela específica abrangem a maior parte das situações enfrentadas quando do cumprimento judicial dos deveres de fazer e de não fazer. Não obstante, o poder de formatar outras "medidas de apoio" de sub-rogação é essencial à efetivação da tutela específica. A técnica de sub-rogação desafia, por sinal, todas as tentativas de sistematização, tamanha a variedade de técnicas que podem ser construídas para atender às necessidades concretas,[357] apresentando como denominador comum o fato de tenderem à satisfação do autor sem a participação do réu.

Dentre tais ferramentas deve-se mencionar a *medida interventiva,* poderosa técnica que consiste na nomeação de um administrador, fiscal ou interventor, encarregado de supervisionar a conduta do réu ou de dirigi-la naquilo que seja estritamente necessário para concretizar o fazer ou não fazer. A medida de intervenção judicial assume três configurações, podendo ser *fiscalizatória* (a função do interventor é apenas de fiscalizar o correto cumprimento da decisão, sem afastar-se o administrador), *cogestora* (o administrador permanece à testa da empresa, mas parte de suas atribuições é conferida ao interventor judicial) e *expropriatória* ou *substitutiva* (em que o interventor substitui, integralmente, o administrador original).[358] Tem como pressuposto estar o réu organizado numa estrutura empresarial ou institucional e ser devedor de uma conduta complexa, que não se exaure numa ação ou numa omissão instantânea.

A providência tem precedente, quanto ao processo civil brasileiro, no preceito que autoriza a nomeação de administrador judicial para concretizar a penhora de estabelecimento (CPC/1973, artigos 677 e 678),[359] mas a disciplina que melhor se adequa à medida interventiva contém-se nos artigos 69 a 78 da Lei n. 8.884/94, que tratam da execução judicial de decisões do CADE destinadas a reprimir o abuso do poder econômico. Sua aplicação subsidiária é compatível com o sistema de tutela específica.[360]

---

[357] Araken de Assis cogita, em caráter excepcional, da *paralisação das atividades de empresa,* providência que pode legitimar-se, sob criteriosa justificação, se inócuas medidas mais brandas e o interesse reivindicado for de expressiva magnitude, como a proteção ao meio ambiente (*Cumprimento da sentença.* Rio de Janeiro: Forense, 2006, p. 229).

[358] ARENHART, Sérgio Cruz. A intervenção judicial e o cumprimento da tutela específica. *Revista Jurídica*, Porto Alegre, v. 57, n. 385, p. 45-60, novembro/2009, p. 52-53.

[359] O Projeto de CPC, conforme já referido, tipifica a medida, consagrando a providência de "intervenção judicial em atividade empresarial ou similar", arrolando-a dentre as "medidas de apoio" (artigo 521, § 1º).

[360] ARENHART, Sérgio Cruz. A intervenção judicial e o cumprimento da tutela específica. *Revista Jurídica*, Porto Alegre, v. 57, n. 385, p. 45-60, novembro/2009, p. 50.

Evidente, a tutela que interfere no *modo de ser* do réu demanda maiores cautelas do que a que "simplesmente" ordena, sob pena de multa, devendo o cuidado estender-se à duração da medida: a medida de intervenção deve ser sempre temporária, não se cogitando da eternização da presença do administrador ou do interventor na entidade. Assim a solução, aliás, do artigo 73, *caput*, da Lei 8.884/94, que limita a duração da intervenção judicial a 180 dias. Idêntico limite temporal merece ser observado, à falta de regra específica, no tocante à providência decretada para efetivar a tutela específica.

2.4.3. Conversão em perdas e danos

Tendo em vista sua opção pela tutela específica, o Código de 1973 "reformado" restringiu a conversibilidade em perdas e danos. Esta somente ocorre "se o autor o requerer ou se impossível a tutela específica ou a obtenção do resultado prático correspondente" (artigo 461, § 1º).[361] Duas, portanto, as hipóteses: a manifestação de vontade do autor e a verificação da impossibilidade da consecução da tutela específica (*lato sensu*). A primeira hipótese supõe um impedimento objetivo (externo) ou subjetivo (ditado por circunstâncias pessoais do devedor) ao cumprimento específico do dever (com a devida ressalva de que o impedimento subjetivo só elimina a tutela específica das prestações infungíveis). A segunda hipótese envolve o desaparecimento do interesse objetivo do credor em obter a prestação. Aqui, ainda que nenhum impedimento exista ao adimplemento do dever ele perde sua utilidade concreta para o titular do direito. A conversão em perdas e danos demanda invariavelmente a ocorrência de violação ao direito, não se mostrando viável no caso de tutela puramente preventiva.

2.5. O SISTEMA DE TUTELA ESPECÍFICA E A ANTECIPAÇÃO DA TUTELA JURISDICIONAL

2.5.1. Breve histórico do instituto da antecipação da tutela

O fenômeno jurídico caracteriza-se pela historicidade. Em cada etapa de sua evolução percebe-se uma coerência entre os valores acolhidos pela comunidade e os instrumentos jurídicos estruturados para concretizá-los.[362] Nos desenvolvimentos processuais, surpreende-se uma conexão estreita com os câmbios culturais dos povos, a ponto de o processo comportar-se como verdadeiro espelho, que reflete

---

[361] Tem a mesma redação o artigo 486 do Projeto de CPC.

[362] MITIDIERO, Daniel Francisco *Elementos para uma teoria contemporânea do processo civil brasileiro*. Porto Alegre: Livraria do Advogado, 2005, p. 13.

TUTELA ESPECÍFICA DE URGÊNCIA

fielmente as questões importantes de liberdade e de justiça.[363] O resgate do sentido histórico dos institutos processuais – ideia que fora afastada pelo paradigma iluminista – evidencia que tais instituições não são atemporais nem criações da pura lógica. Dificilmente, aliás, se poderia falar numa *cultura universal* do processo civil, uma vez que o direito processual está condicionado por particularidades nacionais e regionais.[364]

Conforme registra Galeno Lacerda, os procedimentos jurisdicionais que se inauguram pela expedição de "ordem" ao réu filiam-se genealogicamente, em alguma medida, aos *interdicta* do direito romano clássico, não sendo outra a ascendência das atuais tutelas provisórias de cognição sumária. Viu-se que o direito romano compreendia dois institutos basilares de proteção de direitos: a *actio* e os *interdicta*. Convém aprofundar um pouco o tema.

Os *interdicta* (nas suas formas *sine clausula*, um decreto absoluto, ou *cum clausula*, que admitia defesa)[365] eram ordens emitidas no exercício do poder de *imperium*, possibilitando a tutela, na forma específica, de direitos absolutos. Tidos como providências de natureza *administrativa*, distintas da efetiva jurisdição, eram exercidos pelo *praetor* romano. O pretor podia prover nos interditos emitindo uma ordem, *ou ainda*, se não propriamente executando, autorizando que se praticassem atos executivos, como ocorria na *missio in possessionem*. Contrapunham-se à *actio*, instrumento de juízo privado, destinado à proteção de direitos obrigacionais, invariavelmente sob a forma de indenização.

O procedimento da *actio* compunha-se de duas fases, sendo a primeira desenvolvida perante o pretor (*in iudicio*) – e encerrada com a *litis contestatio*, ato solene das partes que aceitavam a fórmula e se submetiam ao juízo – e a segunda perante um *iudex* privado (*apud iudicem*), responsável pelo exame das provas e pelo julgamento da lide de acordo com a fórmula confeccionada pelo pretor. O que distinguia a *actio* era a *ausência de atividade executiva*, já trazendo consigo a concepção – que viria a ter larga influência na modernidade – de que a jurisdição é uma atividade puramente *declarativa de direitos*. É consabido, por sinal, que no procedimento do *ordo judiciorum privatorum* a execução era um empreendimento privado do autor vitorioso, com o eventual concurso do *praetor*, única autoridade que podia expedir interditos.[366]

Os dois sistemas – da *actio* e dos interditos – foram unificados com a extinção do processo formulário, no Baixo Império, quando se verificou a publicização da *actio* e o procedimento passou a desenvolver-se inteiramente perante o *praetor*, com a eliminação da fase *in judicio*. A dicotomia reapareceu na Idade Média, quan-

---

[363] CAPPELLETTI, Mauro. Algunas reflexiones sobre el rol de los estudios procesales en la actualidad. *Revista de Processo*, São Paulo, v. 16, n. 64, p. 145-157, outubro-dezembro/1991, p. 146.

[364] TARUFFO, Michele. Cultura e processo. *Rivista Trimestrale di Diritto e Procedura Civile*, Milão, ano 63, n. 1, p. 63-92, 2009, p. 65-66.

[365] LACERDA, Galeno. Processo cautelar. *Revista Forense*, Rio de Janeiro, ano 70, n. 246, p. 151-159, abril-junho/1974, p. 156.

[366] SILVA, Ovídio Araújo Baptista da. *Jurisdição e execução na tradição romano-canônica*. 2a. ed. rev. São Paulo: Revista dos Tribunais, 1997, p. 24 e 65.

do houve a redescoberta da fórmula interdital romana, com certas adaptações[367] (exemplificada com a aplicação, pelo processo canônico, dos interditos possessórios existentes na *judicia extraordinaria* à proteção de direitos pessoais, hipótese imprevista na concepção romana original).

A partir do século XIII, em países como Alemanha, Itália, Espanha e França, encontra-se a utilização do mecanismo dos interditos para atender a casos de urgência, mediante a supressão de formalidades do processo comum. Passaram a coexistir, portanto, dois sistemas relativamente autônomos – um que habilitava o magistrado a expedir ordens liminares, e outro caracterizado pelo contraditório mais amplo e equilibrado entre as partes, dependendo o predomínio de um ou de outro de fatores sociais, culturais e econômicos. O procedimento comum denota uma concepção individualista; a adoção de tutelas sumárias ilumina o interesse público, prestigiando o valor da efetividade.[368]

A dogmática atual da tutela antecipatória revela-se verdadeira *síntese* desse movimento dialético. Do interdito romano, fundado em processo inquisitivo e autoritário (*tese*), passando pelo formalismo deletério do processo comum medieval, caracterizado pelo domínio das partes e pelo esvaziamento da força estatal (*antítese*), o processo civil contemporâneo aspira ao equilíbrio entre a efetividade reclamada pela tutela e uma cidadania processual plenamente informada pelos valores constitucionais.[369]

O instituto da antecipação da tutela não tem caráter de novidade no processo civil brasileiro. Ao lado da tradicional proteção interdital da posse, o século XX conheceu exemplos variados de tutelas antecipatórias de natureza setorial.[370] Num paralelo com o que acontecera na Itália e na Alemanha, assistiu-se também a uma expansão das tutelas antecipatórias pela utilização anômala das chamadas *medidas cautelares satisfativas*, convertidas pela prática forense em vias sumárias de solução de controvérsias. O emprego anômalo das cautelares correspondia a uma imperfeita técnica de sumarização das demandas, suscitada pelo fenômeno da lentidão da justiça e da falta de efetividade do procedimento ordinário.[371] Enfim optou o legislador brasileiro por dar regulamentação autônoma à tutela antecipatória, tendo-o feito por ocasião do primeiro ciclo de reformas do Código de 1973, integrado pela Lei n. 8.952, de 1994.

---

[367] Sobre a introdução do procedimento sumário no processo romano-canônico, obra do decreto papal *Saepe contingit*, cf. GUILLÉN, Victor Fairen. *El juicio ordinario y los plenarios rápidos*. Bacelona: Bosch, 1953, p. 42.

[368] BEDAQUE, José Roberto dos Santos. *Tutela cautelar e tutela antecipada: tutelas sumárias e de urgência: tentativa de sistematização*. 5ª ed. rev. ampl. São Paulo: Malheiros, 2009, p. 30-32..

[369] OLIVEIRA, Carlos Alberto Alvaro de. Alcance e natureza da tutela antecipatória. *Revista Forense*, Rio de Janeiro, v. 93, n. 337, p. 47-53, janeiro-março/1997, p. 53.

[370] Lei 1.533/50, artigo 7º, inciso II; Lei n. 4.717/1965, artigo 5º, § 4º; Decreto-Lei n. 911/69, artigo 3º; CPC/1973, artigos 937 e 1.051; Lei 7.347/1985, artigo 12; Lei n. 8.078/90, artigo 84, § 3º; Lei 8.245/91, artigo 59, § 1º, e artigo 68, inciso I.

[371] MARINONI, Luiz Guilherme. *Antecipação da tutela*. 10ª ed. rev. atual. ampl. São Paulo: Revista dos Tribunais, 2008, p. 119.

O instituto foi disciplinado no artigo 273 do CPC/1973, que realçou as características de provisoriedade e revogabilidade da tutela antecipatória. Simultaneamente, o artigo 461 do Código cuidou da chamada "tutela específica" – tradicionalmente associada às medidas interditais – fazendo expressa menção, no § 3º, à possibilidade de sua antecipação. Tais alterações mereceram por sua profundidade o epíteto de *alterações dos rumos ideológicos do processo civil*, num fenômeno cujo acento reside no privilégio concedido à efetividade da jurisdição. Seus reflexos não são tópicos, mas permeiam todo o sistema, representando um rompimento decisivo com a separação inicialmente instituída pelo Código de 1973 entre as funções processuais cognitivas e executivas.

Na realidade, como acentua Ovídio Baptista da Silva, as reformas resgataram a tradição da cultura processual luso-brasileira presente no CPC de 1939 – que conservava as funções cognitiva e executiva na mesma relação processual – abandonando assim a breve experiência de isolamento entre cognição e execução proposta pelo Código Buzaid.[372]

Como que a confirmar sua sintonia com os valores culturais do processo civil brasileiro, a tutela satisfativa interinal converteu-se sem demora na função prevalecente das tutelas de urgência, testemunhando-se, ao mesmo tempo, um perceptível esvaziamento do processo cautelar (situação que pode ser qualificada, em alguma medida, como resultado natural da redução da *hipertrofia* experimentada pela tutela cautelar no período anterior).

2.5.2. Conceito de antecipação dos efeitos da tutela

O CPC/1973 refere-se à antecipação dos efeitos da tutela pretendida no pedido inicial (artigo 273, *caput*).[373] Quanto ao significado desse conceito, prevalece na doutrina o entendimento de que a antecipação recai sobre as consequências práticas da sentença. Só poderiam ser adiantados, portanto, os efeitos *executivos e mandamentais* da decisão de procedência do pedido, os únicos atuantes no mundo sensível[374] (passíveis de ser encontrados, na teoria, em todos os tipos de sentença, qualquer que seja sua eficácia preponderante). Os efeitos exclusivamente jurídico-formais teriam como pressuposto um juízo de certeza, não podendo ser outorgados provisoriamente pelo juiz. Declarar, constituir e condenar são pronunciamentos que nada valeriam *de per si*, quando provisórios – exceto como "suporte de sustentação"

---

[372] *Curso de processo civil. V. 1, tomo II.* 6ª ed. rev. atual. Rio de Janeiro: Forense, 2008, p. 2.

[373] Assim também o Projeto de CPC, o qual se refere, no seu artigo 269, § 1º, às medidas que "visam a antecipar ao autor, no todo ou em parte, os efeitos da tutela pretendida".

[374] No sentido exposto: ZAVASCKI, Teori Albino. *Antecipação da tutela.* 7ª ed. São Paulo: Saraiva, 2009, p. 49-51; SILVA, Ovídio Araújo Baptista da. *Curso de processo civil. V. 2.* 4ª ed. rev. atual. Rio de Janeiro: Forense, 2007, p. 86; MITIDIERO, Daniel Francisco. *Comentários ao Código de Processo Civil. Tomo III.* São Paulo: Memória Jurídica, 2006, p. 68.

para extrair um efeito prático, mandamental ou executivo[375] – e seus efeitos respectivos só poderiam realizar-se, no mundo jurídico, como consequência de uma sentença definitiva.

No posicionamento do problema, deve-se iniciar questionando a afirmativa de que o juiz antecipa "efeitos", e não "tutela". Consoante faz notar José Tesheiner, os efeitos são posteriores à causa, não se podendo antecipar a consequência antes que a causa tenha ocorrido. Logo, não são os efeitos que se adiantam no processo; *é a própria tutela que é antecipada*.[376] No processo, a tutela de direitos opera tanto pela emanação de efeitos práticos como puramente jurídicos. Ora, da mesma forma que são tutelados por atos materiais, os direitos são protegidos mediante a declaração, a (des)constituição e a modificação de situações jurídicas.

Sendo assim, não existe razão verdadeiramente ponderável para que os provimentos antecipatórios fiquem circunscritos às tutelas de repercussão material. A utilidade das declarações e constituições provisórias não está excluída por nenhum fundamento técnico-processual. Particularmente, a crítica à antecipação dos efeitos declaratórios da sentença esquece-se da separação existente entre declaração e coisa julgada. Não se pode antecipar a indiscutibilidade outorgada pela coisa julgada, mas a declaração provisória, resolúvel, pode ter valor *per se*.[377] Não se está a negar, é certo, que predominam no campo da antecipação da tutela os efeitos mandamentais e executivos. O que parece inexistir é uma vedação do sistema processual à antecipação de efeitos puramente jurídicos, quando representam a proteção adequada dos direitos.

Assim, o cerne da questão não é aceitar, mas *justificar a viabilidade e utilidade dessas tutelas antecipatórias em face das situações concretas*.[378] A emissão de uma tutela satisfativa interinal dotada de efeitos jurídico-formais (declaratórios, constitutivos)[379] será admissível quando for essencial para concretizar a promessa constitucional de uma proteção judiciária efetiva.

---

[375] SILVA, Ovídio Araujo Baptista da. A "antecipação" da tutela na recente reforma processual. In: *Reforma do código de processo civil*. Coord.: TEIXEIRA, Sálvio de Figueiredo. São Paulo: Saraiva, 1996, p. 133.

[376] Antecipação da tutela e litisregulação: estudo em homenagem a Athos Gusmão Carneiro. *Revista Jurídica*, São Paulo, v. 48, n. 274, p. 27-43, agosto/2000, p. 30.

[377] TESHEINER, José Maria Rosa. Antecipação da tutela e litisregulação: estudo em homenagem a Athos Gusmão Carneiro. *Revista Jurídica*, São Paulo, v. 48, n. 274, p. 27-43, agosto/2000, p. 30.

[378] NERY JÚNIOR, Nelson. Procedimentos e tutela antecipatória. In: *Aspectos polêmicos da antecipação de tutela*. Coord.: WAMBIER, Teresa Arruda Alvim. São Paulo: RT, 1997, p. 396.

[379] Admitem, em caráter restritivo, a antecipação de efeitos puramente jurídicos: DINAMARCO, Cândido Rangel. *A reforma do Código de Processo Civil*. 4ª ed. São Paulo: Malheiros, 1998, p. 144; MARINONI, Luiz Guilherme. *Antecipação da tutela*. 10ª ed. rev. atual. ampl. São Paulo: Revista dos Tribunais, 2008, p. 53 e 56; TALAMINI, Eduardo. *Tutela relativa aos deveres de fazer e de não fazer: e sua extensão aos deveres de entrega de coisa: CPC, arts. 461 e 461-A, CDC, art. 84*. 2ª ed. rev. atual. ampl. São Paulo: Revista dos Tribunais, 2003, p. 158, nota 71. Na doutrina italiana, Tommaseo acolhe a antecipação declaratória como "forma atenuada de certeza", sobretudo nos juízos acerca da legitimidade de um ato próprio (v.g.: a antecipada valoração da nulidade da cláusula de um contrato ou de um estatuto societário), referindo, outrossim, que a antecipação da tutela urgente nas demandas constitutivas é acolhida pela doutrina e jurisprudência italianas absolutamente predominantes (*I provvedimenti d'urgenza: struttura e limiti della tutela anticipatoria*. Padova: CEDAM, 1983, p. 259 e 263).

TUTELA ESPECÍFICA DE URGÊNCIA

2.5.3. Aspectos gerais da antecipação da tutela no processo civil brasileiro. A prova inequívoca e a verossimilhança da alegação

A antecipação da tutela é possível nas demandas de conhecimento, inclusive nos procedimentos de jurisdição voluntária (em que também se requer tutela e se presta jurisdição). À diferença do provimento cautelar, único que no Código de 1973 admite concessão de ofício (artigo 797), a lei processual subordinou a medida antecipatória ao pedido da parte (artigo 273, *caput*), registrando a doutrina posicionamentos favoráveis ao seu deferimento *ex officio*.[380]

A antecipação é possível ao se *pedir tutela jurisdicional em face de alguém*. A legitimação para requerer a antecipação reveste caracteristicamente o autor, que formula pedido inicial perante o juízo. Pela mesma lógica estende-se ao reconvinte, ao denunciante à lide e ao autor da ação declaratória incidental; aos intervenientes que atuam *ad coadjuvandum tantum* (o Ministério Público e o assistente da parte), e, nas ações dúplices – em que as partes se comportam, simultaneamente, como autor e réu – ao réu que demanda proteção em face do autor.

O Código de 1973 silenciou quanto ao momento da outorga da medida.[381] A referência à "antecipação" poderia sugerir estivesse sua concessão restrita aos estágios iniciais do procedimento. Não é assim. Aqui, antecipar significa outorgar a tutela antes do momento que o sistema processual considera *normal*, isto é, depois de concluído o procedimento ordinário de cognição exauriente (conceito, aliás, não isento de compromissos ideológicos). Assim, é correto concluir que a antecipação pode ser concedida na sentença e pelo Tribunal, em grau de recurso.[382] O limite cronológico final para a concessão da tutela situa-se, como parece claro, no trânsito em julgado da decisão final do processo. Por outro lado, em inexistindo efeito suspensivo da apelação entende-se que a tutela só poderá ser antecipada até a prolação da sentença.

A medida antecipatória está concebida no CPC/1973 como modalidade de tutela provisória. Sua provisoriedade estrutural exprime-se formalmente na possibilidade de revogação ou modificação a qualquer tempo (artigo, 273, § 4º), na estipulação da continuidade do procedimento independentemente do evento do juízo

---

[380] Defendendo a hipótese em situações excepcionais – caracterizadas pela gravidade do dano e pela disparidade de armas entre as partes, avaliados sob um juízo concreto de razoabilidade – MARINONI, Luiz Guilherme; MITIDIERO, Daniel Francisco. *Código de Processo Civil: comentado artigo por artigo*. São Paulo: Revista dos Tribunais, 2008, p. 270. Sensível a essa corrente, o projeto de CPC optou por autorizar, em casos excepcionais, a concessão *ex officio* das medidas satisfativas de urgência (artigo 277).

[381] O Projeto de CPC, por outro lado, autoriza o pedido de tutela de urgência e da evidência "antes ou no curso do processo" (artigo 269, *caput*), referindo-se textualmente à possibilidade do seu requerimento "nas ações e recursos pendentes no Tribunal" (artigo 272, parágrafo único).

[382] Edoardo Ricci observa agudamente que a tendência desenhada pela doutrina brasileira, ao admitir a concessão da tutela antecipatória na sentença, e após ela, aproximou o processo civil brasileiro do processo italiano anterior à reforma introduzida pela Lei n. 353/90, quando se permitia ao juiz e ao próprio Tribunal declarar *provisoriamente executiva* a sentença apelável (A aplicação do art. 273 do CPC e seus principais aspectos: reflexões históricas e comparativas. In: *Estudos em homenagem à professora Ada Pellegrini Grinover*. Coord.: YARHELL, Flávio Luiz; MORAES, Maurício Zanoide de. São Paulo: DPJ Editora, 2005, p. 538-539)..

antecipatório (artigo 273, § 5°) e na previsão da confirmação do provimento pela sentença (artigo 520, inciso VII),[383] o que exclui a assimilação da tutela antecipatória a uma tutela sumária autônoma.

A instrumentalidade evidencia-se no seu nexo fundamental com a sentença. O fato de o provimento antecipatório exaurir sua função com a pronúncia da sentença de mérito é consectário de sua provisoriedade e instrumentalidade.[384] Assim, em linha de princípio a sentença de improcedência do pedido ou de extinção do processo sem julgamento do mérito deve acarretar a revogação da tutela antecipatória pela incompatibilidade lógica com o seu prosseguimento, embora circunstâncias excepcionais, aferidas concretamente, possam legitimar a flexibilização dessa solução.[385]

Segundo o modelo adotado pelo Código de 1973, o juiz está autorizado a conceder a tutela quando, à vista de prova *inequívoca*, convencer-se *verossimilhança* da alegação. O aproveitamento de conceitos jurídicos indeterminados não é casual: denota o fenômeno de revalorização da linguagem, advindo do século XX, cuja função é permitir a evolução do direito, reconciliando-o com a multiplicidade de valores fundamentais existentes e suas sucessivas modificações. A referência ao convencimento sobre as alegações do autor demonstra que o juízo de verossimilhança é *juízo sobre o mérito do pedido*. Afinal, a imposição de uma consequência sem um juízo sobre a causa que a legitima seria um convite ao arbítrio.[386] Vale lembrar, entretanto, que o objeto da cognição na tutela antecipatória também envolve uma situação legitimante específica que não se confunde com o mérito da causa, podendo ser referida ao justo temor de dano irreparável ou de difícil reparação (inciso I) e à conduta processual reprovável do réu (inciso II).[387]

A locução "prova inequívoca" – cujo caráter problemático salta aos olhos – não exige comprovação em altíssimo grau, nem exaustiva. Também não significa a exigência de prova com sentido absolutamente unívoco, a apontar numa única direção. Mesmo a prova que sugere duas constatações diversas pode ter, circunstancialmente, credibilidade, devendo ser admitida no contexto probatório. A "inequivocidade" merece ser interpretada como a *aptidão para imprimir no juiz o convencimento quanto à probabilidade da alegação*. Prova inequívoca é a prova consistente,

---

[383] O Projeto de CPC reafirma a possibilidade de revogação e modificação das medidas de urgência a qualquer tempo (artigo 283, *caput*).

[384] TOMMASEO, Ferrucio. *I provvedimenti d'urgenza: struttura e limiti della tutela anticipatoria*. Padova: CEDAM, 1983, p. 277 e 318.

[385] No sentido de poder o juiz manter a medida antecipatória em casos excepcionais, não obstante improcedente a decisão, MARINONI, Luiz Guilherme. *Antecipação da tutela*. 10ª ed. rev. atual. ampl. São Paulo: Revista dos Tribunais, 2008, p. 167; BEDAQUE, José Roberto. Considerações sobre a antecipação da tutela jurisdicional. In: *Aspectos polêmicos da antecipação de tutela*. Coord.: WAMBIER, Teresa Arruda Alvim. São Paulo: Revista dos Tribunais, 1997, p. 245.

[386] SILVA, Ovídio Baptista Araújo da. *Curso de processo civil. V. 1, tomo II*. 6ª ed. rev. atual. Rio de Janeiro: Forense, 2008, p. 21.

[387] No Projeto de CPC tais situações legitimantes específicas reaparecem como requisitos, respectivamente, da tutela de urgência (artigo 276, *caput*) e de uma das modalidades de tutela da evidência (artigo 278, inciso I).

capaz de servir de base adequada ao juízo de verossimilhança.[388] É possível a dilação probatória, admitindo-se a realização de uma instrução liminar com a produção de outras provas, que não a documental, inclusive em sede de audiência.

É frequente a afirmação de que a verossimilhança da tutela antecipatória, apesar de não reclamar "evidência indiscutível", ocupa escala superior à plausibilidade reclamada nas providências cautelares (*fumus boni juris*).[389] Entretanto, tal suposição não parece verdadeiramente correta. No plano teorético o que se pode afiançar é que as medidas cautelares e antecipatórias *contentam-se com a probabilidade e dispensam a certeza,*[390] sendo impossível, porém, fixar com antecedência a modalidade de prova exigida e seu grau de exatidão.[391] Mesmo que se quisesse estabelecer uma diferenciação teórica entre os requisitos dessas espécies, sua separação resultaria impraticável no plano decisório, em que a convicção se resolve na aquisição do convencimento suficiente pelo juiz.[392] Na *praxis*, tudo se passa com certa abstração das diferenças quantitativas de grau de convicção, indagando-se o juiz se o autor tem (aparenta ter) mais razão do que seu adversário.[393]

A verossimilhança não é um conceito objetivo, portanto, relaciona-se às circunstâncias do processo. Mais importante do que empregar fórmulas retóricas é demonstrar o juiz, pela apreciação sumária da prova, as razões pelas quais se convenceu da maior probabilidade do êxito de uma das partes. Para além de categorias teórico-abstratas, de escassa utilidade para a solução dos problemas, compete ao julgador considerar elementos concretos, como o valor do bem jurídico ameaçado de lesão, a dificuldade de se fazer a prova da alegação e a credibilidade da alegação, segundo as regras da experiência.

O Código de 1973 cuidou de impor ao juiz, no § 1º do artigo 273, o dever de indicar na decisão antecipatória, "de modo claro e preciso, as razões do seu convencimento".[394] A bem-vinda explicitação, passível de ser diretamente reconduzida ao preceito do artigo 93, IX, da Constituição, é justificada por Kazuo Watanabe

---

[388] PASSOS, J.J,. Calmon de. *Comentários ao Código de Processo Civil, lei n. 5.869, de 11 de janeiro de 1973. Vol. III.* 9ª ed. Rio de Janeiro: Forense, 2004, p. 39. O Projeto de CPC em boa hora abandonou a noção de "prova inequívoca" como requisito das medidas de urgência, passando a reportar-se, no seu artigo 276, *caput*, apenas à "plausibilidade do direito". As expressões "prova documental irrefutável" e "prova inequívoca" figuram no artigo 278, inciso III do Projeto, referindo-se, porém, a uma das modalidades específicas de *tutela da evidência*, cuja concessão dispensa a "demonstração de risco de dano irreparável e ou de difícil reparação".

[389] Neste sentido: FUX, Luiz. *Curso de direito processual civil: processo de conhecimento, processo de execução, processo cautelar.* 3ª ed. Rio de Janeiro: Forense, 2005, p. 67, nota 74; NERY JÚNIOR, Nelson; NERY, Rosa Maria de Andrade. *Código de Processo Civil comentado e legislação extravagante.* 10ª ed. rev. atual. ampl. São Paulo: RT, 2008, p. 527.

[390] O Projeto de CPC alinha-se a esse entendimento, tanto que desfaz a separação terminológica e passa a submeter *ambas*, medidas cautelares e conservativas, à demonstração da "plausibilidade do direito" (artigo 276, *caput*).

[391] DINAMARCO, Cândido Rangel. *Nova era do processo civil.* São Paulo: Malheiros, 2003, p. 64-65.

[392] O Projeto de CPC alude ao requisito da "plausibilidade do direito", referindo-se, indistintamente, às medidas satisfativas e cautelares (artigo 276).

[393] BUENO, Cássio Scarpinella. *Tutela antecipada.* 2ª ed. rev. atual. ampl. São Paulo: Saraiva, 2007, p. 41; 151-153.

[394] No mesmo sentido o artigo 271, *caput* do Projeto de CPC, o qual avança ao impor tal exigência também à decisão que *negar* a tutela de urgência ou da evidência.

– membro da Comissão da reforma do Código Buzaid – como reação, *pleonásti-ca*, mas necessária, aos excessos das "cautelares satisfativas", cuja concessão baseava-se, não raramente, em fórmulas inócuas, como a afirmação da presença dos "requisitos legais".[395] As decisões antecipatórias, decisões de mérito que são, não admitem a fundamentação "concisa" prevista no artigo 165 do CPC/1973. Devem ser fundamentadas de forma adequada. Com efeito, a autorização do artigo 165 para que as decisões interlocutórias, à diferença das sentenças e acórdãos, sejam fundamentadas "de modo conciso" obedece a um paradigma anterior à reforma do CPC, em que *não se concebia pudessem tais decisões examinar o mérito da causa.*[396]

2.5.3.1. *A antecipação sob o receio de dano irreparável*

A locução "receio de dano irreparável ou de difícil reparação", presente do inciso I do artigo 273,[397] consubstancia o risco de dano proveniente da *tardivitá*. Tal receio de dano jurídico pode assumir duas expressões tipológicas. Num primeiro caso, a tardança processual causa o perecimento ou a perda da serventia da prestação (ex: a sentença autoriza o impetrante a participar de concurso público que já se consumou); num segundo, a demora na prestação jurisdicional acarreta o sacrifício de outros interesses jurídicos do litigante, sem que desapareça a utilidade propriamente dita da prestação (ex: o autor vê-se privado do direito a alimentos durante a tramitação do processo).[398] No primeiro exemplo, verifica-se um *dano interno*, cumulado ou não um a dano externo, e, na segunda hipótese, exclusivamente um *dano externo*.

O dano temido vem a ser, na expressão legal, aquele "irreparável ou de difícil reparação". O receio de dano irreparável não pressupõe uma ameaça à normatividade do direito, mas à sua realizabilidade prática. Não se tutela o direito em "fase estática", como pura realidade normativa, e sim em sua realização objetiva no plano social.[399] Ao conceituar o dano irreparável não se cuida de avaliar a possibilidade de substituir a conduta por uma prestação pecuniária, mas *o alcance da frustração do credor em função do descumprimento da prestação específica.* Trata-se, assim, na impossibilidade do cumprimento do dever em outra oportunidade ou na sua inutilidade – se assim se fizesse – para o autor. O dano pode ser de difícil reparação em função da insolvabilidade do réu ou de sua incapacidade de recompor o patrimônio do autor.

---

[395] Tutela antecipatória e tutela específica das obrigações de fazer e não fazer: arts. 273 e 461, CPC. *Revista de Direito do Consumidor*, São Paulo, n. 19, p. 77-101, julho-setembro/1996, p. 87-89.

[396] O Projeto de CPC não repete a disposição do Código de 1973 sobre a resolução de mérito, porém admite a fundamentação concisa nas sentenças "sem resolução de mérito" (artigo 477, *caput*).

[397] Na redação do Projeto de CPC, "risco de dano irreparável ou de difícil reparação" (artigo 276, *caput*).

[398] ALVIM, Arruda. Tutela antecipatória: algumas noções: contrastes e coincidências em relação às medidas cautelares satisfativas. In: *Reforma do código de processo civil*. Coord.: TEIXEIRA, Sálvio de Figueiredo. São Paulo: Saraiva, 1996, p. 89-90, nota 20.

[399] SILVA, Ovídio Araújo Baptista da. *Curso de processo civil. V. 2.* 4ª ed. rev. atual. Rio de Janeiro: Forense, 2007, p. 49.

TUTELA ESPECÍFICA DE URGÊNCIA

Não há como apreender o conceito em questão na esfera puramente processual, sem o escrutínio do direito material alegado. Pode ser considerada "irreparável", por exemplo, a lesão efetiva ou potencial a um direito de caráter não patrimonial (à integridade física, à privacidade, ao meio ambiente), a direitos patrimoniais com *função não patrimonial* (o montante pecuniário destinado ao custeio de tratamento de saúde tornado necessário por um ato ilícito), e a direitos patrimoniais infungíveis, que não podem ser reparados eficazmente por meio de uma compensação financeira,[400] e "de difícil reparação" o dano que não tem condições de ser reparado de modo efetivo devido às condições econômicas do réu.

2.5.3.2. A antecipação sob a inconsistência da defesa do réu

A antecipação concedida sob o signo do abuso do direito de defesa ou manifesto propósito protelatórioa do réu recebe na doutrina o adjetivo de "sancionatória" ou "punitiva",[401] expressão errônea e criticável. Apesar de incorporar certo caráter *ético* (e a conduta "abusiva" poder constituir eventual ilícito processual, sancionável com as penas da litigância de má-fé), essa modalidade de tutela antecipatória não representa de forma alguma uma sanção, ou seja, a consequência desfavorável da violação de uma regra. Como em todas as expressões do instituto da antecipação da tutela, seu escopo continua a residir na *efetividade do processo*, permitindo que o provável titular de um direito obtenha, desde logo, um provimento satisfativo-provisório.[402]

Nessa hipótese de antecipação da tutela inconsistência da defesa do réu é o elemento que catalisa a *alta probabilidade de razão da pretensão do autor*.[403] Assim, a sua peculiaridade deve-se a que, em virtude do comportamento do réu, o direito alegado pelo autor alcança um alto grau de verossimilhança.[404] Após sublinhar a inexistência de uma figura geral com características idênticas no C.P.C. italiano, Proto Pisani formula uma interessante justaposição entre a tutela antecipatória contemplada no inciso II do artigo 273 do CPC/1973 brasileiro e a "condenação com

---

[400] PROTO PISANI, Andrea. Appunti sulla tutela cautelare nel processo civile. *Rivista di Diritto Civile*, Milão, ano 33, n. 2, março-abril/1987, p. 121-122.

[401] BERTOLDI, Marcelo M. Tutela antecipada, abuso do direito e propósito protelatório do réu. In: *Aspectos polêmicos da antecipação de tutela*. Coord.: WAMBIER, Teresa Arruda Alvim. São Paulo: RT, 1997, p. 312.

[402] O Projeto de CPC deslocou a hipótese do inciso II do artigo 273 do CPC/1973 para compor um dos casos da chamada "tutela da evidência" (artigo 287, inciso I), juntamente com a hipótese da incontrovérsia de parcela do pedido ou de pedido cumulado (inciso II).

[403] WATANABE, Kazuo. Tutela antecipatória e tutela específica das obrigações de fazer e não fazer: arts. 273 e 461, CPC. *Revista de Direito do Consumidor*, São Paulo, n. 19, p. 77-101, julho-setembro/1996, p. 88.

[404] SILVA, Ovídio Araújo Baptista da. *Curso de processo civil. V. 1, tomo II*. 6ª ed. rev. atual. Rio de Janeiro: Forense, 2008, p. 20. Correto o Projeto de CPC, portanto, ao deixar de prescrever, entre os requisitos das tutelas da evidência, a "plausibilidade do direito" do autor, como o fizera a propósito das medidas de urgência.

reserva das exceções" característica do processo civil europeu, cujo exemplo mais bem acabado é encontrado no *référé-provision* francês.[405]

Parcela da doutrina realça que a antecipação baseada na inconsistência da defesa do réu, por fundar-se no grau de evidência das alegações do autor, conjugado à inconsistência da defesa apresentada pelo réu, independe dos requisitos *da urgência e do dano*.[406] Não é a posição aqui adotada. Conforme destacou-se anteriormente, a antecipação da tutela por abuso do direito de defesa pressupõe uma urgência que está objetivada na norma. O receio de dano jurídico, nesse caso, pode ser identificado no *retardamento da satisfação do direito do autor provocado pelo comportamento processual do réu que, provavelmente, não tem razão*. Segundo observa Ovídio Baptista da Silva, por vezes o *periculum in mora* está pressuposto na lei como "substrato implícito", a exemplo do que acontece nas tutelas possessórias. Não se pode afirmar que nesses casos a tutela do direito contra o risco desapareceu do sistema, inserida que está na própria estrutura dos institutos, que visam a liberar o titular do interesse do ônus, inerente ao procedimento ordinário, de provar o *periculum*.[407] Na antecipação discutida, portanto, a verossimilhança do direito eleva-se a tal grau, com a conduta do réu, que o processo contenta-se com a presunção normativa da urgência para aquiescer com a aceleração da tutela.

A caracterização do abuso do direito de defesa ou do manifesto propósito protelatório exigem a exteriorização de um comportamento do réu. O abuso da defesa não se confunde com a litigância de má-fé, não obstante o artigo 17 do CPC/1973[408] possa fornecer parâmetros para identificar determinadas situações abusivas. Deve ser aferido pelo exame da consistência da defesa técnica apresentada e/ou dos atos exteriorizados pelo réu.[409] A abusividade da defesa precisa estar inequivocamente configurada. Não se caracteriza o abuso, por exemplo, se, mesmo

---

[405] La tutela sommaria in generale e il procedimento per ingiunzione nell´ordinamento italiano. *Revista de Processo*, São Paulo, ano 23, n. 90, p. 22-35, abril-junho/1998, p. 27. A semelhança intensifica-se no Projeto de CPC, que passa a admitir a *estabilização* da medida antecipatória requerida em caráter antecedente sempre que o réu, citado, deixa de impugná-la (artigos 280 e 281).

[406] Neste sentido: CARNEIRO, Athos Gusmão. *Da antecipação de tutela*. 6ª ed. atual. Rio de Janeiro: Forense, 2005, p. 35-36; MARINONI, Luiz Guilherme; MITIDIERO, Daniel. *Código de Processo Civil: comentado artigo por artigo*. São Paulo: Revista dos Tribunais, 2008, p. 270.

[407] *Curso de processo civil*. 4ª ed. rev. atual. Rio de Janeiro: Forense, 2007, p. 40-41. Conforme Proto Pisani, é a hipótese em que a concessão da medida de urgência subordina-se apenas à cognição sumária do juiz sobre o *fumus*, tendo o legislador valorado previamente, em termos abstratos e gerais, a subsistência do *periculum* (Appunti sulla tutela cautelare nel processo civile. *Rivista di Diritto Civile*, Milão, ano 33, n. 2, março-abril/1987, p. 125). O raciocínio desenvolvido aplica-se às modalidades de tutela da evidência reguladas pelo Projeto de CPC (artigo 278, incisos I, III a IV), com exceção da hipótese de pedido ou parcela do pedido incontroversa (inciso II), que na realidade constitui exemplo de tutela definitiva, e não provisória.

[408] Correspondente ao artigo 83 do Projeto de CPC.

[409] As hipóteses são incontáveis, podendo ser mencionadas a defesa de pontos de vista antagônicos, a defesa conta fato incontroverso, a defesa contraditória com o parecer técnico ofertado pela parte, a defesa fundada em erro jurídico inescusável e a alegação, apenas em grau de apelação, de fato anteriormente conhecido pela parte (BERTOLDI, Marcelo M. Tutela antecipada, abuso do direito e propósito protelatório do réu. In: *Aspectos polêmicos da antecipação de tutela*. Coord.: WAMBIER, Teresa Arruda Alvim. São Paulo: RT, 1997, p. 314-317). A expressão "manifesto propósito protelatório", embora subsumível ao "abuso do direito de defesa", presta-se a condutas de repercussão prática, como a retenção indevida dos autos ou a frustração da intimação (SILVA, Ovídio Araújo

sem negar os fatos constitutivos afirmados pelo autor, uma defesa indireta de mérito é deduzida em termos razoáveis.

Quanto ao propósito protelatório, não basta a mera *intenção* de protelar, devendo esta revelar-se concretamente em atos ou omissões tendentes a obter o retardamento da ação. Nada obsta que as condutas sejam praticadas fora dos autos do processo, se nele puderem repercutir, a exemplo do embaraço à diligência ou da destruição da prova. Não é necessário que a ação abusiva ou protelatória efetivamente retarde o processo, sendo suficiente a constatação de sua potencialidade. Cumpre atentar, por outro lado, ao problema da compatibilização entre a tutela antecipatória fundada na inconsistência da defesa e o direito fundamental à ampla defesa, cujo enfrentamento não prescinde da análise da situação concreta. Incumbe ao juiz a preservação de um delicado balanço, de modo a não excluir, sob o signo da inconsistência da defesa, o exercício das prerrogativas inerentes à posição defensiva do réu.

2.5.3.3. A tutela relativa à parte incontroversa do pedido

A introdução do § 6º no artigo 273 do CPC/1973, permitindo a concessão da tutela ao tornar-se incontroverso um ou mais dos pedidos cumulados,[410] motivou parte significativa da doutrina – contrária, por princípio, à categoria das *sentenças parciais de mérito* – a considerá-la nova hipótese de antecipação da tutela.[411] Não obstante, a *fattispecie* do parágrafo diferenciou-se da autêntica tutela antecipatória. A tutela da parte incontroversa do objeto litigioso, que representa uma decisiva afirmação do direito fundamental à tutela jurisdicional efetiva, não está fundada em juízo de verossimilhança. As alegações incontroversas, como se sabe, prescindem de prova. O juízo correspondente é de *certeza* e está baseado em cognição exauriente. De outra parte, como bem lembra Fredie Didier Jr., a previsão seria ociosa se assimilada ao instituto da antecipação, porque as situações ali descritas seriam subsumíveis, em regra, ao inciso II (antecipação sob o abuso do direito de defesa).[412]

Baptista da. A "antecipação" da tutela na recente reforma processual. In: *Reforma do código de processo civil*. Coord.: TEIXEIRA, Sálvio de Figueiredo. São Paulo: Saraiva, 1996, p. 139).

[410] O pressuposto da aplicação da norma é mais complexo do que a simples multiplicidade de pedidos. Cândido Dinamarco nota que o dispositivo é aplicável quando o objeto litigioso do processo for *composto* (multiplicidade de pretensões) ou *decomponível* (pretensão incidente sobre bens sujeitos a uma quantificação por valor, peso etc.); enfim, quando a incontrovérsia for insuficiente para o *julgamento de tudo quanto se necessita julgar* (*A reforma da reforma*. 5ª ed. São Paulo: Malheiros, 2003, p. 100-101; *Nova era do processo civil*. São Paulo: Malheiros, 2003, p. 69).

[411] WAMBIER, Luiz Rodrigues; WAMBIER, Teresa Arruda Alvim; MEDINA, José Miguel Garcia. *Breves comentários à nova sistemática processual civil: emenda constitucional n. 45/2004 (reforma do judiciário); Lei 10.444/2002; Lei 10.358/2001 e 10.352/2001*. 3. ed. rev. atual. ampl. São Paulo: RT, 2005, p. 171-172; CARNEIRO, Athos Gusmão. *Da antecipação de tutela*. 6ª ed. atual. Rio de Janeiro: Forense, 2005, p. 66; ZAVASCKI, Teori Albino. *Antecipação da tutela*. 7ª ed. São Paulo: Saraiva, 2009, p. 113.

[412] Inovações na antecipação dos efeitos da tutela e a resolução parcial do mérito. *Revista de Direito Processual Civil Gênesis*, Curitiba, v. 7, n. 26, p. 711-734, outubro-dezembro/2002, p. 717.

Não se trata, pois, da simples antecipação provisória da tutela, mas da antecipação do momento da outorga da tutela final.[413] Fica viabilizado o julgamento antecipado da parcela do mérito, com o acolhimento do próprio pedido e a aptidão para formar coisa julgada material, em novo exemplar de solução não concentrada do mérito da causa acolhido pelo processo civil brasileiro. Essa qualificação torna--se mais nítida quando interpretada a hipótese legal à luz do direito fundamental à razoável duração do processo. Uma vez constatada a incontrovérsia de parte ou de um dos pedidos cumulados, a prática de atos ulteriores destinados ao reexame dessa questão, por ocasião do julgamento da parcela controversa do pedido, importaria em dilação indevida do curso da causa.

A conclusão alcançada produz suas próprias consequências no plano procedimental. Em se cuidando de julgamento definitivo pode o juiz prover normalmente de ofício, e a decisão, à diferença do que se passa com as tutelas verdadeiramente antecipatórias, não pode ser revogada ou modificada pelo próprio julgador.[414] A decisão proferida com base nessa previsão legal, porque bastante em si, dispensa ainda "confirmação" pela sentença final.

A incontrovérsia do pedido supõe a postura *ativa* do réu, que se manifesta em juízo, mas não contesta um ou mais das questões deduzidas pelo autor, devendo permanecer incontroversos tanto os fatos alegados como sua repercussão jurídica. A situação é diversa da revelia típica, quando o que ocorre é *o não comparecimento do réu* (por motivo que poderá, inclusive, vir a ser justificado e relevado). Na revelia não cabe a "antecipação da tutela" relativa à parte incontroversa do pedido, mas tão somente o julgamento antecipado da lide.

2.5.4. A posição do artigo 461 do CPC/1973 no microssistema de antecipação da tutela

A antecipação dos efeitos das tutelas mandamental e executiva *lato sensu* reveste-se de enorme utilidade prática e atende a uma exigência incontornável de efetividade do processo. Justifica-se, assim, a autorização do § 3º do artigo 461 do Código de 1973 para o que o juiz conceda "liminarmente ou mediante justificação prévia, citado o réu". Os artigos 273 e 461 compõem um *microssistema orgânico e harmônico,* em que o primeiro ocupa uma posição central, e o segundo desempenha função específica e complementar.[415]

---

[413] O Projeto de CPC, como já dito anteriormente, reformula a hipótese como caso de *tutela da evidência,* e soluciona a controvérsia ao qualificar de *definitiva* a tutela assim prestada (artigos 278, inciso II, e 283, *caput,* parte final).

[414] ALVIM, Eduardo Arruda. A raiz constitucional da antecipação de tutela. *Revista Forense*, Rio de Janeiro, ano 105, v. 401, p. 127-149, janeiro-fevereiro/2009, p. 141.

[415] A questão, naturalmente, não se coloca da mesma forma no Projeto de CPC, o qual concentra nos artigos 269 a 286 a disciplina geral da concessão das tutelas de urgência e da evidência, remetendo seu cumprimento aos parâmetros operativos previstos para a efetivação de cada espécie de tutela (artigo 273) No caso da tutela relativa aos deveres de fazer e de não fazer, tais parâmetros figuram sobretudo nos artigos 521 e 522.

TUTELA ESPECÍFICA DE URGÊNCIA

Ao introduzir no § 3º do artigo 273 a referência aos §§ 4º e 5º do artigo 461, a Lei n. 10.444/2002 reforçou a unidade natural desses dispositivos.[416] O artigo 461 também coexiste com uma diversidade de procedimentos de tutela relativa aos deveres de fazer e de não fazer. A maioria articula-se com o artigo 461 em função de sua maior abrangência e efetividade, encontrando um "reforço ao sistema geral" (ex: ação de nunciação de obra nova, artigo 437 do CPC/1973). Significa dizer que em tais procedimentos especiais incidem o microssistema formado pelos artigos 273/461 e as técnicas de efetivação da tutela previstas pelo artigo 461. Apenas a via especial eventualmente mais *eficiente* pode afastar a aplicação das normas gerais.

A compreensão desse microssistema auxilia na solução de relevante questão interpretativa. Preceitua o *caput* do artigo 461 que o juiz só pode determinar as providências que assegurem o resultado prático equivalente ao do adimplemento *se procedente o pedido*. Assim, já se defendeu ter o Código de 1973 vedado – ao menos no âmbito no artigo 461 – a antecipação de efeitos puramente executivos.[417] A insustentabilidade dessa leitura é perceptível em diversos níveis: desde o plano constitucional (em que incompatível com os direitos fundamentais à tutela efetiva e adequada e à duração razoável), passando pela visão sistemática do artigo 273 do CPC/1973, que consagra, sem limitações, o "poder geral de antecipação" do juízo, até chegar ao próprio artigo 461. Note-se que seu § 3º admite a antecipação da tutela *tout court*, sem limitá-la à tutela específica em sentido estrito. Afora isto, a disposição do § 1º sobre conversão em perdas e danos pressupõe, indiretamente, a possibilidade ser antecipada pelo juiz a tutela do resultado equivalente, a qual se constitui na única forma de evitar, em numerosos casos, a frustração da tutela específica *lato sensu*.

2.5.5. O artigo 461 do CPC/1973 e os requisitos da relevância do fundamento da demanda e do justificado receio de ineficácia

Os requisitos para a antecipação da tutela dispostos no § 3º do artigo 461 do Código de 1973 são o "relevante o fundamento da demanda" e o "justificado receio de ineficácia do provimento final". A diferença terminológica não oculta – assim já reconheceu, acertadamente, a doutrina majoritária[418] – a identidade essencial entre tais requisitos e aqueles exigidos para a antecipação da tutela do artigo 273, inciso I: enquanto o "fundamento relevante" tem conteúdo equivalente à "verossimilhan-

---

[416] JARDIM, Guilherme Tanger. Unificação dos requisitos à antecipação da tutela. In: *Visões críticas do processo civil brasileiro: uma homenagem ao Prof. Dr. José Maria Rosa Tesheiner*. Coord.: AMARAL, Guilherme Rizzo Amaral; CARPENA, Márcio Louzada. Porto Alegre: Livraria do Advogado, 2005, p. 121.

[417] ALVIM, José Eduardo Carreira. Tutela específica e tutela assecuratória das obrigações de fazer e não fazer na reforma processual. In: *Reforma do código de processo civil*. Coord.: TEIXEIRA, Sálvio de Figueiredo. São Paulo: Saraiva, 1996, p. 275.

[418] DINAMARCO, Cândido Rangel. O regime jurídico das medidas urgentes. *Revista Jurídica*, Sapucaia do Sul, ano 49, n. 286, p. 5-28, agosto/2001, p. 23; CARNEIRO, Athos Gusmão. *Da antecipação de tutela*. 6ª ed. atual. Rio de Janeiro: Forense, 2005, p. 55; ZAVASCKI, Teori Albino. *Antecipação da tutela*. 7ª ed. São Paulo: Saraiva, 2009, p. 180.

ça da alegação", o "justificado receio de ineficácia do provimento final" pode ser assimilado ao "fundado receio de dano irreparável ou de difícil reparação". Nem haveria sentido em se tratar desigualmente providências similares, submetendo-as a requisitos diversos, o que ofenderia o princípio da isonomia (sobretudo por não se poder afirmar que as demandas dos artigos 461 e 461-A detêm, invariavelmente, "relevância axiológica superior" às demais).[419]

Assim, os requisitos da tutela antecipatória concernente aos deveres de fazer e de não fazer não se distanciam dos requisitos genéricos da antecipação da tutela, já examinados a propósito do artigo 273 do Código de 1973, com a devida adaptação às peculiaridades das situações materiais tratadas à luz do artigo 461. A verossimilhança das alegações do autor – correspondente à *relevância do fundamento da demanda* – apresenta-se, também aqui, numa dupla perspectiva, devendo ficar constatada a plausibilidade (e não certeza) da matéria de fato alegada e, simultaneamente, da irradiação dos efeitos jurídicos pretendidos. As consequências jurídicas também deverão ser verossímeis no contexto processual. Por mais desejável que seja a aproximação do juízo de verossimilhança ao juízo definitivo, a exigência doutrinária de "prova robusta" merece ser recebida com cautelas, pois nem sempre é compatível com o ambiente de cognição sumária. Por vezes o verossímil pode emergir das regras da experiência e da coerência interna das alegações, em lugar, propriamente, da robustez da prova.

A escolha da expressão "justificado receio de ineficácia" não foi inteiramente feliz, pois o receio de dano jurídico inerente à tutela antecipatória não se relaciona – como sugere tal locução – à garantia preventiva dos meios capazes de possibilitar a eficácia do provimento principal (própria das medidas cautelares), e sim à prorrogação do estado de insatisfação do direito. Na linha dos *provvedimenti cautelari* agrupados por Calamandrei sob o grupo "c", o § 3º do artigo 461 trata de medidas que buscam "acelerar de modo provisório a satisfação do direito", sendo o *periculum in mora* constituído "pela prorrogação, nas moras do processo ordinário, do estado de insatisfação do direito, o qual se litiga no juízo de mérito".[420] Para descrevê-lo, portanto, a expressão mais adequada seria o "dano irreparável ou de difícil reparação".[421]

Luiz Guilherme Marinoni sustenta que a recusa do artigo 461 do Código de 1973 em usar dessa terminologia deve-se ao fato de que a ali tutela não está relacionada, necessariamente, à ocorrência de um dano.[422] Entretanto, mesmo no caso das tutelas de direito material que prescindem da atualidade de um dano material

---

[419] PASSOS, Joaquim José Calmon de. *Comentários ao Código de Processo Civil, lei n. 5.869, de 11 de janeiro de 1973. Vol. III.* 9ª ed. Rio de Janeiro: Forense, 2004, p. 57-58.

[420] *Introdução ao estudo sistemático dos procedimentos cautelares.* Trad. Carla Roberta Andreasi Bassi. Campinas: Servanda, 2000, p. 89-90.

[421] O Projeto de CPC emprega a expressão "risco de dano irreparável ou de difícil reparação" com referência a todas as medidas de urgência (artigo 276, "caput"). Se a opção foi correta para descrever o receio de dano associado à tutela antecipatória, passa a merecer críticas pelo motivo oposto: sua inadequação às medidas cautelares!

[422] *Técnica processual e tutela dos direitos.* 2ª ed. rev. atual. São Paulo: Revista dos Tribunais, 2008, p. 215.

TUTELA ESPECÍFICA DE URGÊNCIA

ou naturalístico – pense-se nas tutelas inibitória e de remoção do ilícito – persiste a projeção de algum dano ao autor, que não pode ser desconsiderada no juízo de antecipação da tutela. Prescindir do requisito do receio de dano em relação às tutelas preventivas do ilícito poderia ter um efeito indesejável: banalizar, em tais casos, a tutela de urgência, desconsiderando sua função excepcional no sistema processual.

2.5.6. O artigo 461 do CPC/1973 e a antecipação sob a inconsistência da defesa. A tutela relativa à parte incontroversa do pedido

A antecipação de tutela cabível quando configurado o "abuso de direito de defesa ou o manifesto propósito protelatório do réu" integra o sistema geral das antecipações, estendendo-se, portanto, ao cumprimento dos deveres de fazer e de não fazer. É cabível seu emprego para antecipar a concessão das tutelas inibitória, de remoção do ilícito, ressarcitória na forma específica e do adimplemento na forma específica.[423] Nem seria possível cogitar de outra solução em face do Código de 1973, tendo em vista a justificada ênfase que seu artigo 461 deposita na tutela específica e tempestiva dos direitos, a qual pressupõe o integral aproveitamento dos mecanismos de antecipação dos efeitos da tutela. Escusado dizer que, nesse caso, a tutela é reivindicada com base no artigo 273, mas efetivada segundo o artigo 461.

Por último, como já restou enfatizado, a tutela da parte incontroversa do pedido não consiste em antecipação. É tutela definitiva. Como seja, o § 6º aplica-se aos deveres de fazer e de não fazer, devendo ser empregadas as técnicas de tutela do artigo 461 do CPC/1973.

2.5.7. Aspectos específicos da antecipação da tutela relativa aos deveres de fazer e de não fazer

A antecipação da tutela relativa aos deveres de fazer e de não fazer está condicionada por características específicas das situações de direito material que podem ser veiculadas à luz desse sistema. Os requisitos normativos da medida devem ser apreciados considerando-se as diferentes tutelas jurídicas de direito material que se apresentam com referência àqueles deveres.

No caso da antecipação da *tutela preventiva* a apreciação da plausibilidade do direito do requerente exige a demonstração sumária de que um ato ilícito tende a ser praticado, repetido ou continuado. Deve sobrevir ao juiz a convicção da verossimilhança de que uma conduta foi praticada e de que semelhante ato insinua uma violação futura do ordenamento jurídico: a concretização do requisito define-se

---

[423] MARINONI, Luiz Guilherme; MITIDIERO, Daniel. *Código de Processo Civil: comentado artigo por artigo*. São Paulo: Revista dos Tribunais, 2008, p. 428.

pela *probabilidade de um ato antijurídico*.[424] No caso dos deveres de fazer (fungíveis ou infungíveis) que têm momento certo de cumprimento, sob pena da perda de sua utilidade para o credor, a antecipação da tutela preventiva é essencial para proteger eficazmente o direito.[425] Como regra, seu indeferimento só se justifica diante de um *deficit* mais pronunciado de verossimilhança das alegações do autor.

Na tutela *de remoção do ilícito* a relevância da demanda consolida-se na probabilidade de um ilícito ter acontecido, não sendo necessário demonstrar a probabilidade de ilícito futuro. Suficiente é a convicção do juiz quanto à verossimilhança de ter sido praticado um ato contrário a direito.[426] Tanto nas tutelas de prevenção como nas de remoção do ilícito o requisito do *justificado receio de dano* apresenta características peculiares. Tratando-se de tutelas materiais dispostas contra o ilícito, afirma-se que ambas prescindem da comprovação de um dano. Na hipótese da tutela antecipatória preventiva, o *justificado receio* seria de que o ato contrário ao direito fosse praticado (ou que seja repetido ou continuado) no curso do processo de conhecimento, isto é, antes do trânsito em julgado da sentença definitiva. Quanto à tutela antecipatória de remoção do ilícito, a própria norma de proteção, quando violada, já indicaria a probabilidade do dano. O receio da ineficácia residiria na perspectiva da demora do processo – questão que não precisa ser provada ou demonstrada, por estar presumida no próprio preceito normativo infringido.

Evidentemente, não é possível ignorar a exigência, ao lado da plausibilidade da alegação, da consideração do requisito do justificado receio de dano.[427] Não fosse assim e os requisitos da tutela antecipatória resultariam, de certa forma, assimilados aos da tutela definitiva, dissolvendo-se o caráter excepcional do mecanismo antecipatório. Para além da solução simplista que seria aderir a uma conceituação puramente normativa de dano (a simples prática do ilícito, com a violação ao ordenamento jurídico, causaria o "dano jurídico"), o mais apropriado, no caso das tutelas preventiva e de remoção do ilícito, é considerar que o requisito do *justificado receio de ineficácia* estará satisfeito quando houver sido demonstrado que o ilícito, em razão de sua natureza, tem potencial para provocar dano ao autor durante o processo. O requerimento da tutela antecipatória tende a robustecer-se com a demonstração, pelo autor, de que o provável ilícito – temido ou já ocorrido – deverá, provavelmente, causar-lhe prejuízo.

Na antecipação da *tutela ressarcitória específica* deve ficar demonstrada a probabilidade da ocorrência do dano e da responsabilidade do agente. O receio de dano consiste na probabilidade de que o dano original seja agravado, ou que um novo

---

[424] FUX, Luiz. *Curso de direito processual civil: processo de conhecimento, processo de execução, processo cautelar.* 3ª ed. Rio de Janeiro: Forense, 2005, p. 8.

[425] TALAMINI, Eduardo. *Tutela relativa aos deveres de fazer e de não fazer: e sua extensão aos deveres de entrega de coisa: CPC, arts. 461 e 461-A, CDC, art. 84.* 2ª ed. rev. atual. ampl. São Paulo: Revista dos Tribunais, 2003, p. 222.

[426] MARINONI, Luiz Guilherme; MITIDIERO, Daniel. *Código de Processo Civil: comentado artigo por artigo.* São Paulo: Revista dos Tribunais, 2008, p. 428.

[427] Em relação ao Projeto de CPC tais considerações aplicam-se apenas à tutela de urgência, na medida em que que a *tutela da evidência dispensa a demonstração do receio de dano irreparável* (artigo 278, *caput*).

TUTELA ESPECÍFICA DE URGÊNCIA

dano conexo será produzido durante o processo.[428] Também na *tutela específica do adimplemento* é preciso, além do dano e do inadimplemento, a probabilidade de que do dano e do inadimplemento decorra a intensificação do dano atual ou a produção de outros danos.

2.5.8. Reversibilidade dos efeitos da medida antecipatória

Querendo reportar-se aos efeitos da tutela – e não à decisão, invariavelmente reversível[429] – o Código de 1973 alterado pela reforma proibiu a concessão da tutela antecipatória quando houver "perigo de "irreversibilidade do provimento antecipado" (artigo 273, § 2º).[430] Luiz Fernando Bellinetti formula uma síntese das posições doutrinárias sobre o tema, distinguindo entre (a) os autores que interpretam a irreversibilidade como a impossibilidade de recompor o interesse no plano dos fatos, mas admitem a superação tópica da regra do § 2º por uma ponderação de valores; (b) autores que a definem de forma similar, mas excluem totalmente a antecipação com efeitos irreversíveis; e, finalmente, (c) autores que, de molde a evitar uma aplicação mais ampla do § 2º, consideram reversível todo interesse que admite reparação pecuniária.[431]

Em essência, a questão deve ser medida desde o plano dos fatos. Os efeitos do provimento serão reversíveis quando for possível reconstituir a situação anterior à efetivação da medida. Reflexamente, serão irreversíveis os estados de fato que não puderem ser restabelecidos na sua integralidade, ainda quando admitam a prestação de perdas e danos ao prejudicado.[432]

O espectro de situações irreversíveis é amplo, justificando-se o receio de que a aplicação dessa cláusula resulte no excessivo estreitamento do campo da tutela antecipatória (o que seria especialmente verdadeiro quanto aos deveres de fazer e de não fazer). Já se observou, com acerto, que uma interpretação demasiadamente literal do § 2º do artigo 273 poderia aniquilar o instituto da antecipação da tutela, vulnerando o direito fundamental à tutela efetiva. Sem embargo das formulações doutrinárias que buscam contornar o problema redefinindo o campo de incidência do dispositivo em questão,[433] o problema da irreversibilidade não se apresenta de

---

[428] MARINONI, Luiz Guilherme. *Antecipação da tutela*. 10ª ed. rev. atual. ampl. São Paulo: Revista dos Tribunais, 2008, p. 156 e 186.

[429] MITIDIERO, Daniel Francisco. O direito fundamental à tutela jurisdicional satisfativa interinal de urgência no estado constitucional e o caso paradigmático do direito ambiental. In: *Processo civil e estado constitucional*. Porto Alegre: Livraria do Advogado, 2007, p. 65.

[430] Tal disposição não foi repetida no texto do Projeto de CPC, o qual deixa de vedar, portanto, aprioristicamente, as tutelas antecipatórias de cunho irreversível, reservando ao juiz a apreciação de seu cabimento no caso concreto.

[431] Irreversibilidade do provimento antecipado. In: *Aspectos polêmicos da antecipação de tutela*. Coord.: WAMBIER, Teresa Arruda Alvim. São Paulo: Revista dos Tribunais, 1997, p. 250-255.

[432] ZAVASCKI, Teori Albino. *Antecipação da tutela*. 7ª ed. São Paulo: Saraiva, 2009, p. 102.

[433] Luiz Guilherme Marinoni interpreta a vedação do artigo 273 como estando dirigida *apenas contra a antecipação* de efeitos específicos, concernentes a declarações e constituições provisórias relativas ao *estado e à capacidade das pes-*

forma qualitativamente diversa a respeito dos deveres de fazer e de não fazer. No domínio do artigo 461 inexiste uma *noção distinta* de irreversibilidade dos efeitos da tutela antecipatória; o que ocorre é que são mais frequentes, quanto aos deveres de prestar fato ou abstenção, *as situações de irreversibilidade dos efeitos fáticos do provimento.*

A melhor solução não parece ser excluir o artigo 461 do CPC/1973 do alcance da vedação dos provimentos irreversíveis,[434] mas sim interpretar a norma proibitiva à luz do perfil constitucional do instituto da antecipação da tutela. O pressuposto inicial é de que os provimentos emitidos à base de cognição sumária não se destinam à produção de efeitos factualmente irreversíveis, por incompatibilidade *prima facie* com as garantias do artigo 5º, inciso LV, da Constituição.[435]

Simultaneamente, porém, é de se reconhecer que os valores que sustentam a proibição da irreversibilidade podem aparecer em contraste com valores igualmente relevantes do ponto de vista constitucional (circunstância habitual, sobretudo, ao aplicar-se o artigo 461 do Código de 1973). Assim, a navegação do intérprete em tais águas exige a valoração casuística dos interesses envolvidos, donde se conclui que a aplicação da cláusula relativa à irreversibilidade deve operar forma criteriosa para não inviabilizar o instituto da antecipação da tutela. Os critérios capazes de presidir esse balanceamento serão examinados oportunamente.

---

soas, do que seria exemplo a constituição de uma relação de filiação ou a antecipação da desconstituição de um casamento (*Antecipação da tutela.* 10ª ed. rev. atual. ampl. São Paulo: Revista dos Tribunais, 2008, p. 195). Para outros autores o impedimento do § 2º do artigo 273 não se aplicaria em relação ao artigo 461. Neste sentido, FUX, Luiz. *Curso de direito processual civil: processo de conhecimento, processo de execução, processo cautelar.* 3ª ed. Rio de Janeiro: Forense, 2005, p. 74; TALAMINI, Eduardo. *Tutela relativa aos deveres de fazer e de não fazer: e sua extensão aos deveres de entrega de coisa: CPC, arts. 461 e 461-A, CDC, art. 84.* 2ª ed. rev. atual. ampl. São Paulo: Revista dos Tribunais, 2003, p. 351.

[434] JARDIM, Guilherme Tanger. Unificação dos requisitos à antecipação da tutela. In: *Visões críticas do processo civil brasileiro: uma homenagem ao Prof. Dr. José Maria Rosa Tesheiner.* Coord.: AMARAL, Guilherme Rizzo Amaral; CARPENA, Márcio Louzada. Porto Alegre: Livraria do Advogado, 2005, p. 120.

[435] BEDAQUE, José Roberto dos Santos. *Tutela cautelar e tutela antecipada: tutelas sumárias e de urgência: tentativa de sistematização.* 5ª ed. rev. ampl. São Paulo: Malheiros, 2009, p. 274.

TUTELA ESPECÍFICA DE URGÊNCIA

3. O regime constitucional da tutela antecipatória relativa aos deveres de fazer e de não fazer: abordagem à luz das garantias processuais

3.1. A RELEITURA CONSTITUCIONAL DO PROCEDIMENTO DA ANTECIPAÇÃO DA TUTELA

O princípio de aplicação imediata, instituído pelo § 1º do artigo 5º da Constituição, densifica a vinculação dos órgãos do Estado às normas constitucionais de direitos fundamentais. Não é surpresa, portanto, que o processo judicial tenha se tornado um espaço fortemente influenciado pelos direitos fundamentais, recaindo sobre os órgãos judiciais o dever de atribuir-lhes a máxima eficácia possível, de respeitá-los na condução do procedimento, de observá-los na definição do conteúdo material das decisões e de negar aplicação à lei com eles incompatível.[436]

A constitucionalização do procedimento judicial confere ao direito processual uma compreensão *constitucionalmente referenciada*. Ao mesmo tempo em que a organização e o procedimento devem ser interpretados na ótica dos direitos fundamentais, esses direitos vinculam os tribunais na definição do direito substancial, tornando-se "medidas de decisão material" que auxiliam a direcionar o sentido das decisões judiciais.[437]

No marco dessa conexão entre processo civil e Constituição, abre-se espaço para a construção de uma nova teoria processual, capaz de reassentar o processo civil sobre bases constitucionais e de *reler constitucionalmente* suas instituições fundamentais.[438] Tal perspectiva está comprometida com uma visão atual sobre a *função* do processo civil. Com efeito, o processo não atua no mundo jurídico como sim-

---

[436] MENDES, Gilmar Ferreira; COELHO, Inocêncio Mártires; BRANCO, Paulo Gustavo Gonet. *Curso de direito constitucional*. São Paulo: Saraiva, 2007, p. 240.

[437] SARLET, Ingo Wolfgang. *A eficácia dos direitos fundamentais*. 4ª ed. rev. atual. ampl. Porto Alegre: Livraria do Advogado, 2004, p. 359-360.

[438] RIBEIRO, Darci Guimarães. *Da tutela jurisdicional às formas de tutela*. Porto Alegre: Livraria do Advogado, 2010, p. 187-188.

TUTELA ESPECÍFICA DE URGÊNCIA

ples instrumento do direito material – percepção que não foi inteiramente assimilada pela corrente instrumentalista. A interação entre direito e processo apresenta-se como uma relação orgânica, não como mero vínculo entre um meio e um fim. O processo também é espaço de produção do direito. Sendo assim, a preocupação do jurista não pode ocupar-se apenas da tutela gerada pelo processo: deve colocar em foco também a sua *legitimidade*, avaliada segundo os cânones assentados pela Constituição, que encontram a sua síntese no devido processo constitucional.[439]

A tradicional mentalidade que concebia o processo como uma realidade autônoma e dissociada do direito material restou colocada em xeque pelas novas expectativas da Constituição, as quais reclamam uma prestação simultaneamente efetiva e legítima. No limiar desse "admirável mundo novo", mesmo os temas que se consideravam exauridos pela ciência processual passam a merecer uma releitura à luz do texto da Constituição. Eis a condição indispensável para uma efetiva afirmação e realização dos direitos fundamentais no espaço do processo.

Esse *aggiornamento* do pensar jurídico – sua atualização ponderada, num juízo crítico do passado, avaliando os traços positivos e negativos das experiências e seus resultados – é indispensável para que o direito processual mantenha-se aderente à realidade. É o oxigênio que depura o processo das estruturas inadequadas às necessidades contemporâneas, dos fósseis que sobrevivem nas franjas do sistema, a comprometer a sua capacidade de abordar as "múltiplas e complexas relações sociais, políticas e econômicas", inerentes à condição humana.[440] Para tanto – para que a atualização realmente se concretize –, o pensamento da ciência processual deve manter-se aberto à renovação, promovendo o permanente diálogo da legislação infraconstitucional com os princípios, regras e valores articulados na Constituição. A abertura para esse colóquio constitucional tem sido uma tônica do direito processual civil brasileiro, num contraste visível com outras culturas jurídicas, como a italiana.[441]

No instituto da antecipação da tutela, o *aggiornamento* constitucional parte da constatação de que todas as etapas seu procedimento estão iluminadas por posições constitucionais. O antagonismo entre valores fundamentais é inerente aos juízos provisórios de urgência. Parte desses conflitos acha-se previamente solucionada no plano legislativo-ordinário pela designação legislativa do princípio fundamental que deve prevalecer. É nesse contexto que transparece a função das disposições relativas à antecipação da tutela como *leis harmonizadoras* de tensões axiológicas, mediante a enunciação de soluções gerais e abstratas.

---

[439] PASSOS, Joaquim José Calmon de. *Comentários ao Código de Processo Civil, lei n. 5.869, de 11 de janeiro de 1973. Vol. III.* 9ª ed. Rio de Janeiro: Forense, 2004, p. 23.

[440] CAMBI, Eduardo. Neoconstitucionalismo e neoprocessualismo. In: *Processo e Constituição: estudos em homenagem ao professor José Carlos Barbosa Moreira.* Coord: FUX, Luiz; NERY JR., Nelson; WAMBIER, Teresa Arruda Alvim. São Paulo: Revista dos Tribunais, 2006, p. 662.

[441] O juiz italiano está preso ao princípio da legalidade, previsto no artigo 101, inciso 2 da Constituição, e portanto adstrito ao interesse da lei e impedido de pesquisar o interesse da parte a ser satisfeito (TOMMASEO, Ferrucio. *I provvedimenti d'urgenza: struttura e limiti della tutela anticipatoria.* Padova: CEDAM, 1983, p. 109-111).

A aplicação de tal legislação, estruturada como está em torno de conceitos indeterminados, suscita ela própria, como *situação-regra*, conflitos constitucionais. As normas sobre tutela antecipatória não equacionam inteiramente os conflitos, porém oferecem uma moldura na qual a harmonização constitucional pode resolver-se topicamente, mais como fruto de operações de ponderação que de subsunção.[442] Teori Zavascki usa de feliz expressão quando equipara a prerrogativa de decretar medidas urgentes ao "poder de formular regras de solução para os fenômenos concretos de conflito entre direitos fundamentais que formam o devido processo legal".[443] Não há como encaminhar tal solução senão pela ponderação dos princípios que se encontram em crise, conferindo-se precedência àqueles que, no caso concreto, apresentarem peso superior.

Uma vez que os direitos fundamentais podem estruturar-se como princípios, cuja realização ocorre segundo graus variáveis, conforme as especificidades do caso concreto, as posições fundamentais intervenientes na concessão e na efetivação das medidas de tutela antecipatória podem ser plasticamente afirmadas ou restringidas na situação concreta vivenciada pelo julgador e pelas partes. O preceito da proporcionalidade é a ferramenta capaz de legitimar essas intervenções jurisdicionais no plano fundamental, pois permite a preservação do equilíbrio entre os direitos fundamentais de ambos os litigantes no âmbito da tutela antecipatória.[444]

Com base em tais premissas – igualmente esboçadas em outras passagens deste texto – será encaminhada a seguir a (re)leitura constitucional dos principais problemas que compõem o *iter* vital dos provimentos antecipatórios, envolvendo a sua concessão, a sua efetivação e o exercício da defesa pela parte sujeita à ativação de seus efeitos.

3.2. A APRECIAÇÃO DOS REQUISITOS PARA A CONCESSÃO DA TUTELA ANTECIPATÓRIA

O "modelo constitucional" anteriormente delineado produz efeitos apreciáveis no que se refere ao exame dos requisitos legais de antecipação da tutela, sendo este o momento propício para examiná-los.

3.2.1. Os requisitos da tutela antecipatória e a ponderação de direitos fundamentais

O manejo das medidas antecipatórias previstas no Código de Processo Civil reclama uma concertação de direitos fundamentais ao nível processual. Quando dispõem que o juiz poderá antecipar tutela, tais preceitos legais autorizam uma res-

---

[442] FREITAS, Juarez. *A interpretação sistemática do direito*. 4ª ed. rev. ampl. São Paulo: Malheiros, 2004, p. 193.

[443] *Antecipação da tutela*. 7ª ed. São Paulo: Saraiva, 2009, p. 70.

[444] RIGHI, Eduardo. *Direito fundamental ao justo processo nas tutelas de urgência*. Curitiba: Juruá, 2007, p. 125; 142.

trição tópica do direito fundamental à segurança jurídica. A restrição a essa posição fundamental é possível quando o exigir, nos termos dos respectivos preceitos, a promoção do direito fundamental à efetividade da tutela, seja numa situação de fundado receio de dano, seja na presença do abuso do direito de defesa.[445]

Essa tensão verificada no plano dos direitos fundamentais processuais não exclui – pelo contrário, *convida a uma consideração dos interesses materiais contidos no objeto litigioso do processo*. É inconcebível pensar os valores fundamentais da efetividade e da segurança dissociados do plano material, com o qual demonstram profunda interação. A efetividade da tutela não é senão a efetividade necessária para concretizar os interesses do autor, reconhecidos e protegidos pela ordem jurídica. A segurança nada mais é do que a segurança necessária para intervir de forma legítima na esfera jurídica do réu. Vista sob essa perspectiva, a antecipação da tutela perde qualquer vestígio de uma técnica "neutra", tornando-se o que de fato é: um instrumento de salvaguarda de valores considerados prevalecentes do ponto de vista constitucional, cujo emprego se legitima quando evidenciada essa prevalência.[446]

Como essa dimensão das medidas antecipatórias oculta-se por detrás da aparente simplicidade do texto legal, não são raros os equívocos. Termos como "verossimilhança", "prova inequívoca", "receio de dano", "abuso do direito de defesa ou manifesto propósito protelatório do réu", "relevante fundamento da demanda", "plausibilidade do direito" e "justificado receio de ineficácia do provimento final" sugerem uma enganosa aura de neutralidade em relação ao conteúdo valorativo da demanda. É frequente, por exemplo, a explicação de que a ética da jurisdição de urgência consiste em sacrificar o improvável pelo provável,[447] esquecedo-se os que assim definem a questão de que embora plausibilidade seja requisito indispensável à tutela antecipatória, sua *ética* não leva em conta *apenas a "probabilidade"* do direito. Ainda que fossem igualmente prováveis, o interesse da grande empresa em cobrar seu crédito de um parceiro comercial não é valorado, quando da antecipação da tutela, da mesma forma que o interesse do pobre na obtenção de um tratamento médico.

Na verdade, o balanceamento entre efetividade e segurança é sempre feito à luz da valência dos interesses materiais concretos discutidos no processo. Inexiste uma ponderação abstrata, divorciada da realidade do direito material. Os conceitos indeterminados adotados pela legislação – a exemplo do "receio de dano irreparável" – nada têm de indiferentes ao plano dos valores. Funcionam, na prática, como *interfaces* para o tratamento dos direitos fundamentais na concessão da medida.

Quando se trata da identificação dos valores em confronto, não se pode deixar de sublinhar a importância dos direitos relevantes conexos ao direito discutido

---

[445] ZAVASCKI, Teori Albino. Antecipação da tutela e colisão de direitos fundamentais. *Revista Forense*, Rio de Janeiro, ano 93, v. 339, p. 175-189, julho-setembro/1997, p. 179.

[446] ZAVASCKI, Teori Albino. *Antecipação da tutela*. 7ª ed. São Paulo: Saraiva, 2009, p. 76.

[447] MARINONI, Luiz Guilherme. *Antecipação da tutela*. 10ª ed. rev. atual. ampl. São Paulo: Revista dos Tribunais, 2008, p. 200.

no processo (fontes originárias do chamado *dano externo*). Embora preze a doutrina – e com razão – a importância das medidas antecipatórios para dispensar proteção direta a interesses extrapatrimoniais, é perfeitamente possível estendê-la à proteção de interesses patrimoniais pela consideração dos interesses conexos. Este é o caso das medidas urgentes relativas ao pagamento de soma em dinheiro, as quais podem justificar-se quando forem necessárias à preservação de outros bens que, *de per si,* são insuscetíveis de recomposição patrimonial.[448]

Por vezes também se sustenta que a identificação do *valor jurídico* dos interesses conflitantes somente auxilia na solução quando as versões do autor e do réu forem igualmente verossímeis. Assim, o critério só poderia ser tomado em conta depois que houvesse falhado um juízo claro sobre a verossimilhança preponderante, baseado nos sub-critérios da integridade e coerência das provas e dos discursos das partes.[449] A tese suscita problemas, dos quais não o menor consiste na suposição de que uma diferença na verossimilhança das alegações das partes pode ser sempre claramente identificada pelo juiz. Ora, existe na realidade uma ampla zona *gris* de verossimilhança em que podem mover-se ambas as versões apresentadas. Claro, uma pretensão manifestamente inverossímil não merece ser concedida sob o fundamento de que o direito reivindicado é essencial. A *práxis,* no entanto, mostra ser bem mais comum a verificação de situações limítrofes, nas quais a relevância constitucional dos interesses das partes joga um papel importante na definição sobre a concessão da medida.

O exercício de uma ponderação valorativa de interesses na concessão da tutela antecipatória[450] não mereceu nenhuma referência no texto do Código de 1973, a despeito de o perfil constitucional da tutela antecipatória converter tal ponderação em momento relevante do juízo sobre a medida de urgência.[451] No silêncio guardado pela regulamentação geral do instituto, a exigência de um cotejo de interesses acabou introduzida pelo legislador brasileiro na Medida Provisória n. 375, de 23 de novembro de 1993, a qual definiu condições específicas para a concessão de medidas urgentes *em face do poder público (*nomeadamente no caso das medidas cautelares do art. 798 do CPC e das medidas liminares autorizadas pelo inciso II do art. 7º da Lei nº 1.533, de 31 de dezembro de 1951, e pelo §1º do art. 12 da Lei nº 7.347, de 24 de julho de 1985). O artigo 4º da MP 375 determinou que o juiz, "ao apreciar a alegação de receio de que a autoridade, órgão ou entidade da administração pública possa causar dano de difícil reparação a ente privado", devesse cotejar

---

[448] BEDAQUE, José Roberto dos Santos. *Tutela cautelar e tutela antecipada: tutelas sumárias e de urgência: tentativa de sistematização.* 5ª ed. rev. ampl. São Paulo: Malheiros, 2009, p. 227.

[449] MARINONI, Luiz Guilherme. *Antecipação da tutela.* 10ª ed. rev. atual. ampl. São Paulo: Revista dos Tribunais, 2008, p. 188.

[450] À semelhança do *balance of convenience* que, segundo Giuseppe Tarzia, é adotado pelo juízes ingleses na concessão ou denegação das medidas urgentes (Considerazioni comparative sulle misure provisorie nel processo civile. *Rivista di Diritto Processuale,* Padova, v. 40, n. 2, p. 240-254, abril-junho/1985, p. 243).

[451] O Projeto de CPC tampouco trata da questão, embora dela se aproxime algo mais quando incumbe o juiz de aplicar os princípios constitucionais (artigo 119) e de interpretar a lei mediante o postulado da razoabilidade (artigo 6º).

TUTELA ESPECÍFICA DE URGÊNCIA

"os interesses em confronto, ponderando a prevalência do interesse geral sobre o particular".

A constitucionalidade do dispositivo acabou por ser impugnada na ADI 975/DF, tendo o Supremo Tribunal Federal deferido medida cautelar para suspender sua exigibilidade em decisão de 9/12/1993.[452] Nos debates do julgamento, o STF tornou bastante claro que não se opunha ao modelo da ponderação de interesses, mas sim unicamente à circunstância de que a lei impugnada *estabelecia antecipadamente o seu resultado*, favorecendo o poder público.[453]

Mostrou-se prudente a Suprema Corte em negar valia à pré-ordenação legislativa do momento da ponderação. A tentativa de formular hierarquias definitivas entre categorias de interesses, como na oposição entre direitos absolutos e patrimoniais, apresenta escassa utilidade do ponto de vista da operacionalização das medidas antecipatórias. Mais útil é a identificação de hierarquias móveis, capazes de servir de ponto de apoio para a construção da decisão judicial. Baseando-se na premissa anunciada, os tópicos seguintes tentam desenhar critérios para equacionar questões problemáticas referentes ao juízo sobre a concessão da tutela antecipatória.

3.2.2. Parâmetros de controle na concessão da tutela antecipatória

A decisão sobre a concessão da tutela antecipatória gravita em torno de uma gama de fatores que devem ser considerados. O grau de probabilidade da existência do direito afirmado influi decisivamente na sua conformação, mas o juízo sobre as medidas antecipatórias não pode ficar reduzido apenas a critérios probabilísticos. A verossimilhança das alegações da parte deve ser avaliada numa relação proporcional com outros elementos.[454]

A postura do juiz ao apreciar o pedido de antecipação da tutela toma essencialmente em consideração o *confronto entre evidência e urgência,* localizado na base do juízo de probabilidade. Na tutela antecipatória típica, definida pelo receio de dano irreparável, existe uma relação de proporcionalidade inversa entre aqueles dois re-

---

[452] Conforme decisão do Relator, exarada em 01.02.2002, "a medida provisória nº 375/93, objeto da presente ação direta, deixou de ser apreciada, em tempo oportuno pelo Congresso Nacional. Com o decurso *in albis* do prazo constitucional, operou-se, com projeção *ex tunc*, a perda de eficácia dessa espécie quase-legislativa. Sendo assim, (...), julgo prejudicada a presente ação direta, por perda superveniente de objeto, fazendo cessar, em consequência, a eficácia da medida cautelar anteriormente deferida".

[453] Assim declarou em Voto o Ministro Neri da Silveira: "Até a gerundiva final, nada há a reparar. O juiz cotejará os interesses em confronto. É isso que o juiz faz, mas, nesse confronto, qual é a decisão? Se houver o interesse geral e o interesse da parte, diz a norma, o juiz decide sempre pelo interesse geral. Não cabe impor ao juiz uma orientação nesse sentido, quer dizer, a norma coarcta a independência do juiz e impede assegurar a parte em seu direito". Segundo o Min. Sepúlveda Pertence, "o mais que determina o art. 4º é que pondere o juiz os interesses em conflito, desde que a ponderação resulte em favor da autoridade: esse seria o seu único efeito útil, (...) o que me parece gritantemente inconstitucional".

[454] MARINONI, Luiz Guilherme. Efetividade do processo e tutela antecipatória. *Revista dos Tribunais*, São Paulo, v. 83, n. 70, p. 56-60, 1994, p. 58.

quisitos.[455] Quanto maior for a plausibilidade do direito alegado, menor a intensidade do receio de dano exigida; quando menor a plausibilidade, maior o grau de risco de dano exigível. Em resumo, a relevância do fundamento da demanda deve ser analisada em confronto com o risco de dano, realizando-se um juízo de ponderação entre ambos.[456]

A propósito do tema, mostra-se sugestiva a fórmula construída por Richard Posner para as *antecipatory adjudications* norte-americanas, ilustrada pela expressão *(Pa(Da) > (1-Pa(Dr))*.[457] De acordo com esse esquema, o provimento deve ser concedido pelo juiz quando a probabilidade de o autor ter o mérito julgado a seu favor (Pa), multiplicada pelo dano que poderá sofrer caso a tutela antecipada seja denegada (Da), for maior do que a probabilidade de o réu ter um julgamento favorável (1-Pa), multiplicada pelo dano que ele, réu, poderá sofrer caso a tutela seja concedida ao autor (Dr).[458]

Consoante ressaltado anteriormente, as disposições sobre antecipação da tutela abrem caminho para uma avaliação dos interesses em confronto no processo. O elemento normativo que permite a intervenção do direito material encontra-se no *receio de dano irreparável ou de difícil reparação* (ou *receio de ineficácia do provimento final*). Trata-se, aqui, na realidade, do requisito do *perigo de tardança da tutela jurisdicional*, que abrange uma consideração sobre a qualidade do interesse jurídico reivindicado pelo autor e, dada a sua natureza bilateral, também uma avaliação dos interesses jurídicos do réu que poderão ser atingidos pela medida (essa mesma consideração pela posição do réu inspirou, por sinal, o artigo 401 do CPC português, que aconselha o juiz a indeferir a liminar, embora plausível o direito do autor e constatado o *periculum o mora*, se o dano ao réu, resultante do cumprimento da medida, superar o dano que com ela se pretendia evitar).[459]

Para bem compreender o arcabouço do juízo antecipatório, no entanto, deve-se ter em conta a presença de diferentes "momentos" decisórios que formam uma estrutura argumentativa escalonada, permitindo construir de forma adequada o "jogo" entre evidência e urgência.

O primeiro desses "momentos" lógicos consiste na filtragem inicial da pretensão antecipatória, a qual reside na avaliação, pelo juiz, da presença de índices mínimos de verossimilhança da alegação e de relevância axiológica do interesse reivindicado em juízo. Cabe ao julgador perguntar-se, de início, *se o direito alegado pelo autor é minimamente plausível*. Identificando, no caso concreto, a *manifesta implau-*

---

[455] Cabe recordar que na tutela antecipatória fundada na inconsistência da defesa o exame concentra-se na evidência, já que não se cogita, senão no plano normativo pré-figurado, da periclitação do direito.

[456] TALAMINI, Eduardo. *Tutela relativa aos deveres de fazer e de não fazer: e sua extensão aos deveres de entrega de coisa: CPC, arts. 461 e 461-A, CDC, art. 84*. 2ª ed. rev. atual. ampl. São Paulo: Revista dos Tribunais, 2003, p. 255 e 358.

[457] Apenas como ilustração, evidentemente, sabendo-se inviável a redução do fenômeno jurídico à esquematização matemática.

[458] BUENO, Cássio Scarpinella. *Tutela antecipada*. 2ª ed. rev. atual. ampl. São Paulo: Saraiva, 2007, p. 65.

[459] CARNEIRO, Athos Gusmão. *Da antecipação de tutela*. 6ª ed. atual. Rio de Janeiro: Forense, 2005, p. 84.

TUTELA ESPECÍFICA DE URGÊNCIA

sibilidade da versão factual apresentada pelo requerente, deve rejeitar o pedido antecipatório. Ainda que o direito postulado pelo autor esteja relacionado, v.g., com os direitos fundamentais à vida e à saúde, a antecipação será indevida se as circunstâncias afirmadas pelo autor não forem razoáveis.

Caso o direito do autor não se mostre desde logo inverossímil, o segundo "requisito" de admissibilidade será a presença de um *minimum* qualitativo do direito material alegado. A vocação da tutela antecipatória para a proteção de direitos constitucionalmente relevantes exige que fique demonstrada preliminarmente essa conexão valorativa. *Nem todos os interesses reclamam uma aceleração da prestação jurisdicional como a possibilitada pelo instituto da antecipação da tutela;* supor, aliás, que a medida tenha caráter universal representa negar que a tutela antecipatória tem o perfil de uma tutela jurisdicional diferenciada. É preciso que o interesse defendido pelo autor tenha certa relação com valores juridicamente relevantes[460] – o que não se verifica, por exemplo, no caso de instituição financeira privada que busca recuperar crédito havido junto a pequeno mutuário. Falta aí a *relevância do interesse*, e, portanto, o *receio de dano jurídico*.

A importância do direito tutelado pelo provimento deve ser buscada no plano constitucional. A Constituição privilegia os valores relativos às pessoas sobre aqueles de caráter material, sobretudo na sua conexão com o princípio da dignidade da pessoa humana;[461] também valoriza a concretização dos interesses na forma específica. Trata-se de coordenadas relevantes no aspecto operacional das tutelas provisórias de urgência. Em termos gerais, quando a satisfação específica do interesse puder ser feita sem prejuízos após o trâmite normal do processo, veda-se a antecipação.[462]

Ultrapassado o "juízo de admissibilidade" – isto é, satisfeitas as condições da razoabilidade mínima da alegação e da relevância intrínseca do interesse deduzido no processo – passa-se ao segundo "momento": *o cotejo da plausibilidade das versões apresentadas pelo autor e pelo réu.* Assim, caso a verossimilhança da alegação do autor seja substancialmente maior do que a da alegação do réu, será devida a concessão da medida antecipatória.

Por outro lado, se os índices de verossimilhança das versões das partes não exibirem discrepâncias significativas – havendo certa "bilateralidade" do risco de dano – o *balanço dos interesses das partes* compõe um terceiro "momento" lógico, convertendo-se no *fator discriminativo* que autoriza o juiz a sacrificar o interesse menos

---

[460] Em se tratando da antecipação fundada na inconsistência da defesa do réu cabe ao juiz considerar igualmente a relevância do interesse do autor, não se cogitando de que, pela ausência de um controle do "perigo de dano", o juízo antecipatório fosse indiferente a essa questão axiológica. A única distinção a ser feita do ponto de vista dogmático é que nessa modalidade de tutela antecipatória o pressuposto da relevância do direito não há de ser buscado no "perigo de dano jurídico", mas no próprio requisito da verossimilhança da alegação.

[461] Referida tendência é uma constante, por exemplo, na jurisprudência do Superior Tribunal de Justiça, conforme evidencia a decisão do REsp 417.005/SP (Rel. Min. Ruy Rosado de Aguiar Jr., j. 25.11.2002).

[462] BEDAQUE, José Roberto dos Santos. *Direito e processo: influência do direito material sobre o processo.* 5ª ed. rev. ampl. São Paulo: Malheiros, 2009, p. 161-162.

relevante.[463] A frequência de tais situações é considerável na prática, sendo a identificação do interesse preponderante um tema complexo, que convida a algumas considerações.

Em linha de princípio, como afirma a doutrina, o interesse não patrimonial ou de difícílimo ressarcimento deve preferir ao interesse "apenas" patrimonial.[464] Com efeito, naqueles casos em que a subsistência do interesse material, como tal, depende da aceleração de sua satisfação – pense-se na transfusão de sangue recusada pela família por motivos religiosos, na liberação de valores para atender a procedimento médico urgente ou na participação em licitação – o direito razoavelmente verossímil merece a proteção de urgência como regra, ainda que a posição do réu seja igualmente razoável.[465]

Em outras palavras, se a realização específica do direito afirmado pelo autor só puder ocorrer eficazmente por meio da antecipação da tutela (ainda que os danos decorrentes possam ser indenizados), a concessão da medida antecipatória constituirá a regra, e sua recusa a exceção, acarretando ao julgador um ônus especialmente intenso de fundamentação. Têm-se em conta, aqui, os prejuízos vinculados a direitos personalíssimos (como o dano à reputação, à imagem, à vida, à guarda ou visitação dos filhos), ou mesmo a direitos patrimoniais cuja satisfação é essencial para preservar a dignidade do requerente, como no caso da privação de prestações de natureza alimentar.

Por fim, devem ser registradas aquelas hipóteses em que a tutela específica é possível apenas num prazo inferior ao exigido para o desenvolvimento do processo, mas a via subsidiária (reparação) oferece uma reconstituição razoável – embora incompleta – do interesse reivindicado pelo autor. É especialmente nesses casos que a ponderação de interesses exige do uma "sintonia" cuidadosa, cuja síntese é dada pela noção de *proporcionalidade em sentido estrito*. Impõe-se especial cautela na concessão da medida, sobretudo quando ela tem potencial para repercutir intensamente na esfera jurídica do demandado (como nas situações em que o juiz interfere na economia interna de uma empresa, suspende uma privatização ou impede a realização de uma cirurgia).[466]

Sempre que possível deve o juiz considerar a técnica de restrição da antecipação, deferindo menos do que o resultado final da tutela pretendida.[467] Essa modulação da ferramenta permite reduzir o potencial de danos sobre a esfera jurídica

---

[463] Algo neste sentido Ovídio Araújo Baptista da Silva (*Curso de processo civil. V. 1, tomo II.* 6ª ed. rev. atual. Rio de Janeiro: Forense, 2008, p. 22).

[464] MARINONI, Luiz Guilherme. *Antecipação da tutela.* 10ª ed. rev. atual. ampl. São Paulo: Revista dos Tribunais, 2008, p. 189.

[465] ALVIM, José Eduardo Carreira. *Código de Processo Civil reformado.* 5ª ed. rev. ampl. Rio de Janeiro: Forense, 2003, p. 100-101.

[466] DINAMARCO, Cândido Rangel. O regime jurídico das medidas urgentes. *Revista Jurídica*, Sapucaia do Sul, ano 49, n. 286, p. 5-28, agosto/2001, p. 11.

[467] OLIVEIRA, Carlos Alberto Alvaro de; LACERDA, Galeno. *Comentários ao Código de Processo Civil: lei nº 5.869, de 11 de janeiro de 1973. Volume VIII, tomo II.* 8ª ed. rev. atual. aum. Rio de Janeiro: Forense, 2007, p. 17.

do réu, alterando o balanço de interesses no caso concreto e tornando legítima a concessão da antecipação numa hipótese em que a antecipação total resultaria facilmente desproporcional.

Em todos os momentos lógicos destacados está presente o critério de proporcionalidade, articulado, sobretudo, nos seus sub-vetores da necessidade e da proporcionalidade estrita, a intensificar sobremaneira o dever de fundamentação. O juiz deve justificar por que optou por proteger *determinada parte* contra a ameaça de *certo risco*, evidenciando a ponderação de valores dos bens envolvidos. Cabe ao julgador, em síntese, "explicitar a incidência e a aplicação do princípio da proporcionalidade aos interesses em conflito",[468] tarefa na qual os critérios teoréticos só podem proporcionar pontos de apoio – jamais um mapa completo do caminho a percorrer.

3.2.3. A superação da cláusula da reversibilidade do provimento antecipado

A coibição da tutela antecipatória cujos efeitos são potencialmente irreversíveis (CPC/1973, artigo 273, § 2º) representa uma intervenção legislativa em favor dos direitos fundamentais ao contraditório e à ampla defesa. O pressuposto dessa vedação é o de que a concessão de uma medida irreversível pelo juiz consagra antecipadamente, no plano factual, o êxito definitivo do autor, retirando do réu a possibilidade de influir no provimento.

Tal raciocínio não deve ocultar ao intérprete a frequência com que a medida antecipatória se propõe a afastar efeitos danosos *irreversíveis à esfera jurídica do autor*. Existe toda uma tipologia de situações em que a satisfação do interesse só se concebe como algo definitivo, que se concretiza de uma vez por todas. Exemplo cabal foi registrado há questão de anos no Brasil: os pedidos judiciais de liberação, para atender a compromissos inadiáveis (ex.: intervenção cirúrgica urgente), de ativos financeiros bloqueados pelo "Plano Collor".[469]

O fato é que o sistema processual não está – e de forma alguma poderá ficar – imune às medidas antecipatórias de efeitos irreversíveis, como exemplificam os casos de despejo liminar e as medidas satisfativas interinais fundadas no Direito de Família. Por mais que a concessão dessas medidas tensione as garantias constitucionais do contraditório, da ampla defesa e do devido processo legal, o processo civil tem de conviver, em alguma medida, com certas resoluções irreversíveis de situações de direito substancial pela via da cognição sumária, sobretudo nas situações que se caracterizam como *bilateralmente* irreversíveis. Percebe-se, assim, a falta de apuro com que foi redigido o § 2º do artigo 273 do CPC/1973, cujo texto merecia ter reservado ao juiz certa margem de ponderação das questões que estão co-

---

[468] CARNEIRO, Athos Gusmão. *Da antecipação de tutela.* 6ª ed. atual. Rio de Janeiro: Forense, 2005, p. 138.

[469] MOREIRA, José Carlos Barbosa. Tutela de urgência e efetividade do direito. *Revista de Direito Processual Civil Gênesis*, Curitiba, n. 28, p. 286-297, abril-junho/2003, p. 287.

locadas em jogo nessa classe de provimentos jurisdicionais. A chance de correção foi perdida na segunda fase das reformas do Código, quando se retirou do texto final proposta que excetuava da proibição os casos em que a denegação da medida caracterizasse o *periculum in mora* inverso.

A despeito da redação preservada, mesmo o sistema processual balizado pelo Código de 1973 autoriza a superação da cláusula quando a norma dela decorrente, se aplicada, divergiria da finalidade para a qual foi gerada – isto é, proporcionar uma tutela adequada e efetiva dos direitos. Em tais casos deve o intérprete ponderar as posições jurídicas em jogo e eleger a que se apresenta mais digna de proteção.[470] O confronto, portanto, entre o receio de irreversibilidade da medida antecipatória e o receio de causar um dano irreparável ao direito do autor resolve-se, a exemplo de situações já referidas, por meio da devida ponderação entre os bens jurídicos em contraste. Cumpre ao juiz valorar o prejuízo potencial decorrente da não concessão da medida e aquele decorrente da sua concessão, deferindo a medida somente quando o prejuízo ao autor proveniente da não concessão seja qualitativa ou quantitativamente maior.[471]

Neste caso o emprego da técnica de proporcionalidade não representa nenhuma quebra do perfil dogmático do instituto, mas sim uma consequência da consideração dos direitos fundamentais do processo, em sua perspectiva objetiva, e de seus efeitos irradiantes sobre a legislação ordinária. A restrição imposta pelo § 2º do artigo 273 deve ser encarada como regra comum, vigorando quando não houver necessidade de proteção a valores superiores consagrados pela Constituição.

Também aqui se apresenta ao juiz um amplo espaço de modulação da medida antecipatória, permitindo-lhe evitar situações que importariam num sacrifício excessivo de qualquer das posições envolvidas (e, sobretudo, do réu). O ponto gravitacional da questão consiste na relação entre medida irreversível e direito fundamental à participação em contraditório. Assim, cumpre ao juiz ter em mente a gravidade, num sistema processual que se sustenta na proclamação do contraditório e da ampla defesa, da emanação de um *provimento de efeitos irreversíveis sem contraditório prévio*.[472] Impõe-se evitar ao máximo a concessão de medida irreversível sem a audiência preliminar do réu, e, caso seja excepcionalmente necessária, deverá ser objeto de uma fundamentação decisória particularmente densificada.

Ainda, para superar o perigo decorrente da irreversibilidade do provimento, deve o juiz, sempre que possível, reduzir o caráter sumário da atividade cognitiva, estimulando uma cognição o mais aprofundada possível no plano dos fatos (e não só do direito), sabendo que a sua intensificação limitará a probabilidade de rever-

---

[470] MARINONI, Luiz Guilherme; MITIDIERO, Daniel. *Código de Processo Civil: comentado artigo por artigo*. São Paulo: Revista dos Tribunais, 2008, p. 273.

[471] PROTO PISANI, Andrea. Appunti sulla tutela cautelare nel processo civile. *Rivista di Diritto Civile*, Milão, ano 33, n. 2, março-abril/1987, p. 132-133.

[472] BELLINETTI, Luiz Fernando. Irreversibilidade do provimento antecipado. In: *Aspectos polêmicos da antecipação de tutela*. Coord.: WAMBIER, Teresa Arruda Alvim. São Paulo: Revista dos Tribunais, 1997, p. 261.

são da medida por ocasião do juízo de cognição plena.[473] O deferimento da tutela antecipatória *parcial* e a exigência da prestação de caução pelo autor[474] são outros recursos disponíveis para afastar, ou atenuar, o risco de irreversibilidade.

3.3. A PARTICIPAÇÃO DO RÉU NA CONCESSÃO DA TUTELA ANTECIPATÓRIA

O influxo dos direitos fundamentais no processo – tendo-se em conta, notadamente, a garantia do contraditório – traz como consequência a especial valorização do envolvimento do demandado no deferimento da tutela antecipatória; os tópicos seguintes ocupam-se dessa participação.

3.3.1. A antecipação da tutela sem a audiência do réu

Não se coloca em dúvida a possibilidade de a medida antecipatória ser concedida *inaudita altera pars*, o que está autorizado inclusive dogmaticamente.[475] Ouve-se com frequência, porém, a afirmação de que tais provimentos não importam em derrogar a garantia do contraditório – este apenas ficaria "diferido" e seria exercido posteriormente pelo réu, por meio de petição ou pela interposição de recurso.[476] Quando muito, o contraditório suprimido seria o *prévio*, mas a própria garantia *tout court* estaria preservada.

Esse posicionamento ideológico permite a parte da doutrina visualizar com serenidade as formas liminares de antecipação, recusando que a audiência prévia do réu possa ser considerada uma exigência sistemática em relação aos provimentos de urgência.[477] O próprio cotidiano forense registra a concessão de liminares com alarmante frequência, em situações que não justificariam a proscrição do contraditório, como se a referida garantia se constituísse num formalismo dispensável.

Ocorre que o contraditório eficaz é invariavelmente *prévio* à decisão. A garantia do contraditório preventivo é elemento cardinal do *giusto processo*.[478] Tal direito fundamental faz pressupor a possibilidade de uma intervenção eficaz da parte em relação à formação do conteúdo do provimento jurisdicional, e é impossível negar

---

[473] PROTO PISANI, Andrea. Appunti sulla tutela cautelare nel processo civile. *Rivista di Diritto Civile*, Milão, ano 33, n. 2, março-abril/1987, p. 132-133.

[474] DINAMARCO, Cândido Rangel. O regime jurídico das medidas urgentes. *Revista Jurídica*, Sapucaia do Sul, ano 49, n. 286, p. 5-28, agosto/2001, p. 21. O tema da caução será abordado em tópico específico.

[475] CPC/1973, artigo 461, § 3º; Projeto de CPC, artigo 9º.

[476] Neste sentido, por todos: NERY JÚNIOR, Nelson. *Princípios do processo na constituição federal: processo civil, penal e administrativo*. 9ª ed. rev. atual. ampl. São Paulo: RT, 2009, p. 236-237.

[477] ASSIS, Araken de. Antecipação da tutela. In: *Doutrina e prática do processo civil contemporâneo*. São Paulo: Revista dos Tribunais, 2001, p. 419.

[478] FERRI, Corrado. Sull´effetivitá del contradditorio. *Rivista Trimestrale di Diritto e Procedura Civile*, Milão, ano 42, n. 3, p. 780-795, setembro/1988, p. 794-795.

que essa perspectiva resulta seriamente prejudicada quando se adia a participação do réu.[479] A postergação do contraditório tem, pois, caráter excepcional, e decorre de uma "cuidadosa ponderação dos interesses em jogo e dos riscos da antecipação ou do retardamento da decisão".[480] Tem-se aí a antinomia essencial presente na concessão da medida *inaudita altera pars*, a qual contrapõe o direito à tutela efetiva dos direitos ao direito, igualmente fundamental, de ser ouvido previamente.[481]

É inegável, assim – e a doutrina atenta ao ponto é extensa –, que as medidas antecipatórias *inaudita altera pars* constituem exceção no sistema, por arrostarem o contraditório e restringirem a esfera jurídica do réu. Nessas antecipações liminares a tutela é concedida pelo juiz exclusivamente em face das alegações e documentos oferecidos pelo autor, ou da prova colhida em audiência de justificação. Trata-se de perspectiva unilateral, que deve ser permitida somente quando a ciência do réu puder restringir ou excluir a possibilidade de acesso à justiça.[482] Como regra geral, deduzido o pedido de antecipação da tutela, *deve o juiz ouvir o demandado,* dispensando a providência em situações extraordinárias. O importante é que o caráter excepcional da tutela antecipatória *inaudita altera pars* não fique reduzido a mera diretriz abstrata. Deve funcionar como módulo metodológico,[483] influenciando na concreta atuação do juiz na condução do processo.

A dispensa da audiência do réu é legítima quando a sua realização puder comprometer valor jurídico diverso de estatura constitucional superior. A doutrina menciona os casos em que a formação do contraditório pode colocar em perigo o direito do autor pela provável ação do réu, bem como aqueles em que a demora decorrente da cientificação do réu é incompatível com a urgência da medida. Além da provável existência do direito afirmado, o prejuízo que o autor poderá sofrer sem a concessão da tutela deve manifestar-se como provável. Quanto mais profunda for a interferência do provimento judicial na esfera jurídico do réu, mais rigorosa deve ser a avaliação dos requisitos para a concessão da medida antecipatória não precedida de contraditório.[484]

---

[479] José Roberto Bedaque sublinha que as medidas *inaudita altera pars* representam uma *injunção sem contraditório*, pois o provimento é emitido e efetivado sem a participação do réu, instaurando-se o contraditório eventual somente depois de encerrada a fase injuncional em sentido estrito (*Tutela cautelar e tutela antecipada: tutelas sumárias e de urgência: tentativa de sistematização*. 5ª ed. rev. ampl. São Paulo: Malheiros, 2009, p. 135, nota 73).

[480] GRECO, Leonardo. O princípio do contraditório. *Revista Dialética de Direito Processual*, São Paulo, n. 24, p. 71-79, março/2005, p. 74.

[481] PORTO, Sérgio Gilberto. *As liminares inaudita altera pars e a garantia constitucional-processual do contraditório*. Porto Alegre: 2010, p. 5.

[482] DINAMARCO, Cândido Rangel. O regime jurídico das medidas urgentes. *Revista Jurídica*, Sapucaia do Sul, ano 49, n. 286, p. 5-28, agosto/2001, p. 17.

[483] A expressão – empregada por Luigi Paolo Comoglio a propósito do princípio da economia processual – é referida por Guilherme Rizzo Amaral (*Cumprimento e execução da sentença sob a ótica do formalismo-valorativo*. Porto Alegre: Livraria do Advogado, 2008, p. 50).

[484] OLIVEIRA, Carlos Alberto Alvaro de. Garantia do contraditório. In: *Garantias constitucionais do processo civil: homenagem aos 10 anos da Constituição Federal de 1988*. Coord: José Rogério Cruz e Tucci. São Paulo: RT, 1999, p. 146.

A *Ley de Enjuiciamiento Civil* da Espanha disciplina a questão de forma adequada. Depois de estabelecer em seu artigo 733 a regra geral de que "el tribunal proveerá a la petición de medidas cautelares previa audiencia del demandado", a lei espanhola excepciona as situações em que "concurren razones de urgencia o que la audiencia previa puede comprometer el buen fin de la medida cautelar". Nesses casos, acolhendo excelente orientação, a LEC determina ao Tribunal que, além justificar os requisitos da medida, enuncie *em separado as circunstâncias específicas* que fundamentaram a sua concessão sem ouvir o réu. Também no processo civil brasileiro a decisão que concede a medida antecipatória *inaudita altera pars* deve adotar uma fundamentação específica, examinando a "tensão de valores constitucionais presentes no caso concreto", sob pena de nulidade.[485] Os pressupostos mencionados devem ser avaliados pelo juiz da causa segundo a consideração de um grau de exigência necessariamente mais cuidadoso do que na tutela antecipatória "regular", deferida após a ciência do demandado.

A justificativa de que a demora do procedimento poderá levar à periclitação do direito deve ser avaliada com consideráveis cautelas no tocante à tutela antecipatória liminar. Nos casos em se revelar inconveniente a postergação do exame do pedido antecipatório para depois da contestação, devido à urgência do caso, pode o juiz evitar a agressão ao núcleo essencial do direito ao contraditório promovendo, em lugar da imediata citação do réu, sua intimação para apenas manifestar-se sobre a providência requerida, em prazo exíguo. Trata-se do procedimento que a lei ordinária, em curiosa discriminação, já previra a respeito das liminares requeridas contra o poder público em mandado de segurança coletivo e ação civil pública, quando deve ser oportunizada a manifestação do ente estatal em 72 (setenta e duas) horas (Lei 8.437/1992, artigo 2º). Em geral o prazo de 5 (cinco) dias parece adequado para a manifestação do réu, numa analogia com os prazos do artigo 185 do CPC/1973[486] e do procedimento cautelar.[487] Nada impede, porém, a fixação de lapso diverso, inclusive menor, conforme a urgência e complexidade da situação, devendo a intimação ser processada pelo meio mais célere possível.

Seria possível supor que na antecipação da tutela fundada na inconsistência da defesa do réu estivesse dispensada a prévia citação ou intimação do demandado, pois geralmente o mesmo estará representado no processo.[488] O ponto de vista não é consistente, pois ao réu encontra-se assegurado o direito fundamental de influir no convencimento judicial e de prevenir-se contra decisões surpreendentes. Por-

---

[485] PORTO, Sérgio Gilberto *As liminares inaudita altera pars e a garantia constitucional-processual do contraditório*. Porto Alegre: 2010, p. 21-22.

[486] Correspondente ao artigo 193 do Projeto de CPC.

[487] PASSOS, J.J. Calmon de. Da antecipação da tutela. In: *Reforma do código de processo civil*. Coord.: TEIXEIRA, Sálvio de Figueiredo. São Paulo: Saraiva, 1996, p. 205. Tratando da medida de urgência antecedente ao processo principal, o Projeto de CPC estabelece que o réu deverá ser citado para contestá-la em 5 (cinco) dias (artigo 280, *caput*).

[488] Assim como na tutela da evidência prevista no artigo 278, inciso III do Projeto de CPC, cabível "quando (...) a inicial for instruída com prova documental irrefutável do direito alegado pelo autor a que o réu não oponha prova inequívoca".

tanto, deve o réu ser intimado de forma específica sobre o pedido de tutela antecipatória, sobretudo nestas hipóteses em que não se estiver diante de uma situação de urgência tão característica como a da antecipação pelo perigo de dano.

Finalmente, cabe observar que a intimação prévia do réu é obrigatória inclusive para eventual audiência de justificação, se designada. Nela, como corolário das garantias do devido processo legal e do contraditório, o réu tem direito à iniciativa na produção de provas, limitada à demonstração da inexistência dos requisitos do provimento de antecipação da tutela.

3.3.2. A cientificação do réu para o cumprimento da medida

A melhor execução forçada, como acentua Michele Taruffo, é aquela que não se faz necessária. O sistema ideal de realização dos direitos conta com o adimplemento voluntário, donde se extrai a necessidade de construir um regramento completo, articulando mecanismos de incitação ao cumprimento, coação e execução que maximizem a eficácia da atuação jurisdicional.[489] Cabe ao processo criar condições para que o sujeito recalcitrante sinta-se disposto a prestar. É claro que o juiz não deve apenas sugerir o cumprimento da decisão, mas utilizar o peso da autoridade estatal para demonstrar que, se o provimento não for atendido de forma espontânea, o réu será coagido a fazê-lo, ou se sujeitará à atuação dos meios sub-rogatórios.[490]

A visão essencialmente cooperativa do processo que decorre da garantia do contraditório leva a concluir que a efetivação da tutela específica quanto aos deveres de fazer e de não fazer *deve ser precedida da intimação da parte*, oportunizando-lhe a adimplemento espontâneo do dever reconhecido pela decisão.[491] Tal exigência justifica-se por uma razão adicional. As medidas de efetivação da tutela específica quanto aos deveres de fazer e de não fazer, poderosamente efetivas como são, proprocionam uma agressão direta à esfera jurídica do réu. Exigem, pois, seja preservado o valor da segurança jurídica num nível mais alto do que na execução por expropriação seguinte à decisão condenatória.[492] Reportando-se às "execuções diretas" – assimiláveis, no contexto brasileiro, à efetivação das tutelas mandamental e executiva *lato sensu* – Giuseppe Tarzia ressalta não serem elas estranhas à garantia do contraditório, de onde vem a importância de se comunicar a decisão à parte

---

[489] TARUFFO, Michele. Note sul diritto alla condenna e all´esecuzione. *Revista de Processo*, São Paulo, ano 32, n. 144, p. 57-84, fevereiro/2009, p. 83-84.

[490] MACHADO, Fábio Cardoso. *Jurisdição, condenação e tutela jurisdicional*. Rio de Janeiro: Lumen Juris, 2004, p. 218-220.

[491] A exigência da prévia intimação do réu nessa situação pode ser encontrada no artigo 500, § 2º do Projeto de CPC, o qual se aplica a todos as hipóteses de "cumprimento da sentença condenatória", conceito que compreende – embora sem a melhor técnica – as "sentenças condenatórias de fazer, não fazer ou entregar coisa".

[492] OLIVEIRA, Carlos Alberto Alvaro de. *Teoria e prática da tutela jurisdicional*. Rio de Janeiro: Forense, 2008, p. 186.

devedora, posicionando-a em condições de controlar a regularidade da operação e tutelar seus próprios interesses.[493]

Além de provocar o réu a satisfazer o direito do autor, a ciência antecipada do provimento permite ao demandado exercer um controle de legitimidade da técnica prediposta para a efetivação da tutela. Dessa forma, o primeiro ato do juiz no procedimento de concretização da tutela específica deve consistir na ciência do réu para *agir em cumprimento*. Quando a atividade material houver sido suspensa, de fato ou de direito, as partes devem ser igualmente notificadas da sua retomada com vistas à proteção de seus interesses.[494]

A obrigatoriedade da comunicação ao réu não se atenua – pelo contrário, acentua-se – no contexto dos provimentos antecipatórios, que exigem do julgador um compromisso adequado entre efetividade e segurança. Apenas em situações excepcionais, de grave necessidade e devidamente justificadas, tendo em vista as garantias da efetividade da tutela e da duração razoável do processo – pense-se, por exemplo, na providência que não pode ser comunicada ao réu, sob pena de este tender a frustrar sua implementação – é que será possível concretizar diretamente a medida antecipatória.

A intimação deve ser pessoal, pois seu escopo primário é dobrar a vontade recalcitrante do réu.[495] A Súmula n. 410 do STJ, apesar de referir-se somente à técnica da multa, aponta nessa precisa direção.[496] É adequada a via postal. Não sendo o devedor encontrado no endereço que consta dos autos do processo, poderá o juiz proceder na forma do artigo 39, parágrafo único, do CPC/1973, *parte final*,[497] tendo em vista que a necessidade de dar ciência do provimento ao réu não pode erguer-se como obstáculo à prestação de uma tutela efetiva.

Na tutela *mandamental*, é inegável a relevância da intimação, pois o destinatário da ordem deve cumpri-la para satisfazer o interesse do autor. Existem situações, aliás, como nos deveres de fazer infungíveis, em que a cooperação do réu é a única solução compatível com o desiderato da tutela específica. Em tais casos a indução da parte a participar ativamente do procedimento reveste-se de importância capital. Importa ressalvar, por outro lado, que o cumprimento da decisão pelo réu não pressupõe *espontaneidade*. É possível – aliás, absolutamente essencial – que o sistema

---

[493] O contraditório no processo executivo. *Revista de Processo*, São Paulo, v. 7, n. 28, p. 55-95, outubro-dezembro/1992, p. 81-83

[494] TARZIA, Giuseppe. O contraditório no processo executivo. *Revista de Processo*, São Paulo, v. 7, n. 28, p. 55-95, outubro-dezembro/1992, p. 84.

[495] Diferente foi a opção do Projeto de CPC, que permite seja a intimação realizada pelo Diário de Justiça, na pessoa do advogado constituído nos autos (artigo 500, § 2º, inciso I).

[496] "A prévia intimação pessoal do devedor constitui condição necessária para a cobrança de multa pelo descumprimento de obrigação de fazer ou não fazer".

[497] "Se o advogado não cumprir o disposto no nº I deste artigo, o juiz, antes de determinar a citação do réu, mandará que se supra a omissão no prazo de 48 (quarenta e oito) horas, sob pena de indeferimento da petição; se infringir o previsto no nº II, reputar-se-ão válidas as intimações enviadas, em carta registrada, para o endereço constante dos autos". A disposição encontra correspondência no artigo 246, § 2º do Projeto de CPC.

processual adote mecanismos de pressão que induzam a parte ao cumprimento voluntário da conduta ordenada pelo juízo, seja por decorrência da própria autoridade da decisão, seja pelo emprego de medidas adequadas.[498] O réu é instado a cumprir sabendo que a sua inércia levará ao uso das técnicas de coerção.

A prévia intimação do réu impõe-se também quando a efetivação da tutela tiver de iniciar-se por atos *executivos*. A colaboração do réu, portanto, deve ser provocada antes mesmo do desencadeamento das atividades executórias. A comunicação do juízo fixando prazo para cumprir o preceito representa um convite a que o réu colabore para a efetivação da decisão judicial, afinando-se com a concepção cooperativa do processo civil.[499] Não se deve esquecer que a exortação ao cumprimento de medidas executivas *lato sensu* é da tradição do processo civil brasileiro, bastando referir as ações de despejo e de reintegração de posse, que facultam prazo ao réu para cumprir a decisão antes de sua realização compulsória. Idêntica forma está prevista para os deveres de entregar coisa, cujo procedimento prevê a intimação do devedor antes da expedição do mandado de busca e apreensão ou de imissão na posse, sendo fixado prazo para cumprir a prestação (CPC/1973, artigo 461-A, *caput* e § 2º).[500]

No caso de muitas técnicas sub-rogatórias, a função da intimação prévia de assegurar o controle da legitimidade do agir jurisdicional assume grave importância. Especialmente em providências de maior complexidade, como a intervenção judicial, se inexistirem circunstâncias especiais que recomendem sigilo na sua efetivação, o réu (além do próprio autor) deve receber conhecimento prévio da técnica escolhida, do procedimento de atuação desenhado pelo juiz e da identidade e qualificação do terceiro executor da medida, e poder impugná-los. Deve ser ainda informado do período das diligências, para acompanhá-las.[501] Tanto exigem os princípios da segurança e da participação processual do réu, parte que não pode ser convertida, mesmo nessa fase, em mero sujeito das intervenções a serem realizadas.

3.4. A REVOGAÇÃO E MODIFICAÇÃO DO PROVIMENTO ANTECIPATÓRIO

A tutela antecipatória pode ser revogada ou modificada a qualquer tempo, por decisão expressa e fundamentada do juiz (artigos 273, § 4º, e 461, § 3º, do Códi-

---

[498] AMARAL, Guilherme Rizzo. *Cumprimento e execução da sentença sob a ótica do formalismo-valorativo*. Porto Alegre: Livraria do Advogado, 2008, p. 132.

[499] MITIDIERO, Daniel Francisco. *Colaboração no processo civil: pressupostos sociais, lógicos e éticos*. São Paulo: Revista dos Tribunais, 2009, p. 149.

[500] Correspondente ao artigo 485, *caput*, do Projeto de CPC.

[501] ARENHART, Sérgio Cruz. A intervenção judicial e o cumprimento da tutela específica. *Revista Jurídica*, Porto Alegre, v. 57, n. 385, p. 45-60, novembro/2009, p. 48-49; 55-56.

TUTELA ESPECÍFICA DE URGÊNCIA

go de 1973).[502] Não esclarece o Código se a iniciativa depende de requerimento do interessado; a isonomia poderia sugerir resposta positiva, já que, tendo sido exigido pedido expresso para sua concessão, a alteração do provimento haveria de pressupor, simetricamente, a manifestação da parte. Na realidade, porém, a consideração do princípio de segurança jurídica legitima uma atuação judicial independente da iniciativa dos litigantes. O poder de modificar ou revogar a medida antecipatória integra o *officium iudicis*, não dependendo de postulação da parte.

A prática forense mostra a impropriedade de um posicionamento diverso. Casos existem – e não são infrequentes – em que o juiz se apercebe de novas circunstâncias (a alteração do ambiente de prova, a modificação do direito vigente), podendo então modificar o provimento original, mesmo na inércia do réu, mediante a indicação precisa dos eventos que motivaram a alteração.[503] Não cabe ao juiz, entretanto, *ampliar o provimento urgente* por decisão *ex officio* (poderá, claro, variar a forma ou técnica de tutela, mas para concretizar a tutela antecipatória original). A amplificação da tutela antecipatória exige pedido expresso do autor, podendo faltar-lhe interesse, por exemplo, numa intervenção mais extensa do que a pedida inicialmente.

O exercício do contraditório prévio sobre o fundamento da decisão que alterar ou revogar o provimento antecipatório é essencial. Deve o juiz provocar a intimação da parte contrária – ou de ambas, caso esteja a proceder de ofício em sua decisão. É particularmente importante que a parte potencialmente prejudicada com a decisão seja cientificada com antecedência das razões que estão sendo consideradas pelo juiz (o autor, no caso de revogação ou atenuação da medida; o réu, na hipótese de sua ampliação), tendo oportunidade para manifestar-se de forma eficaz. Evitam-se, assim, as perniciosas decisões-surpresa, manifestamente incompatíveis que são com a garantia fundamental do contraditório.

É prevalecente o entendimento de que a revisão da tutela antecipatória pelo juiz depende de "elementos novos", não podendo ser provocada pela simples alteração do entendimento pessoal do julgador, situação que arrostaria o princípio fundamental da segurança.[504] Os elementos novos, afirma a doutrina, podem dizer respeito à modificação das circunstâncias vigentes no momento da decisão inicial

---

[502] Com correspondência no artigo 283, *caput*, do Projeto de CPC.

[503] Assim o entendimento do STJ, conforme decisão de seguinte ementa: "PROCESSO CIVIL. ANTECIPAÇÃO DA TUTELA. REVOGAÇÃO EX OFFICIO. POSSIBILIDADE. O juiz pode revogar a antecipação da tutela, até de ofício, sempre que, ampliada a cognição, se convencer da inverossimilhança do pedido. Recurso especial conhecido e provido." (REsp 193298/MS, Rel. Ministro WALDEMAR ZVEITER, Rel. p/ Acórdão Ministro ARI PARGENDLER, TERCEIRA TURMA, julgado em 13/03/2001, DJ 01/10/2001, p. 205).

[504] Cf., por todos, BUENO, Cássio Scarpinella. *Tutela antecipada*. 2ª ed. rev. atual. ampl. São Paulo: Saraiva, 2007, p. 74. Também na doutrina e jurisprudência italianas, segundo Tommaseo, é difundido o entendimento de que a revisão do provimento de urgência está subordinada à modificação das circunstâncias originais (*I provvedimenti d'urgenza: struttura e limiti della tutela anticipatoria*. Padova: CEDAM, 1983, p. 324).

– trata-se do critério adotado pelo artigo 669-decies do C.P.C. italiano – ou a novas provas trazidas aos autos do processo.[505]

Embora aceitável, a afirmativa de que o provimento só pode ser alterado quando modificadas as circunstâncias deve ser interpretada com largueza, de modo a abranger, por exemplo, as alterações no ambiente probatório e as modificações no direito positivo. Cumpre ainda seja evitada, nesse tema, rigidez demasiada, que poderia justificar a perpetuação de decisões francamente equivocadas, com grave prejuízo à parte.

Em situações excepcionais, convencendo-se o juiz, pelo reexame das circunstâncias dos autos, que o requisito inicialmente considerado atendido nunca existiu, caberá a revogação ou alteração correspondente, precedida das devidas cautelas. Naturalmente, a exigência de pedido ou de "elementos novos" também não se coloca quando a revogação decorre da sentença de improcedência, pois aqui o fenômeno é produto da decisão definitiva da lide, fundada em cognição exauriente.

Revogada ou reformada a decisão, total ou parcialmente, (inclusive quando tal resultado decorrer da sentença de improcedência), o procedimento "fica sem efeito" (CPC, artigo 475-O, inciso II).[506] Desaparecem as consequências da medida urgente no mundo jurídico, devendo ser respostas as partes na situação anterior. A *astreinte*, por exemplo, não sobrevive ao juízo de improcedência do interesse que visava a proteger. Desconstituída a ordem judicial de prestação, desaparece a causa jurídica da imputação patrimonial que desfavorecia o réu e beneficiava o autor, verificando-se o desaparecimento da multa.[507] Os valores eventualmente percebidos pelo autor deverão ser restituídos ao réu.

Por vezes não é possível restabelecer a situação inicial, e então a restituição ao *status quo ante* confunde-se com a indenização, consistindo no pagamento ao réu do "equivalente pecuniário", apurado nos próprios autos por arbitramento.[508] Os interesses dos terceiros de boa-fé merecem proteção. Se o terceiro adjudicou legitimamente um bem do réu, esse não será devolvido à parte. Pelo contrário, caberá ao autor indenizar o réu pelo valor correspondente.

Afora o dever de recompor a situação anterior, cogita-se da responsabilidade do autor pelos danos causados ao réu em virtude da efetivação da medida. Segundo noticia Giuseppe Tarzia, o ressarcimento dos danos provocados pela parte que obteve a tutela provisória infundada está previsto, sob diferentes condições, nos di-

---

[505] TALAMINI, Eduardo. *Tutela relativa aos deveres de fazer e de não fazer: e sua extensão aos deveres de entrega de coisa: CPC, arts. 461 e 461-A, CDC, art. 84*. 2ª ed. rev. atual. ampl. São Paulo: Revista dos Tribunais, 2003, p. 398.

[506] Correspondente ao artigo 506, inciso II do Projeto de CPC.

[507] ASSIS, Araken de. *Cumprimento da sentença*. Rio de Janeiro: Forense, 2006, p. 227.

[508] DIDIER JÚNIOR, Fredie *et al*. *Curso de direito processual civil. Vol. 5*. Salvador: Jus Podium, 2009, p. 196-199. Exclui-se, porém, a restituição do estado anterior quando tal solução agride valor constitucional vinculado à dignidade da pessoa humana, como no caso da percepção de valores alimentares. Assim a decisão do STJ no AgRg no Ag 1.101.490-RS, Rel. Celso Limongi (Desembargador convocado), j. em 26/5/2009.

TUTELA ESPECÍFICA DE URGÊNCIA

reitos alemão, austríaco e italiano,[509] diferentemente não se dando no processo civil brasileiro. Apesar do silêncio dos artigos 273 e 461 do CPC de 1973,[510] o princípio da responsabilidade objetiva – instituído pelo artigo 811 do mesmo Código para as medidas cautelares – aplica-se ao postulante da antecipação da tutela em face do regime jurídico compartilhado pelas medidas provisórias de urgência.

A previsão legal da modificabilidade e revogabilidade do provimento leva à necessidade de reverter seus efeitos, ficando o beneficiário obrigado a repor o estado anterior e a reparar os prejuízos da parte que suportou a medida.[511] Note-se que a mesma conclusão decorre da visão sistemática do artigo 273, § 3°, do Código de 1973, o qual, na redação imprimida pela Lei n. 10.444/2002, manda observar, na efetivação da tutela antecipatória, *a totalidade do artigo 588* (depois artigo 475-O) – inclusive a obrigação de reparar prevista no respectivo inciso I, cuja índole é inegavelmente objetiva.[512]

3.5. A ADEQUAÇÃO DAS FORMAS E TÉCNICAS DE TUTELA

Espécie do gênero tutelas diferenciadas, as medidas antecipatórias da tutela específica admitem uma considerável plasticidade na estruturação das formas de tutela jurisdicional e na disposição das técnicas processuais adotadas para a realização de seus fins, características que merecem exame no contexto das garantias fundamentais do processo.

3.5.1. A conformação da tutela e o princípio da adstrição ao pedido

Um dos maiores limites à atuação do Poder Judiciário reside no *princípio da demanda*, ou *princípio dispositivo em sentido material*, o qual, radicando-se nas exigências de liberdade do indivíduo e de imparcialidade do juízo – numa expressão processual dos princípios fundamentais da liberdade (CF, artigo 5°, *caput* e inciso II) e da livre iniciativa (CF, artigo 1°, inciso IV) – reserva às partes o poder de instaurar o processo e de definir o seu objeto litigioso.[513] Se no espectro formal, notadamente na iniciativa probatória, o princípio dispositivo vem sofrendo derrogações, ele

---

[509] Considerazioni comparative sulle misure provisorie nel processo civile. *Rivista di Diritto Processuale*, Padova, v. 40, n. 2, p. 240-254, abril-junho/1985, p. 252.

[510] Tanto para medidas cautelares como antecipatórias, o Projeto de CPC institui o dever do requerente de indenizar o requerido por *danos processuais e materiais*, caso a medida seja revogada ou cesse sua eficácia (artigo 274, incisos I a IV).

[511] ARAGÃO, E. D. Moniz de. Alterações no código de processo civil: tutela antecipada, perícia. In: *Reforma do código de processo civil*. Coord.: TEIXEIRA, Sálvio de Figueiredo. São Paulo: Saraiva, 1996, p. 245-246.

[512] O Projeto de CPC segue tal princípio quando obriga o autor a indenizar o réu pelo prejuízo que lhe causar a efetivação da medida antecipatória, dentre outros, quando a sentença lhe for desfavorável e quando ocorrer a cessação da eficácia da medida em qualquer dos casos legais (artigo 274, incisos I e III).

[513] OLIVEIRA, Carlos Alberto Alvaro de. *Do formalismo no processo civil*. 2ª ed. rev. ampl. São Paulo: Saraiva, 2003, p. 142.

conserva seu prestígio no âmbito material, isto é, na iniciativa das partes de construírem o objeto litigioso da demanda.

Vigoram razões de política judiciária para que o juiz se mantenha afastado em relação às questões da iniciação do processo e da definição do pedido e da causa de pedir. A faculdade de desencadear a demanda e de fixar-lhe o conteúdo está vinculada ao plano do direito material, não admitindo o sistema processual que nela intervenha o juízo, sob pena de comprometer sua imparcialidade. Aliás, o grau de direção material exercida pelo juiz provém de valorações culturais, políticas e ideológicas, sendo bem documentada, por exemplo, a predileção dos juristas fascistas pela direção material na fixação do objeto. O processo brasileiro preservou as partes da interferência oficial no dimensionamento do *thema decidendum* (vide CPC/1973, artigos 2°, 262, princípio, e 300).

Um dos elementos do princípio da demanda é o princípio da *adstrição do juiz ao pedido do autor*, ou da *congruência entre pedido e sentença*, o qual veda ao órgão judiciário emitir decisão de natureza diversa, ou impor ao réu sanção mais gravosa, ou em objeto diverso, do que fora inicialmente requerido pelo autor. A proibição dos julgamentos *ultra* ou *extra petita* liga-se à preservação da integridade do contraditório no processo, assegurando que a decisão e seus efeitos possam ser rastreados ao pedido inicial e à resposta do réu. Cogita-se de certa "crise" pela qual estaria passando, contemporaneamente, o princípio da congruência,[514] mas antes de qualquer crise está a simples constatação de que esse princípio *não possui caráter absoluto*.[515]

Existem, com efeito, situações de direito material que por sua natureza reclamam a desvinculação do provimento jurisdicional do pedido inicial (como na autorização dada ao juiz para condenar o réu em prestações periódicas apesar do silêncio do autor na inicial da demanda). Claro, a relativização do princípio da adstrição deve constar da lei processual, submetendo-se ao controle de proporcionalidade, pois o pressuposto de um "poder geral" de superação desse princípio pelo juiz importaria em violação indefensável às garantias fundamentais do processo.

A "atipicidade" dos meios executórios em relação ao cumprimento dos deveres de fazer e de não fazer (e de entregar coisa), é expressão do referido fenômeno de relativização. Na demanda tendo por objeto o cumprimento de deveres de fazer ou não fazer pode o juiz conceder a tutela específica do direito ou determinar providências que assegurem o resultado prático equivalente ao do adimplemento, bem como determinar a conversão em perdas e danos. A disciplina legal oxigena a relação entre pedido e provimento jurisdicional, permitindo cogitar de uma *instabilidade virtuosa* da decisão.[516] Esse afastamento da tipicidade dos meios executivos

---

[514] BEDAQUE, José Roberto dos Santos. *Tutela cautelar e tutela antecipada: tutelas sumárias e de urgência: tentativa de sistematização*. 5ª ed. rev. ampl. São Paulo: Malheiros, 2009, p. 99-100.

[515] WATANABE, Kazuo. Tutela antecipatória e tutela específica das obrigações de fazer e não fazer: arts. 273 e 461, CPC. *Revista de Direito do Consumidor*, São Paulo, n. 19, p. 77-101, julho-setembro/1996, p. 96.

[516] AMARAL, Guilherme Rizzo. *Cumprimento e execução da sentença sob a ótica do formalismo-valorativo*. Porto Alegre: Livraria do Advogado, 2008, p. 127-128.

TUTELA ESPECÍFICA DE URGÊNCIA

representa um dos "pontos temáticos" da flexibilização do princípio de congruência. São questões interligadas, que têm como substrato o direito fundamental à tutela efetiva.

A atipicidade não significa apenas que a decisão judicial pode estabelecer a técnica de efetivação apropriada. Na verdade, o juiz pode escolher entre a tutela mandamental e a executiva *lato sensu,* podendo transitar entre uma e outra (cujos limites, a bem dizer, não são interamente precisos), e, em situações excepcionais, até mesmo empregá-las conjuntamente.[517] A premissa de que as sentenças podem ser rigidamente classificadas quanto a suas eficácias cede terreno diante da constatação de que o juiz está desvinculado da forma e das técnicas de tutela eventualmente postuladas pelo autor, podendo variá-las (inclusive, quando da concretização da decisão). Quando o juiz acolhe o pedido está autorizado a empregar os meios e técnicas adequados à sua efetivação.

A possibilidade de conceder tutela final diversa da requerida reproduz-se na sua concessão em caráter antecipatório. Assim como o faria na sentença, o juiz pode conceder, a título de tutela provisória interinal, providência diversa da requerida pelo autor como tutela final (desde que idônea, evidentemente, para satisfazer o interesse em causa). Também pode deferir, na forma do § 7º do artigo 273 do CPC/1973, providência cautelar em lugar da antecipatória, quando mais apropriada.[518]

São compreensíveis os motivos pelas quais o princípio da congruência cede diante da possibilidade de adaptação das tutelas e das técnicas de efetivação previstas no sistema de tutela específica. Em primeiro lugar, a flexibilização afigura-se relativa: o extravasamento da decisão em relação aos limites da demanda baliza-se pela situação final pretendida pelo autor na demanda. Trata-se de atingir o mesmo resultado revelado no pedido e na causa de pedir.[519] É *somente dentro de certos limites, portanto,* que o juiz pode desprender-se do pedido formulado pela parte, pois o resultado obtido deve ser equivalente ao perseguido no pedido original. As fronteiras dessa variabilidade são definidas pela própria situação jurídica material alegada, sendo vedado ao juiz deferir tutela que produza resultado alheio à relação jurídica originária.[520]

Ainda, a variabilidade opera apenas no campo das tutelas suportadas pelo próprio sistema de tutela específica. Se o autor postulou originalmente tutela condenatória ou declaratória, por exemplo, está proibido o juiz de conceder-lhe a proteção mandamental. Tal constatação leva a concluir que no campo em questão o

---

[517] MACHADO, Fábio Cardoso. *Jurisdição, condenação e tutela jurisdicional.* Rio de Janeiro: Lumen Juris, 2004, p. 255-256.

[518] MARINONI, Luiz Guilherme. *Antecipação da tutela.* 10ª ed. rev. atual. ampl. São Paulo: Revista dos Tribunais, 2008, p. 62. Com ainda maior razão pode fazê-lo à luz do Projeto de CPC, que dá regulação comum às cautelares e antecipatórias e confere ao juiz o "poder de determinar as medidas que considerar adequadas" para a tutela do direito (artigo 270).

[519] DINAMARCO, Cândido Rangel. *A reforma da reforma.* 5ª ed. São Paulo: Malheiros, 2003, p. 228-229.

[520] MARINONI, Luiz Guilherme; MITIDIERO, Daniel. *Código de Processo Civil: comentado artigo por artigo.* São Paulo: Revista dos Tribunais, 2008, p. 427.

princípio de adstrição *assumiu caráter material*, reclamando a congruência da decisão com o pedido *mediato*, ou seja, com o bem da vida buscado no processo; uma aderência que realça a especificidade da tutela proporcionada nessas disposições. O pedido do autor vincula o juiz no tocante à tutela mediata – a obtenção do resultado específico. O requerente da medida de urgência especifica o bem da vida que será buscado, cabendo ao juiz o poder de determinar as medidas e técnicas que serão empregadas.[521] A flexibilidade proporcionada pelo mecanismo de tutela específica diz respeito, pois, à tutela imediata e a seus mecanismos, isto é, à eficácia da decisão e aos instrumentos para sua concretização.

Em certas situações, o processo aceita que a tutela se descole *do próprio pedido mediato*, como acontece na conversão do pedido de tutela específica em perdas e danos. Entre a tutela específica pedida originalmente e sua conversão em indenização substitutiva (constatada a impossibilidade da prestação específica) há uma ampliação substancial da causa de pedir original,[522] o que importa na variação do próprio pedido mediato (bem da vida) reivindicado em juízo.

Verifica-se, no caso, uma flexibilização adicional – e mais intensa – do princípio da congruência, embora o direito à indenização permaneça contido na relação jurídica principal. O que se passa no plano do direito material, consoante observa Antunes Varela, é a substituição do direito à prestação principal pelo direito à indenização. Esse novo direito corresponde a um direito de prestar inteiramente distinto do primeiro, mas *assume caráter secundário, estando perfeitamente encartado na moldura da relação obrigacional.*[523]

O fenômeno da atipicidade das formas e técnicas de tutela reflete uma forma específica de relação entre direito material e processo, cuja melhor explicação não reside na ideia de "pedido implícito", frequentemente encontrada em doutrina.[524] Na realidade, o direito às diferentes tutelas materiais, aptas a remover ou impedir a violação do direito, já existe pré-processualmente, no plano do direito substancial. Esse plexo de eficácias contidas na afirmação do direito à prestação de um fato ou de uma abstenção ingressa no processo *in status assertionis* e serve de modelo, juntamente com valores processuais, para a construção da decisão judicial, a qual contém um plexo de *eficácias processuais latentes (mandamentais, executivas, condenatórias).*

As eficácias processuais aptas a prestar tutela efetiva, as quais contêm em potência os efeitos materiais que deverão modificar as relações de direito material subjecentes ao processo,[525] passam uma à frente da outra (preponderam) de

---

[521] TOMMASEO, Ferrucio. *I provvedimenti d'urgenza: struttura e limiti della tutela anticipatoria*. Padova: CEDAM, 1983, p. 301.

[522] TALAMINI, Eduardo. *Tutela relativa aos deveres de fazer e de não fazer: e sua extensão aos deveres de entrega de coisa: CPC, arts. 461 e 461-A, CDC, art. 84*. 2ª ed. rev. atual. ampl. São Paulo: Revista dos Tribunais, 2003, p. 334.

[523] *Das obrigações em geral. Vol. II.* 7ª ed. rev. atual. Coimbra: Almedina, 1997, p. 151.

[524] ZAVASCKI, Teori Albino. *Antecipação da tutela*. 7ª ed. São Paulo: Saraiva, 2009, p. 168-169.

[525] ZANETI JÚNIOR, Hermes. Direito material e direito processual: relações e perspectivas. *Revista Processo e Constituição*, Porto Alegre, v. 1, n. 1, p. 245-278, janeiro-abril/2004, p. 255-256.

TUTELA ESPECÍFICA DE URGÊNCIA

acordo com os obstáculos encontrados na atuação da tutela jurisdicional, numa "atualização concreta" dos efeitos provenientes da decisão, a qual fica autorizada expressamente pelo legislador diante dos eventos que podem ocorrer no cotidiano da atuação forense. Abre-se uma brecha, dessa forma, nas normas que preveem a congruência entre pedido e sentença (CPC, artigos 128 e 459).[526]

Em segundo lugar, deve ser mencionado que a variação permitida pelo sistema de tutela específica conecta-se com o modo de exercer a função jurisdicional e com a sua efetividade. Se a reclamação de tutela ao órgão jurisdicional é do interesse do litigante que a formula, o modo de efetivação da proteção jurisdicional é problema afeito ao Estado Constitucional. Não são os interesses do autor que ditam o emprego das "medidas de apoio" para efetivação da tutela, mas sim o interesse do Estado-Juiz na concretização eficaz da tutela dispensada, sendo este o fator por detrás da possibilidade de sua utilização *ex officio* pelo Juiz.[527]

Recusar certa fluidez operacional nesse campo seria privar o sistema processual das suas condições mínimas de atuação, agredindo o próprio núcleo essencial do direito à tutela efetiva e adequada. Não se pode falar numa tutela jurisdicional efetiva, como advertem Lugio Paolo Comoglio e Corrado Ferri, sem que estejam disponíveis meios de tutela adequadamente flexíveis – e, portanto, atípicos – para atender às variadas exigências de justiça.[528] A ausência de vinculação do juiz ao pedido da parte, no tocante às formas e técnicas de atuação, concretiza as exigências postas pelo direito fundamental à tutela "executiva", na sua dupla dimensão – subjetiva e objetiva.[529]

3.5.2. A conformação da tutela e a discricionariedade judicial

A efetividade, tomada numa perspectiva dinâmica e qualificada, importa no direito da parte de obter uma decisão – antecipatória ou definitiva – adequada à situação jurídica substancial tutelada no processo. Supõe o direito à estruturação de formas diferenciadas e elásticas de tutela, conforme as características das diferentes crises atravessadas pelo direito material.[530] Essa exigência situa-se na base do sistema de tutela específica e antecipatória construído pela legislação processual civil. O fato de esse sistema ter sido edificado sobre conceitos semanticamente abertos estimula a reflexão sobre a atividade que o juiz desenvolve ao escolher entre as diferentes formas e técnicas de tutela por ele predispostas.

---

[526] No Projeto de CPC as referências indicadas correspondem aos artigos 121 e 477, *caput*.

[527] PORTO, Sérgio Gilberto. *Comentários ao código de processo civil. V. 6*. São Paulo: Revista dos Tribunais, 2000, p. 121.

[528] La tutela cautelare in Italia: profili sistematici e riscontri comparativi. *Rivista di Diritto Processuale*, Padova, v. 45, n. 4, p. 963-981, 1990, p. 981.

[529] GUERRA, Marcelo Lima. *Direitos fundamentais e a proteção do credor na execução civil*. São Paulo: Revista dos Tribunais, 2003, p. 105.

[530] OLIVEIRA, Carlos Alberto Alvaro de. *Teoria e prática da tutela jurisdicional*. Rio de Janeiro: Forense, 2008, p. 127-128.

Os conceitos jurídicos indeterminados respondem à necessidade de conciliar o sistema processual com os valores complexos e mutáveis da sociedade contemporânea. Deparando-se com a ausência de regras claras e predefinidas, corrente respeitável sustenta caber ao juiz a *opção volitiva* entre as alternativas igualmente legítimas contidas na moldura do preceito legal. O provimento que concede a tutela antecipatória – concretizando os conceitos normativos gerais – envolveria, pois, uma tarefa *discricionária*. A discricionariedade se faria presente, segundo tal concepção, *depois de exaurida a atividade interpretativa*, quando restasse ao juiz uma pluralidade de soluções igualmente válidas e adequadas para a prestação da tutela.[531] Tendo delimitado um conjunto de "medidas de apoio" cabíveis e adequadas ao caso, caberia ao juiz selecionar a medida a ser usada segundo um juízo de conveniência e oportunidade.

Falar em atividade discricionária do juiz por si só significa invocar um conceito ambíguo e impreciso, sobretudo quando usado para descrever certo modo de exercício da atividade jurisdicional.[532] A tese de que o julgador pode decidir discricionariamente é tributária de certa visão positivista do fenômeno jurídico, que, sem conseguir elucidar de maneira satisfatória os casos que não podem ser reconduzidos a um padrão normativo predeterminado, encontrou na discricionariedade administrativa o substrato para representar um *poder do juiz de decidir o caso segundo lhe pareça mais adequado*.[533]

Atualmente, percebe-se que esse primitivo conceito de discricionariedade, forjado no ambiente do direito administrativo, é inadequado para descrever a função jurisdicional.[534] Seu ponto débil reside na confusão entre discricionariedade e flexibilidade dos conceitos jurídicos indeterminados. Não existe, verdadeiramente, decisão judicial que possa ser considerada discricionária, no sentido de obedecer somente à escolha volitiva do julgador ou a um juízo de mera conveniência ou oportunidade. Os conceitos normativos vagos não deixam de ter conteúdo jurídico, que deve ser preenchido, não com uma opção discricionária do juiz, porém com valores encontrados no próprio sistema jurídico.

Não é casual, aliás, que as regras dotadas de conceitos abertos – a exemplo daquelas que podem ser extraídas dos artigos 273 e 461 do CPC/1973 – tenham inspirado parcela da doutrina a cogitar de uma aplicação judicial discricionária. É que os conceitos indeterminados, que encontram sua expressão em termos abertos como "razoável", "negligente" e "injusto", têm a qualidade peculiar de funciona-

---

[531] SILVA, Ovídio Araújo Baptista da. Antecipação de tutela: duas perspectivas de análise. *Revista de Direito Processual Civil Gênesis*, Curitiba, n. 5, p. 403-414, maio-agosto/1997, p. 409-410.

[532] TOMMASEO, Ferrucio. *I provvedimenti d'urgenza: struttura e limiti della tutela anticipatoria*. Padova: CEDAM, 1983, p. 304.

[533] CAMBI, Eduardo. *Neoconstitucionalismo e neoprocessualismo: direitos fundamentais, políticas públicas e protagonismo judiciário*. São Paulo: Revista dos Tribunais, 2009, p. 81-82.

[534] WAMBIER, Teresa Arruda Alvim. Da liberdade do juiz na concessão de liminares e a tutela antecipatória. In: *Aspectos polêmicos da antecipação de tutela*. Coord.: WAMBIER, Teresa Arruda Alvim. São Paulo: RT, 1997, p. 506-513.

TUTELA ESPECÍFICA DE URGÊNCIA

rem *logicamente como regras e substancialmente como princípios.*[535] Não obstante, da mesma forma que acontece aos princípios, as regras jurídicas construídas pelo intérprete a partir de preceitos legais com tessitura aberta não formam uma moldura para a atuação irrestrita do órgão judicial.

Embora a trama normativa possa lhe conferir maior liberdade de interpretação, não é correto afirmar que o juiz tenha liberdade de escolha entre todas as soluções legítimas envolvidas na decisão sobre a antecipação da tutela, o que é especialmente verdadeiro a respeito da opção entre as diferentes formas de concretizar a tutela. O juiz não exerce discricionariedade ao manusear os conceitos indeterminados presentes na regulação da tutela específica e de sua antecipação, até por não se conceber, no produto dessa atividade intelectiva, nenhum traço da imunidade à revisão judicial que, segundo alguns, caracterizaria o núcleo dos atos administrativos ditos *discricionários.*[536]

O sistema jurídico sempre possibilita a "melhor solução", meta do intérprete sistemático, por ela entendendo-se a hermenêutica capaz de concretizar a mais completa eficácia e realização prática da constelação de princípios fundamentais. Segundo assinala Juarez Freitas, com propriedade, "não enfraquece, mas, ao contrário, fortalece o sistema não haver respostas únicas corretas em matéria de direitos fundamentais, mas simplesmente respostas melhores".[537] É nesse contexto que se legitima a função do juiz como verdadeiro "artífice" no manejo das tutelas provisórias de urgência.

A estruturação das tutelas prestadas por meio do processo vincula-se a uma rica compilação de posições fundamentais. No plano da efetividade, por exemplo, verificam-se duas tendências complementares. A primeira – a tensão *verso la completezza della tutela esecutiva* – determina que o sistema deve fornecer instrumentos de efetivação para todas as situações materiais tuteladas. A segunda, a tensão *verso l'efficacia della tutela esecutiva*, indica que tais instrumentos devem permitir a concreta atuação dos direitos tutelados. Referidas tendências têm como corolário o *princípio da adequação*, segundo o qual o remédio executivo deve ser individualizado para ser o mais eficaz possível no caso concreto. Daí provém o acento que o sistema processual deposita na liberdade do juiz para escolher a técnica de atuação.[538]

O princípio da adequação, ou adaptabilidade, define um *modelo procedimental flexível*, passível de ser adaptado à maior ou menor complexidade do litígio e às circunstâncias mutáveis do direito material, permitindo a adoção de providências

---

[535] DWORKIN, Ronald. *Taking rights seriously.* Cambridge: Harvard University Press, 1978, p. 28.

[536] ALVIM, Arruda. Tutela antecipatória: algumas noções: contrastes e coincidências em relação às medidas cautelares satisfativas. In: *Reforma do código de processo civil.* Coord.: TEIXEIRA, Sálvio de Figueiredo. São Paulo: Saraiva, 1996, p. 109-110.

[537] A melhor interpretação constitucional *versus* a única resposta correta. In: *Interpretação constitucional.* Org.: SILVA, Virgílio Afonso da. São Paulo: Malheiros, 2005, p. 345-346.

[538] TARUFFO, Michele. L'attuazione esecutiva dei diritti: profili comparatistici. In: *Processo e tecniche di attuazione dei diritti.* Coord.: MAZZAMUTO, Salvatore. Napoli: Jovene, 1989, p. 102-103.

diferentes para obter o resultado do processo. O poder de empregar diferentes formas e técnicas na concretização da decisão é uma expressão viva daquele princípio, pois busca conferir uma *liberdade sindicável* ao julgador para adaptar o procedimento às características do caso concreto. Maximiza-se, dessa forma, a possibilidade de o titular do interesse obter a tutela específica, desfrutando do próprio direito reclamado, no quadro de um processo com duração razoável.

Outro valor de grande relevo para a conformação da tutela, fruto do regime constitucional da atividade de concretização das decisões judiciais, diz com a *cooperação* entre as partes e o juízo para alcançar a efetiva proteção dos direitos. A colaboração, como já se viu, além de ligada ao valor da efetividade, atende à ideia de segurança, mantendo relação com as garantias do contraditório e da ampla defesa (que também intervêm nos procedimentos de realização concreta das decisões não autossuficientes). Relaciona-se, assim, de forma próxima, com o controle e a correção da atividade judicial de concretização da decisão.

Conforme é possível perceber, a contrapartida à liberdade que o sistema processual concede ao juiz para conformar a tutela – podendo, por exemplo, desatender ao pedido formulado pelo autor, ao conceder tutela executiva em lugar de mandamental, ou específica no lugar de tutela do resultado equivalente – está na sua subordinação à eficácia normativa dos direitos fundamentais, e, portanto, no *balizamento daquele poder pelo preceito da proporcionalidade*, com seus postulados da efetividade e necessidade.[539] A atividade judicial não pode ficar imune a controle. No paradigma da tipicidade dos meios executivos – até pouco tempo atrás prevalecente no processo civil brasileiro – esse controle pautava-se pelo princípio da legalidade. Agora, com o domínio da atipicidade, o controle é dado pelo emprego dos critérios da proporcionalidade.[540]

Na aplicação das medidas coercitivas não se trata de conceber uma opção genérica e abstrata entre efetividade da tutela e preservação da dignidade do réu, devendo ser buscada, a partir das peculiaridades do caso concreto, uma concordância prática que preserve ao máximo a proteção desses valores fundamentais contrapostos. A seleção da tutela a ser antecipada, e da técnica a ser empregada – bem assim sua alteração no momento de efetivar o provimento judicial – devem ser justificadas pelo juízo. A quebra da tipicidade dos meios faz nascer a exigência de explicação precisa dos motivos judiciais, residindo na análise da justificação a única forma de controle do exercício daquele poder.[541]

---

[539] MARINONI, Luiz Guilherme. *Tutela específica: arts. 561, CPC e 84, CDC.* 2ª ed. rev. São Paulo: Revista dos Tribunais, 2001, p. 130.

[540] DIDIER JÚNIOR, Fredie *et al. Curso de direito processual civil. Vol. 5.* Salvador: Jus Podium, 2009, p. 437.

[541] MARINONI, Luiz Guilherme; MITIDIERO, Daniel Francisco. *Código de Processo Civil: comentado artigo por artigo.* São Paulo: Revista dos Tribunais, 2008, p. 433.

TUTELA ESPECÍFICA DE URGÊNCIA

3.5.3. Alguns parâmetros de construção da tutela jurisdicional

Para que seja dado atendimento à garantia constitucional da efetividade da tutela não basta a concepção de tutelas que ofereçam uma reação meramente formal ao interesse reivindicado. É necessário que as respostas sejam eficazes.[542] Como definir, porém, qual a tutela *eficaz e adequada* ao caso concreto? A busca de parâmetros teóricos para orientar tal escolha é tarefa complexa, sendo múltiplos os fatores, processuais e extraprocessuais, a serem considerados.

A estruturação da tutela adequada reage a certos aspectos do direito material que limitam a escolha inicial do julgador. O cumprimento de dever infungível, por exemplo, convida à atuação da tutela mandamental, mediante o emprego de técnicas coercitivas.[543] Entretanto, já se viu que a escolha da tutela processual não é dada *exclusivamente* pelo conteúdo do direito material a ser tutelado. Tendo o processo caráter publicístico, seus resultados estão balizados por princípios de índole processual.[544]

Para que se esteja diante de um comportamento jurisdicional legítimo na montagem da tutela, cumpre ao juiz pautar-se pelas normas da adequação, da efetividade e da segurança. O meio eleito, por exemplo, deve ser adequado e idôneo para a finalidade que se pretende – a tutela, em termos concretos, do direito reivindicado pelo autor.

Além de sua adequação e idoneidade, deve ser escolhido meio que proporcione a *menor restrição possível* à esfera jurídica do réu. O meio adotado não pode inviabilizar o cumprimento da prestação (a exemplo de meio coercitivo que impede a continuidade da empresa), nem pode importar no sacrifício de um bem jurídico mais relevante do que o tutelado no processo. Por fim, o poder jurisdicional de impor as medidas necessárias para concretizar as decisões deve subordinar-se ao controle das partes.

Tais exigências fundamentais podem ser facilmente reconstruídas, consoante propõem Marcelo Lima Guerra e Fredie Didier Jr.,[545] na linguagem da proporcionalidade e de seus sub-critérios. A efetivação da tutela provisória de urgência envolve o exame de *adequação*, exigindo-se a real possibilidade de que o emprego da medida leve ao cumprimento específico. Pelo critério da *necessidade* – intitulado por aqueles autores *exigibilidade* – a medida deve proporcionar a menor restrição possível à es-

---

[542] TARUFFO, Michele. Notte sul diritto alla condanna e all'esecuzione. *Revista de Processo*. São Paulo, v. 32, n. 144, p. 57-84, fevereiro/2007, p. 81.

[543] Mesmo aqui, porém, a limitação tem sido relativizada diante de certos deveres tradicionalmente considerados como infungíveis. Assim o caso dos deveres de não fazer, em que não raramente se faz possível a produção do "resultado prático equivalente", como na remoção de equipamentos e instalações que seriam empregados no exercício da atividade indevida do réu.

[544] OLIVEIRA, Carlos Alberto Alvaro de. *Teoria e prática da tutela jurisdicional*. Rio de Janeiro: Forense, 2008, p. 137.

[545] GUERRA, Marcelo Lima. *Execução indireta*. São Paulo: Revista dos Tribunais, 1998, p. 176; DIDIER JÚNIOR, Fredie. *Curso de direito processual civil. Vol. 5*. Salvador: Jus Podium, 2009, p. 423-424 e 437.

fera jurídica do réu. Pelo juízo de proporcionalidade em sentido estrito, a medida deve ser sopesada nas vantagens decorrentes de sua aplicação e nas desvantagens causadas a outro valor protegido. A proporcionalidade, aplicada nas suas diferentes dimensões para estruturar a relação entre o meio de efetivação da tutela e o objeto da prestação, merece o qualificativo de "princípio da adequação".[546]

No tocante ao critério da necessidade, é importante lembrar, como faz Cândido Dinamarco, que o artigo 620 do CPC/1973 ("quando por vários meios o credor puder promover a execução, o juiz mandará que se faça pelo modo menos gravoso para o devedor")[547] representa o "núcleo" de um sistema protetivo contra a atuação judicial excessiva na tutela dos direitos, filiando-se aos princípios de justiça e equidade[548] e funcionando como condensação do parâmetro da proporcionalidade-necessidade no processo. Por força da exigência de proteção o julgador deve considerar sempre a posição jurídica do demandado e a disponibilidade de meios menos agressivos, abstendo-se de tratar o réu como simples objeto da atuação judicial.

Também compete ao juiz avaliar a possibilidade de restringir os efeitos da medida antecipatória, concedendo menos do que o efeito final da sentença.[549] Assim, em vez de lhe transferir a posse da coisa, pode depositá-la nas mãos do autor da demanda. Ou então, em lugar de determinar o desfazimento de uma estrutura ou de uma construção, pode o juiz determinar um acréscimo ou adaptação que seja capaz de alcançar a mesma finalidade, tomando em conta, inclusive, as exigências financeiras da consecução da medida para as partes.

Para modular as medidas de efetivação é fundamental tomar em conta, caso a caso, a relevância do bem jurídico a ser tutelado no processo e a qualidade da cognição judicial realizada para conceder a tutela de urgência.[550] A escolha deve ser efetuada conforme os valores envolvidos no caso concreto. Os provimentos destinados à tutela de interesses de alta relevância, bem como aqueles proferidos depois do encerramento da instrução (inclusive na própria sentença), admitem o emprego de meios de efetivação mais interventivos. Ao contrário, a medida antecipatória proferida com base em cognição sumária mais rarefeita – sem a prévia ciência do réu, por exemplo – demanda a preferência do uso de meios menos restritivos.

A despeito da ausência de uma ordem rígida de precedência entre meios coercitivos e sub-rogatórios, os primeiros (associados à tutela mandamental) tendem a acarretar, em geral, menor restrição à esfera jurídica do réu. Quando se afirma que o meio adotado deve proporcionar a *menor restrição possível*, admite-se, portanto, que

---

[546] ASSIS, Araken de. *Cumprimento da sentença*. Rio de Janeiro: Forense, 2006, p. 39.

[547] O artigo 762 do Projeto de CPC tem idêntica redação.

[548] *Instituições de direito processual civil. V. 4*. 3ª ed. São Paulo: Malheiros, 2009, p. 62

[549] OLIVEIRA, Carlos Alberto Alvaro de. Alcance e natureza da tutela antecipatória. *Revista Forense*, Rio de Janeiro, v. 93, n. 337, p. 47-53, janeiro-março/1997, p. 51.

[550] WAMBIER, Luiz Rodrigues; WAMBIER, Tereza Arruda Alvim; MEDINA, José Miguel Garcia. *Breves comentários à nova sistemática processual civil*: emenda constitucional n. 45/2004 (reforma do judiciário); Lei 10.444/2002; Lei 10.358/2001 e Lei 10.352/2001, p. 236.

TUTELA ESPECÍFICA DE URGÊNCIA

ele pode variar de acordo com o confronto, no campo material, entre os interesses do autor e do réu, e conforme circunstâncias específicas do processo.

Outra incidência do princípio da menor restrição possível reside na limitação que o sistema jurídico ergue à admissibilidade da tutela ressarcitória na forma específica, tema abordado expressamente pelo artigo 2.058 do CC italiano e pelo § 251, 2, do BGB. Muito embora o sistema reserve lugar preferencial à tutela ressarcitória específica, esta cede lugar quando o valor necessário para reparar integralmente o dano supera a utilidade que seria decorrente da recomposição, impondo ao réu um "ônus economicamente ineficiente".[551] Isto ocorrendo, deixa de ser possível a tutela específica – na via mandamental ou executiva –, devendo ser substituída pelo equivalente monetário.

É rica a casuística sobre a montagem das técnicas de efetivação da tutela antecipatória, justificando-se um olhar mais detido sobre alguns desses instrumentos.

Ao fixar a *multa coercitiva* deve o julgador ter presente que não está a praticar um ato discricionário. As balizas legais residem nos requisitos da "suficiência" e da "compatibilidade", presentes no artigo 461, § 4º, do Código de 1973.[552] Há *compatibilidade* quando a multa se apresenta idônea para induzir ao comportamento pretendido. É inidônea, v.g., no contexto do Estado Constitucional, a imposição de multa periódica para obrigar o réu a praticar ou não praticar ato que tende a se exaurir no tempo, pois as incidências seguintes seriam desnecessárias.

A atribuição de multa fixa também pode ser inidônea, mas por insuficiência, quando imposta para constranger o réu a adotar um fazer ou cessar um não fazer *periódico* ou *permanente*, caso em que incidirá na proibição de proteção insuficiente ao direito fundamental à tutela efetiva. Há *suficiência* quando a multa pressiona a vontade do réu, sem restringir-lhe demasiadamente a esfera jurídica. Os requisitos da "suficiência" e da "compatibilidade" consubstanciam o postulado da proporcionalidade na fixação e aplicação da multa pelo juiz.[553]

Para que a ferramenta seja apta a compelir o réu a obedecer à decisão judicial e cumprir a obrigação assumida, o montante e a forma de incidência da multa (periódica, progressiva, fixa) devem ser arbitrados de acordo com a norma-princípio da efetividade.[554] A multa somente pressionará a vontade do réu se fixada segundo critérios que tornem desvantajosa a inércia, não estando atrelada necessariamente

---

[551] MARINONI, Luiz Guilherme. *Técnica processual e tutela dos direitos*. 2ª ed. rev. atual. São Paulo: Revista dos Tribunais, 2008, p. 324 -325. Segundo o processualista paranaense, o critério indicado não deve ser adotado quando o dano carecer de reflexo patrimonial (ex: dano ambiental), em consideração à dignidade do valor protegido pela norma.

[552] O artigo 522, *caput* do Projeto de CPC reproduz esses requisitos, porém acrescenta a exigência de que antes da aplicação da multa o réu tenha assegurado um "prazo razoável para o cumprimento do preceito".

[553] AMARAL, Guilherme Rizzo. *Cumprimento e execução da sentença sob a ótica do formalismo-valorativo*. Porto Alegre: Livraria do Advogado, 2008, p. 153.

[554] OLIVEIRA, Carlos Alberto Alvaro de. *Teoria e prática da tutela jurisdicional*. Rio de Janeiro: Forense, 2008, p. 186-187.

ao valor da prestação do fato ou de abstenção (aliás, muitas vezes o fazer ou não fazer sequer poderá ser traduzido em valores econômicos).

Por outro lado, o direito à tutela efetiva torna possível, em certos casos, a imposição de multa cominatória a terceiro que esteja incumbido, no caso concreto, dos deveres de cumprir com exatidão provimento mandamental, colaborar com o Judiciário ou exibir coisa ou documento que esteja em seu poder (CPC/1973, artigos 14, inciso V, 339 e 341).[555] O emprego dos mecanismos coercitivos contra terceiro pode ser necessário especialmente quando o réu é uma entidade de grande porte, dotada de elevado grau de impessoalidade.

Ao mesmo tempo, cumpre adotar no arbitramento da multa o preceito da menor restrição possível, cuja importância é reconhecida pelo STJ.[556] Deve o juiz atentar, em especial, para que não seja aplicada multa contra o réu inteiramente destituído de patrimônio. A multa coercitiva visa a intimidar o devedor a cumprir com o dever jurídico, tendo em vista a realidade atual de seu patrimônio. Se não existem bens atuais, sequer a perspectiva de aquisição de patrimônio futuro legitima a imposição de multa, o que ofenderia o direito fundamental do réu à segurança jurídica e violaria o devido processo constitucional.

Outro impedimento, derivado dos limites impostos pelo sistema à conformação das técnicas de tutela, impera quanto à adoção das *astreintes* no cumprimento de obrigação pecuniária. Sem embargo das opiniões respeitáveis que favorecem o emprego da multa para esse fim,[557] merece prevalecer, aqui, o valor da segurança, pois o hipotético ganho de efetividade proporcionado pelo emprego da multa periódica para tutelar o cumprimento dos deveres de pagar quantia dificilmente justificaria a superação dos claros limites dogmáticos existentes. A melhor solução, portanto, reside no observar a tipicidade dos meios executivos ao processo de execução para pagamento de soma, limitando a multa ao campo próprio das tutelas específicas associadas ao cumprimento dos deveres de fazer, não fazer e dar coisa.[558]

A *obtenção de recursos* para financiar a atuação sub-rogatória do juízo deve ser igualmente visualizada sob a luz dos direitos fundamentais do processo. O problema do custeio dos serviços é real, e acentua-se nos casos do autor hipossuficiente (que não pode adiantar os recursos) e da antecipação da tutela (quando a prestação do fato assume caráter urgente).

---

[555] Correspondentes, no Projeto de CPC, aos artigos 80, inciso V, 364 e 366.

[556] REsp 765.925/RS, Primeira Turma, rel. Min. Teori Zavascki, j. em 01/09/2005, DJU de 19/09/2005.

[557] Em defesa do cabimento da multa: CARPENA, Márcio Louzada. Da execução das decisões de pagar quantia pela técnica diferenciada. *Revista de Processo*, São Paulo, v. 31, n. 140, p. 115-134, outubro/2006, p. 123; MARINONI, Luiz Guilherme. *Antecipação da tutela*. 10ª ed. rev. atual. ampl. São Paulo: Revista dos Tribunais, 2008, p. 64. No mesmo sentido, porém em caráter excepcional: OLIVEIRA, Carlos Alberto Alvaro de. *Teoria e prática da tutela jurisdicional*. Rio de Janeiro: Forense, 2008, p. 174; MITIDIERO, Daniel Francisco. *Comentários ao Código de Processo Civil. Tomo III*. São Paulo: Memória Jurídica, 2006, p. 69.

[558] Nesse sentido: AMARAL, Guilherme Rizzo. *Cumprimento e execução da sentença sob a ótica do formalismo-valorativo*. Porto Alegre: Livraria do Advogado, 2008, p. 195-196; TALAMINI, Eduardo. *Tutela relativa aos deveres de fazer e de não fazer: e sua extensão aos deveres de entrega de coisa: CPC, arts. 461 e 461-A, CDC, art. 84*. 2ª ed. rev. atual. ampl. São Paulo: Revista dos Tribunais, 2003, p. 464.

TUTELA ESPECÍFICA DE URGÊNCIA

A solução ideal residiria na reserva de valores orçamentários do Poder Judiciário que permitissem remunerar o serviço prestado em favor do litigante pobre. Sendo isto impossível, ao menos na escala desejada, o influxo do direito fundamental à tutela efetiva leva a concluir que o autor, quando carente de recursos financeiros, pode voltar-se contra o réu, nos próprios autos, para haver os valores necessários à prática dos atos sub-rogatórios que importarão na satisfação de seu direito.[559] Nessa eventualidade, o sistema deve municiar o autor com os meios necessários para buscar, de imediato, no patrimônio do réu, os recursos exigidos para o desenvolvimento das medidas sub-rogatórias que envolvem a atividade de terceiros particulares.

Nesse aspecto, é patente a inadequação do procedimento de execução por quantia certa para mobilizar imediatamente os valores necessários, cumprindo admitir o uso das técnicas próprias de tutela específica, inclusive a *astreinte*, para compelir o réu a adiantar os recursos. Tal flexibilização dos meios de tutela – em contraste com a defesa da rigidez do sistema de execução expropriatória – justifica-se precisamente porque não se cuida, no caso, de compelir o infrator a cumprir com uma obrigação pecuniária, mas de *viabilizar, em si mesma, a tutela jurisdicional pelo resultado equivalente.*[560]

O espaço das técnicas processuais atípicas exige uma atenta consideração do regime constitucional do processo. Ao decretar a medida sub-rogatória de *intervenção judicial* deve o juiz, apercebendo-se do caráter excepcional da medida, proceder com redobrado cuidado, sabedor de que a sua efetivação tende a limitar, em maior ou menor grau, o direito fundamental à liberdade de empresa (CF, artigo 170) ou ao funcionamento das associações (artigo 5º, inciso XVIII), ou, ainda, em se tratando de ente público, ao princípio da separação dos Poderes (artigo 2º). Como a posição fundamental que legitima as referidas restrições consiste no direito à tutela jurisdicional efetiva (artigo 5º, inciso XXXV), essa tensão não poderá resolver-se senão pela aplicação da proporcionalidade e dos seus subcritérios.

A técnica da *prisão*[561] talvez constitua o tema mais candente em matéria de "medidas de apoio" atípicas. A questão interliga-se com a extensão da proibição constitucional da prisão "por dívidas" (artigo 5º, inciso LXVII), e congrega no Brasil autores de gabarito que defendem o seu cabimento como técnica genérica.[562]

---

[559] O artigo 634, parágrafo único do CPC/1973 – que diz respeito à execução fundada em título extrajudicial – determina que "o exequente adiantará as quantias previstas na proposta que, ouvidas, o juiz houver aprovado" (a disposição corresponde ao artigo 773, parágrafo único do Projeto de CPC). Trata-se de prescrição que, além de possuir duvidosa legitimidade constitucional, é inaplicável à execução da decisão executiva *lato sensu*.

[560] MARINONI, Luiz Guilherme. O direito à efetividade da tutela jurisdicional na perspectiva da teoria dos direitos fundamentais. *Revista de Direito Processual Civil Gênesis*, Curitiba, v. 8, n. 28, p. 298-338, 2003, p. 321.

[561] Não se trata aqui da imputação do crime de desobediência por descumprimento de ordem judicial, a qual, como ressalta Marcelo Lima Guerra, ainda que exerça certa coerção sobre aquele a quem a ordem se dirige, tem função *punitiva*, não podendo ser vista como meio coercitivo (*Execução indireta*. São Paulo: Revista dos Tribunais, 1998, p. 26).

[562] DIDIER JR., Fredie. *Curso de direito processual civil. Vol. 5*. Salvador: Jus Podium, 2009, p. 462-463; SILVA, Ovídio Araújo Baptista da Silva. *Curso de processo civil. V. 1, tomo II*. 6ª ed. rev. atual. Rio de Janeiro: Forense, 2008, p. 43;

Costumam-se invocar os exemplos do *contempt of court* do direito anglo-saxônico e da *Ordungshaft* (prisão domiciliar até seis meses) do direito alemão (§ 890 da ZPO), argumentando-se que a medida coercitiva não teria por fonte a obrigação, mas o desacato ou desobediência a uma ordem judicial. Não obstante, é a posição contrária que melhor atende ao quadro de direitos fundamentais da Constituição brasileira.

Quando a lei processual refere que o meio executivo deve ser "suficiente e compatível", está a aludir, igualmente, à sua legitimidade jurídica. A Constituição, onde tal legitimidade deve ser buscada, contém uma *proibição geral de prisão civil*, definida por exclusão. É civil a prisão que não constitua sanção de conduta tipificada como delito penal. Se a interpretação fosse de que a CF apenas veda a prisão por dívidas – e não toda prisão em procedimentos cíveis – não teria o inciso LXVII ressalvado a hipótese da prisão do depositário, que claramente não é "por dívidas".

Afora isto, a tese favorável ao cabimento da prisão não consegue ocultar o artificialismo da construção por meio da qual abstrai o interesse material violado, como se fosse a autoridade judicial – e não aquele – o objeto da tutela instrumentalizada pela técnica. A atribuição de relevância penal ao comportamento omissivo do réu importa, em realidade, numa criminalização sub-reptícia do ilícito civil.[563] Como ademais reconhece Ovídio Baptista da Silva, a imposição de sanção criminal contra o réu recalcitrante não seria nenhuma "solução mágica" para tornar efetiva a tutela jurisdicional, especialmente no que tange à prestação *in natura* dos deveres infungíveis.[564]

Mesmo a *conversão em perdas e danos*, autorizada pelo § 1º do artigo 461 do Código de 1973,[565] deve ser visualizada no contexto das garantias fundamentais. Ao juiz assiste o poder-dever de controlar a legitimidade da conversão. A escolha deve ser aferida sob o parâmetro do exercício regular da posição jurídico-processual, tolhendo-se o exercício abusivo (CPC/1973, artigo 17, inciso III;[566] CC/2002, artigo 187).[567] O juiz está autorizado a *denegar* a conversão quando esta trouxer demasiado sacrifício ao réu, em comparação à tutela específica, e a *determiná-la* quando o cumprimento específico, embora possível, impuser-lhe exorbitante sacrifício.

Outrossim, o direito de requerer a conversão sofre limitações quando o direito reivindicado é indisponível e a tutela específica ainda é possível; assim, v.g., quando o autor busca o ressarcimento de um dano ambiental. A deliberação sobre o tema envolve a indispensável colaboração das partes, pois as circunstâncias que

---

CAMBI, Eduardo. *Neoconstitucionalismo e neoprocessualismo: direitos fundamentais, políticas públicas e protagonismo judiciário*. São Paulo: Revista dos Tribunais, 2009, p. 101-102.

[563] TOMMASEO, Ferrucio. *I provvedimenti d´urgenza: struttura e limiti della tutela anticipatoria*. Padova: CEDAM, 1983, p. 359.

[564] *Curso de processo civil. V. 1, tomo II.* 6ª ed. rev. atual. Rio de Janeiro: Forense, 2008, p. 310.

[565] Correspondente ao artigo 486 do Projeto de CPC.

[566] Correspondente ao artigo 83, inciso III do Projeto de CPC.

[567] DIDIER JÚNIOR, Fredie *et al. Curso de direito processual civil. Vol. 5.* Salvador: Jus Podium, 2009, p. 427-428.

TUTELA ESPECÍFICA DE URGÊNCIA

motivam a conversão, situadas que estão no plano do direito material, serão usualmente conhecidas pelo juiz por intermédio delas. Não pode o julgador deixar de admitir sua participação, ouvindo-as sobre a impossibilidade da tutela específica.

Ressalte-se, finalmente, que a modificação da tutela jurisdicional e das técnicas de atuação há de observar, em termos gerais, os parâmetros adotados para sua estruturação inicial (devendo ser precedida, sempre que possível, da participação das partes em contraditório), com a nota particular de que nem sempre se exigirão elementos de natureza positiva. Reiteradas vezes é a impossibilidade de efetivar a medida que leva à sua substituição no caso concreto.[568]

3.6. RESTRIÇÕES À EFETIVAÇÃO DA TUTELA ANTECIPATÓRIA

Deferida a medida antecipatória, seu cumprimento no marco do modelo procedimental constitucional admite a imposição de certas intervenções restritivas, essencialmente protetoras da esfera jurídica do demandado, as quais serão enfrentadas na sequência.

3.6.1. Prestação de caução pelo requerente

As medidas provisórias de urgência, assentando-se na probabilidade, e não na cognição plena, podem causar um dano injusto ao réu quando da sua efetivação. Por tal motivo a introdução das primeiras formas dessas tutelas diferenciadas foi acompanhada da previsão do instituto da caução. A prestação de caução – como *contracautela*, isto, é como garantia preventiva contra o perigo que decorre da execução de um provimento jurisdicional[569] – é expressão de um princípio geral aplicável a todos os provimentos de urgência.[570]

O emprego da contracautela é generalizado, como aponta Giuseppe Tarzia: a execução da medida provisória subordina-se à constituição de uma caução pelo seu beneficiário nos direitos francês (tanto na *référé* como na *provision* deferida no curso do processo), austríaco, polonês e espanhol.[571] O recente *Código Procesal Civil* da província argentina de La Pampa, que adotou providência de cunho antecipatório semelhante do processo civil brasileiro, contempla no seu artigo 231, alínea 3, a prestação de contracautela suficiente pelo autor como requisito indispensável daquela providência.

---

[568] TALAMINI, Eduardo. *Tutela relativa aos deveres de fazer e de não fazer: e sua extensão aos deveres de entrega de coisa: CPC, arts. 461 e 461-A, CDC, art. 84.* 2ª ed. rev. atual. ampl. São Paulo: Revista dos Tribunais, 2003, p. 398.

[569] CALAMANDREI, Piero. *Introdução ao estudo sistemático dos procedimentos cautelares.* Trad. Carla Roberta Andreasi Bassi. Campinas: Servanda, 2000, p. 74-75.

[570] ARIETA, Giovanni. *I provvedimenti d'urgenza: ex art. 700 c.p.c.* Padova: Cedam, 1982, p. 62.

[571] TARZIA, Giuseppe. Considerazioni comparative sulle misure provisorie nel processo civile. *Rivista di Diritto Processuale,* Padova, v. 40, n. 2, p. 240-254, abril-junho/1985, p. 252.

A caução assume inegável utilidade no campo dos provimentos antecipatórios, por tratar-se de instrumento que busca restabelecer ou conduzir a um estado de igualdade entre as partes em relação à ameaça de um perigo de dano.[572] Se inicialmente correspondeu a uma atitude de desconfiança para com as medidas de urgência, hoje a caução é uma ferramenta apta a permitir o balanceamento das posições das partes, habilitando o juiz a incidir concretamente sobre os interesses dispostos em jogo na deliberação sobre o provimento antecipatório. Em direitos como o alemão, a constituição da caução assume relevo ainda maior, a ponto de dispensar o próprio requisito da verossimilhança (*Glaubhaftigkeit*).[573] Embora distante de tal paradigma, o direito brasileiro admite o emprego da caução para redefinir o grau de exigência ou expectativa em relação aos requisitos da tutela antecipatória.

Chega-se ao cabimento geral da exigência de caução do requerente no processo civil brasileiro pelo caminho da unidade substancial das medidas de urgência, que inspira a aplicação do artigo 804 do Código de 1973 aos provimentos antecipatórios.[574] Essa unidade essencial das espécies de tutela de urgência – fenômeno conducente à sua unidade dogmática – permite que o juiz condicione a realização da medida antecipatória à prestação de caução idônea pelo autor, quando tenha sido concedida liminarmente (e, em termos gerais, quando do seu cumprimento puder "resultar grave dano" ao réu (artigo 475-O, inciso III).

Pode-se imaginar um amplo espectro de situações relativas aos deveres de fazer e não fazer (e de entregar coisa) que admitem a imposição da caução prévia. É lícito ao juiz adotá-la, por exemplo, quando as circunstâncias recomendarem uma antecipação meramente parcial da tutela definitiva de mérito, mas a concessão da medida em caráter parcial for impossível; também quando os efeitos da antecipação forem "irreversíveis",[575] havendo risco à reversibilidade específica e *in natura* da prestação.

Não se chega, é bem verdade, a prescrever, como faz Teori Zavascki, a "aplicação imperiosa" da caução como medida precedente à efetivação de todos os provimentos antecipatórios[576] – solução acolhida dogmaticamente, por exemplo, nos artigos 735 e 736 da *Ley de Enjuiciamento Civil* espanhola.[577] Ocorre que o instituto

---

[572] PROTO PISANI, Andrea. Appunti sulla tutela cautelare nel processo civile. *Rivista di Diritto Civile*, Milão, ano 33, n. 2, março-abril/1987.p. 131.

[573] BEDAQUE, José Roberto dos Santos. *Tutela cautelar e tutela antecipada: tutelas sumárias e de urgência: tentativa de sistematização.* 5ª ed. rev. ampl. São Paulo: Malheiros, 2009, p. 59.

[574] DINAMARCO, Cândido Rangel. *Nova era do processo civil.* São Paulo: Malheiros, 2003, p. 87-88. Segundo o artigo 287, parágrafo único do Projeto de CPC, pode o juiz exigir do requerente, ma concessão liminar da tutela de urgência, "caução real ou fidejussória idônea para ressarcir os danos que o requerido possa vir a sofrer".

[575] ARIETA, Giovanni. *I provvedimenti d´urgenza: ex art. 700 c.p.c.* Padova: Cedam, 1982, p. 64.

[576] *Antecipação da tutela.* 7ª ed. São Paulo: Saraiva, 2009, p. 94.

[577] "Artículo 735. Auto acordando medidas cautelares. 1. Terminada la vista, el tribunal, en el plazo de cinco días, decidirá mediante auto sobre la solicitud de medidas cautelares. 2. Si el tribunal estimare que concurren todos los requisitos establecidos y considerare acreditado, a la vista de las alegaciones y las justificaciones, el peligro de la mora procesal, atendiendo a la apariencia de buen derecho, accederá a la solicitud de medidas, fijará con toda precisión la medida o medidas cautelares que se acuerdan y precisará el régimen a que han de estar sometidas, de-

da caução ressente-se de limitações na sua capacidade de restabelecer a igualdade das partes: primeiro, porque o dano a interesse total ou predominantemente não patrimonial não é tutelado de forma adequada pelo ressarcimento, e depois porque a prestação de caução pode representar uma denegação de tutela urgente aos indivíduos sem recursos financeiros. O instrumento da caução só pode operar se a tutela é posta a serviço de direitos de conteúdo e função essencialmente patrimonial e o sujeito que demanda a medida possui recursos.[578] Instituir a caução como regra geral para o deferimento medida antecipatória seria inviabilizar o acesso do pobre à tutela efetiva, devendo reservar-se ao juiz certa margem de liberdade para avaliar as condições do caso concreto.[579]

No julgamento da medida cautelar requerida na ADI 1.576/DF (Rel. Min. Marco Aurélio, j. em 16/04/1997) o Supremo Tribunal Federal declarou a inconstitucionalidade de legislação federal (Medida Provisória 1.570, artigo 2º) que *impunha ao juiz ou o relator determinar a prestação de garantia real ou fidejussória* pelo beneficiário de medida liminar ou antecipatória contra pessoa jurídica de direito público, sem o exame das circunstâncias concretas. Decidiu a Suprema Corte, corretamente, que a lei deve preservar a liberdade de apreciação do juiz quanto à necessidade e forma de prestação da contracautela, mediante um juízo de razoabilidade e proporcionalidade atento às peculiaridades da causa.

3.6.2. Adoção do regime processual da execução provisória

É indeclinável o prestígio que adquiriu a figura do título executivo no direito processual civil. A forma paradigmática de título executivo, o título de crédito cambial, com sua aptidão para formar uma execução autônoma, sem cognição anterior, despertou na ciência processual uma tendência de assimilação. A equiparação das sentenças condenatórias aos títulos executivos nasceu do propósito de conferir-lhes a mesma dignidade das cambiais, e acabou por legitimar a autonomia do processo executivo que se segue àquela espécie de demanda.[580]

O que aconteceu ao pensamento da ciência processual civil foi a equiparação de todos os atos de repercussão material praticados pelo juízo à execução autônoma, e desta à figura do título executivo, acabando esse instituto por adquirir uma função "essencial" no plano do processo. Convenceu-se a doutrina, ao fim e ao

---

terminando, en su caso, la forma, cuantía y tiempo en que deba prestarse caución por el solicitante. Contra el auto que acuerde medidas cautelares cabrá recurso de apelación, sin efectos suspensivos". "Artículo 737. Prestación de caución. La prestación de caución será siempre previa a cualquier acto de cumplimiento de la medida cautelar acordada. El tribunal decidirá, mediante providencia, sobre la idoneidad y suficiencia del importe de la caución".

[578] PROTO PISANI, Andrea. Appunti sulla tutela cautelare nel processo civile. *Rivista di Diritto Civile*, Milão, ano 33, n. 2, março-abril/1987, p. 131.

[579] O Projeto de CPC, no já citado artigo 276, parágrafo único, abstém-se de fixar condições taxativas, e ainda ressalva, de forma correta, "a impossibilidade da parte economicamente hipossuficiente".

[580] SILVA, Ovídio Araújo Baptista da. *Jurisdição e execução na tradição romano-canônica*. 2ª ed. rev. São Paulo: Revista dos Tribunais, 1997, p. 152.

cabo, de que todas as prestações de tutela executiva (*lato sensu*) estão condicionadas à existência de um título executivo, e de que é mediante a técnica do título executivo que o legislador elege os direitos que merecem tutela executiva.[581]

Percebe-se, assim, a ausência de neutralidade na teoria do título executivo judicial: ela está comprometida ideologicamente com a ideia de que a execução deve ser procedida da completa cognição do objeto do processo, no contexto do "procedimento ordinário". O artigo 475-N do CPC/1973, com sua insistente alusão às "sentenças", espelha tal compreensão. Com a generalização das tutelas antecipatórias o conceito enfrentou sua crise, pondo-se em dúvida se as decisões antecipatórias cabem no "molde" dos títulos executivos, até então firmemente assentado pela doutrina.

Após alguma hesitação, formou-se o entendimento dominante – e outro não poderia ser – de que o rol dos títulos executivos judiciais contido no artigo 475-N do CPC/1973[582] não é exaustivo, havendo "título executivo" na decisão interlocutória que antecipa tutela jurisdicional. A doutrina, porém, não tardou em perceber a dificuldade de convivência da figura do título executivo com os provimentos antecipatórios que não se inserem no binômio "condenação-execução".

De fato, as decisões sumárias provisórias ajeitam-se confortavelmente ao modelo dos títulos executivos *quando condenatórias,* porém o mesmo não ocorre com os provimentos executivos ou mandamentais, que apenas podem ser classificados como tais se ao título executivo for dado *o amplo sentido de uma autorização para a prática de atos sub-rogatórios ou coercitivos.*[583] Como a tutela condenatória não desfruta mais do prestígio e da onipresença de outrora, o conceito de título executivo judicial – seu duplo ideológico – deve ser revisto, se pretende abarcar as tutelas de repercussão física mais frequentes na experiência jurisdicional comporânea.

O princípio *nulla executio sine titulo* não se sustenta mais, ao menos na sua formulação original. Caso se pretenda continuar trabalhando com o conceito, o título executivo judicial não pode relacionar-se com a certeza da existência do direito, mas com a necessidade prática de dar-lhe realização no plano concreto.[584] Trata-se de técnica processual, que não decorre da "natureza das coisas". Visualizado desta forma, o título executivo passa a retratar *o pressuposto para que o juiz possa intervir no*

---

[581] GUERRA, Marcelo Lima. *Execução indireta.* São Paulo: Revista dos Tribunais, 1998, p. 19.

[582] O Projeto de CPC lista os antigos "títulos executivos judiciais" no seu artigo 502, incisos I a VIII, abstendo-se, porém, de tratá-los por aquela expressão; denomina-os simplesmente de *objetos do cumprimento judicial.* Não obstante, a ideia segundo a qual toda a atividade material do órgão judiciário deve estar fundada num "título" sobrevive no Projeto, reaparecendo, por exemplo, no artigo 511, inciso III, que arrola a "inexigibilidade do título" entre as matérias passíveis de arguição na impugnação ao cumprimento da sentença.

[583] ASSIS, Araken de. *Cumprimento da sentença.* Rio de Janeiro: Forense, 2006, p. 36.

[584] MARINONI, Luiz Guilherme. *Técnica processual e tutela dos direitos.* 2a ed. rev. atual. São Paulo: Revista dos Tribunais, 2008, p. 39.

TUTELA ESPECÍFICA DE URGÊNCIA

mundo sensível, desimportando a intensidade da cognição precedente e o momento de sua realização no processo.[585]

Permanece importante localizar os provimentos antecipatórios no espaço dos títulos executivos judiciais pelas consequências dogmáticas que isto apresenta. Particularmente, indaga-se como a tutela antecipatória se coloca diante da chamada "execução provisória". O artigo 273 do CPC/1973 determina seja aplicado à "execução" da tutela antecipatória o regime da execução provisória[586] (artigo 475-O, inciso III),[587] que atualmente permite a expropriação de bens e a prática de atos de alienação do domínio, bem assim o levantamento de dinheiro, condicionando tais atos, e aqueles que puderem causar grave dano ao executado, à prestação de caução.[588]

A execução provisória foi tradicionalmente associada à decisão judicial *ainda sujeita a recurso sem efeito suspensivo,* concepção esta albergada no artigo 475-I, § 1º do CPC/1973.[589] Cuida-se de reducionismo acolhido irrefletidamente pelo legislador, que, à semelhança da figura da *sinédoque,* tomou a "parte" pelo "todo", supondo que uma de suas hipóteses pudesse definir a inteireza do fenômeno. A generalização dos provimentos de urgência desnudou a insuficiência da definição, permitindo ver que a execução provisória estende-se além dos casos de decisão sujeita a recurso sem efeito suspensivo. A provisoriedade da execução depende em essência do *grau de estabilidade (ou provisoriedade) da decisão que a fundamenta,*[590] não exibindo relação necessária com a existência e a natureza do recurso disponível contra ela.

A decisão dotada de estabilidade autoriza execução definitiva. A decisão *instável,* porquanto sujeita ainda à alteração ou cassação no âmbito do processo, enseja execução provisória. A pendência de recurso configura apenas uma das situações em que tal instabilidade se apresenta. Os provimentos instrumentais emitidos com base em cognição sumária – passíveis de revogação/alteração no curso do processo – revelam uma segunda (e frequente) hipótese.[591] Assim, ao contrário do que afirma parte da doutrina, não é apenas o fato de a decisão interlocutória estar sujeita a recurso sem efeito suspensivo que suscita o fenômeno da execução provisória:[592] à natureza interlocutória da decisão deve agregar-se a *provisoriedade.*

---

[585] Esse parece ser, substancialmente, o entendimento de Fredie Didier Jr. (*Curso de direito processual civil. Vol. 5.* Salvador: Jus Podium, 2009, p. 147-148).

[586] No projeto de CPC, os artigos 273 e 505 mandam observar, na efetivação da medida de urgência, o parâmetro operativo do cumprimento de sentença *definitivo ou provisório.*

[587] O "cumprimento provisória da sentença" encontra-se regulado pelos artigos 506 a 508 do Projeto de CPC.

[588] MARINONI, Luiz Guilherme. *Antecipação da tutela.* 10ª ed. rev. atual. ampl. São Paulo: Revista dos Tribunais, 2008, p. 214.

[589] E no artigo 506, *caput* do Projeto de CPC.

[590] DIDIER JÚNIOR, Fredie *et al. Curso de direito processual civil. Vol. 5.* Salvador: Jus Podium, 2009, p. 191.

[591] CARPENA, Márcio Louzada. Da execução das decisões de pagar quantia pela técnica diferenciada. *Revista de Processo,* São Paulo, v. 31, n. 140, p. 115-134, outubro/2006, p. 117-119.

[592] ASSIS, Araken de. *Cumprimento da sentença.* Rio de Janeiro: Forense, 2006, p. 144.

A generalização das tutelas antecipatórias no sistema processual civil está afastando o caráter excepcional das execuções provisórias, no que pode ser descrito como uma concessão à segurança jurídica. No contraste entre os complexos da efetividade e segurança, a execução provisória inclina-se, conscientemente, na direção do segundo.[593] O fenômeno foi percebido por Ovídio Baptista da Silva, que considerou a remissão feita pelo artigo 273 do CPC/1973 à execução provisória como prova da ligação do legislador da reforma ao paradigma da tutela condenatória.[594]

Apesar disso, a submissão da tutela antecipatória aos limites da execução provisória O não por ser considerada ilegítima. Antes, justifica-se como um contrapeso necessário ao impulso primário de efetividade que anima o instituto da tutela antecipatória. Há quem alerte que a imposição de um regime tendencialmente "incompleto" à antecipação da tutela vulnera a própria razão de ser desse instituto, que reside na prestação de uma tutela jurisdicional efetiva.[595] A assertiva deve ser recebida com consideráveis reservas. Cumpre lembrar, neste sentido, que a disciplina atual da execução provisória não impede a ultimação dos atos de intervenção no mundo sensível, mas busca preservar certa eficácia na recomposição dos danos que possa ser causados ao réu. Além disso, não seria coerente que a efetivação da tutela antecipatória, baseada em juízo de verossimilhança, fosse *mais completa* do que a execução provisória da sentença baseada em juízo de certeza, fruto de uma cognição plenária.

Em síntese, as disposições relativas à execução ou cumprimento provisório da decisão devem ser vislumbradas como uma disciplina geral da "efetivação provisória" de todas as tutelas de repercussão física.[596] Verdade que a estrutura da execução provisória foi concebida para a execução expropriatória, voltada à execução para pagamento de soma. O próprio artigo 588 do CPC/1973 (hoje 475-O)[597] é fruto de etapa em que a ciência processual como um todo não tinha clareza sobre a autonomia conceitual das tutelas executiva e mandamental, reduzindo à "condenação" todas as formas de atuação judicial sobre o mundo sensível.

Todavia, não seria razoável concluir que apenas a antecipação da execução por expropriação devesse ser processada sob o signo da execução provisória, *sem que resguardo similar fosse observado na efetivação da tutela mandamental e executiva* lato sensu (da qual podem decorrer, inclusive, danos de maior envergadura). A questão

---

[593] BUENO, Cassio Scarpinella. A "execução provisória-completa" na Lei 11.232/2005: uma proposta de interpretação do art. 475-O, par. 2°, do CPC. In: *Processo e Constituição: estudos em homenagem ao professor José Carlos Barbosa Moreira.* Coord: Luiz Fux; Nelson Nery Jr.; Teresa Arruda Alvim Wambier. São Paulo: Revista dos Tribunais, 2006, p. 295.

[594] O processo civil e sua recente reforma: os princípios do direito processual civil e as novas exigências, impostas pela reforma, no que diz respeito à tutela satisfativa de urgência dos arts. 273 e 461. In: *Aspectos polêmicos da antecipação de tutela.* Coord.: WAMBIER, Teresa Arruda Alvim. São Paulo: RT, 1997, p. 417-418.

[595] MARINONI, Luiz Guilherme; MITIDIERO, Daniel. *Código de Processo Civil: comentado artigo por artigo.* São Paulo: Revista dos Tribunais, 2008, p. 274.

[596] OLIVEIRA, Carlos Alberto Alvaro de. *Teoria e prática da tutela jurisdicional.* Rio de Janeiro: Forense, 2008, p. 181.

[597] Projeto de CPC, artigos 506 a 508.

TUTELA ESPECÍFICA DE URGÊNCIA

reside em conciliar a execução provisória com a efetivação das atividades materiais do juízo envolvidas na efetivação da tutela específica.

Quando a efetivação da tutela antecipatória relativa aos deveres e de não fazer acarretar interferência sobre a esfera jurídica do réu, deverá o juiz avaliar a prestação, pelo autor, de caução "suficiente e idônea, arbitrada de plano pelo juiz e prestada nos próprios autos" (artigo 475-O, inciso III, do CPC/1973). A prestação de fato não se submete aos limites da execução provisória apenas quando se transfere o domínio de um bem, se executa o crédito da multa coercitiva ou se arrecadam recursos para financiar a atividade sub-rogatória. Esses limites impõem-se na prática de quaisquer atos "dos quais possa resultar grave dano ao executado".

A caução, consequentemente, deverá ser prestada quando identificado semelhante risco no cumprimento da tutela,[598] tendo a serventia de preservar a possibilidade de reversão ou compensação de seus efeitos. A casuística é ampla e envolve exemplos como a sustação de obra de vulto, a suspensão da comercialização de determinado produto no mercado e a determinação da prestação de serviços que envolvem elevado dispêndio financeiro.

Naturalmente, pode ser necessária a superação da exigência da caução em vista de situações concretas. Para além das exceções predispostas pela própria lei, as normas concernentes à execução provisórias devem ser interpretado à luz da proporcionalidade, segundo as circunstâncias do caso. Cumprirá ao juiz, com base em tal princípio, limitar sua incidência aos casos de real necessidade.[599] Entram em jogo, aí, a impossibilidade de prestação de caução pelo requerente – eventualmente impeditiva do acesso à tutela judiciária – o receio de dano e a probabilidade de provimento do recurso pendente. O modelo do cumprimento provisório das decisões, desenhado pela legislação processual, representa um referencial para a "normalidade dos casos", nada impedindo que o juiz, em atenção à situação factual, dispense a caução, de modo a concretizar o modelo constitucional do processo civil.[600]

3.6.3. Limitações à incidência da multa coercitiva

A multa coercitiva imposta pelo juiz – quando periódica ou progressiva – tende a prolongar-se por período indefinido, contanto que nenhum fator obste sua atuação. A permissão de modificar tal multa é evidência, porém, de que a medida em questão deve manter uma constante correspondência ou proporcionalidade com a situação de fato, preservando sua finalidade de induzir ao adimplemento da prestação.

---

[598] YARSHELL, Flávio Luiz. "Efetivação" da tutela antecipada: uma nova execução civil? In: *Processo e Constituição: estudos em homenagem ao professor José Carlos Barbosa Moreira*. Coord: FUX, Luiz; NERY JR., Nelson; WAMBIER, Teresa Arruda Alvim. São Paulo: Revista dos Tribunais, 2006, p.. 335-336.

[599] ASSIS, Araken de. *Cumprimento da sentença*. Rio de Janeiro: Forense, 2006, p. 154.

[600] O Projeto de CPC dispõe que o cumprimento da medida antecipatória "observará, no que couber, o parâmetro operativo do cumprimento da sentença definitivo ou provisório" (artigo 273), abrindo espaço para que o juiz dispense o autor do atendimento das exigências da execução provisória, notadamente quanto à prestação da caução.

Com efeito, existem limites lógicos à atuação da *astreinte*. O primeiro reside na sua aptidão para pressionar a vontade do réu, induzindo ao cumprimento do dever. Não se pode aplicar, ou persistir na aplicação da multa, se inapta para esse fim (quando se teria, então, medida verdadeiramente punitiva). O segundo limite está na impossibilidade prática do cumprimento específico do dever. Quando este se tornou impossível, a multa não pode ser imposta, nem continuar incidindo.

Assim, quando cumulativa, a multa deverá incidir, em princípio, até que a ordem seja cumprida ou, se descumprida, enquanto não verificado um dos seguintes eventos: (1) a constatação objetiva da impossibilidade do cumprimento específico da prestação; (2) a manifestação, pelo autor, de pedido de conversão em perdas e danos, com a desistência da tutela específica; (3) a produção do resultado específico pela atuação de meios sub-rogatórios.[601] Na última hipótese é legítimo supor que a fluência da multa seja inibida *pelo próprio pedido de adoção de meios sub-rogatórios*, o qual já importa, de alguma forma, na implícita "desistência" do autor em relação à medida coercitiva. Salvo situações excepcionais, não se afigura razoável que a multa continue a ser aplicada enquanto o procedimento de efetivação da tutela volta-se para uma atuação que é substitutiva à vontade do réu.

No controle da incidência da multa, deve o juiz atentar ainda para o dever do autor de minimizar suas próprias perdas (*duty to mitigate the loss*). O comportamento processual do requerente não pode dificultar o cumprimento da prestação ou levar à perenização da medida coercitiva, em detrimento do réu,[602] caso em que competirá ao juiz suspender a incidência do preceito.

Não são essas as únicas condicionantes que devem ser observadas na administração da *astreinte*. Uma questão particularmente polêmica diz respeito à relação entre o valor acumulado da multa coercitiva e o interesse econômico que constitui objeto do processo. Tal vinculação merece ser examinada sob uma dupla perspectiva, suscitando duas possibilidades de controle: enquanto a multa ainda estiver incidindo, e quando seu valor total já houver sido apurado.

No primeiro caso, ou seja, quanto ao controle original do montante das *astreintes*, tornou-se corrente dizer que o montante da obrigação não serve como parâmetro de limitação.[603] Afirma-se que, não tendo a multa função reparatória, mas coativa – seu propósito é induzir o réu a cumprir a decisão judicial – não seria razoável adotar como teto o valor da prestação descumprida.[604] Uma vez que a incidência da multa dependeria do comportamento do demandado, que poderia fazê-la

---

[601] TALAMINI, Eduardo. *Tutela relativa aos deveres de fazer e de não fazer: e sua extensão aos deveres de entrega de coisa: CPC, arts. 461 e 461-A, CDC, art. 84*. 2ª ed. rev. atual. ampl. São Paulo: Revista dos Tribunais, 2003, p. 254-255.

[602] DIDIER JÚNIOR, Fredie *et al. Curso de direito processual civil. Vol. 5*. Salvador: Jus Podium, 2009, p. 457-460.

[603] Ver, por todos, WAMBIER, Luiz Rodrigues; WAMBIER, Tereza Arruda Alvim; MEDINA, José Miguel Garcia. *Breves comentários à nova sistemática processual civil: emenda constitucional n. 45/2004 (reforma do judiciário); Lei 10.444/2002; Lei 10.358/2001 e Lei 10.352/2001*, p. 235.

[604] MARINONI, Luiz Guilherme. *Técnica processual e tutela dos direitos*. 2ª ed. rev. atual. São Paulo: Revista dos Tribunais, 2008, p. 293.

TUTELA ESPECÍFICA DE URGÊNCIA

cessar cumprindo a decisão, tal limitação tornaria a medida inócua, prejudicando a preferência do sistema processual pelo resultado específico.

Embora seja aceitável a ideia de que a multa estipulada em favor do credor ultrapasse o valor da obrigação, a própria finalidade compulsiva da medida indica que ao controlar sua incidência o juiz deve tomar em consideração a razoabilidade do montante cumulativo que dela irá resultar. O sistema processual veda-lhe o exagero, capaz de provocar a insolvência do obrigado. É legítima, assim, a preocupação com a necessidade de a multa periódica encontrar um "limite justo", tendo em vista que apesar de sua função coercitiva a exação apresenta, sim, certo conteúdo sancionatório, que não pode, no contexto do Estado Constitucional, ser deixado inteiramente ao arbítrio do julgador.[605]

O próprio Superior Tribunal de Justiça já decidiu que, a despeito de a *astreinte* não ter teto máximo, o valor desproporcional em relação ao bem da vida necessita ser trazido a parâmetros razoáveis.[606] Assim, o "valor da prestação inadimplida" não é limite absoluto, mas referencial a ser considerado. Que o valor cumulativo da multa tenha ultrapassado o da obrigação pode ser um sinal de que a medida perdeu sua função coercitiva. Nesse caso – e notadamente quando o interesse jurídico tutelado não se revestir de dignidade constitucional particularmente acentuada – é necessário que o juiz justifique a manutenção da medida, apontando as razões que o levam a ter como útil a sua continuidade e afastando a caracterização do risco de insolvência do réu.[607]

Questão ainda mais sensível envolve a limitação retrospectiva do valor acumulado das *astreintes*. A revisão do montante liquidado da multa é acolhida no processo francês. A doutrina brasileira tem no geral criticado tal possibilidade, taxando-a de nociva ao efeito dissuasório da técnica.[608] A verdade, porém, é que inexiste restrição dogmática à alteração retrospectiva desse valor no processo civil brasileiro,[609] sendo imprópria a invocação da coisa julgada material ou do direito de crédito do autor. Trata-se, é bem verdade, de terreno em que o juiz deve proceder com extremo cuidado, eis que tais revisões podem realmente comprometer a utilidade da multa coercitiva no sistema. A medida deve reservar-se para situações excepcionais, em que a acumulação da multa proporcione o enriquecimento indevido do autor.

---

[605] PASSOS, J.J. Calmon de. *Comentários ao Código de Processo Civil, lei n. 5.869, de 11 de janeiro de 1973. Vol. III.* 9ª ed. Rio de Janeiro: Forense, 2004, p. 63 e 65.

[606] REsp 947466/PR, Rel. Ministro Aldir Passarinho Junior, Quarta Turma, j. em 17/09/2009, DJU de 13/10/2009; REsp 973879/BA, Rel. Ministro Luis Felipe Salomão, Quarta Turma, j. em 08/09/2009, DJU de 09/11/2009; REsp 1185260/GO, Rel. Min. Nancy Andrighi, Terceira Turma, j. em 07/10/2010, DJU de 11/11/2010.

[607] O Projeto de CPC autoriza essa interpretação quando dispõe que o juiz poderá, "de ofício ou a requerimento, modificar ou valor ou a periodicidade da multa vincenda *ou excluí-la*" (grifou-se), quando verificar que a mesma "se tornou insuficiente ou excessiva" (artigo 522, § 3º, *caput* e inciso I).

[608] TALAMINI, Eduardo. *Tutela relativa aos deveres de fazer e de não fazer: e sua extensão aos deveres de entrega de coisa: CPC, arts. 461 e 461-A, CDC, art. 84.* 2ª ed. rev. atual. ampl. São Paulo: Revista dos Tribunais, 2003, p. 52 e 254.

[609] O Projeto de CPC, no entanto, diferentemente do Código de 1973, restringe a possibilidade de modificação *à* multa vincenda (artigo 522, § 3º).

3.7. A DEFESA DO RÉU NO PROCEDIMENTO DE ANTECIPAÇÃO DA TUTELA

A efetivação dos provimentos que antecipam tutela mandamental ou executiva *lato sensu* realiza-se no interior da própria relação processual original, como imediato desenvolvimento da(s) eficácia(s) contida(s) na decisão judicial. Por tal motivo, o procedimento de efetivação da tutela não comporta, em linha de princípio, o manejo de "impugnação" ou de "embargos do executado" pelo réu.

A previsão do CPC/1973 no sentido de serem aplicadas ao cumprimento da sentença, "no que couber, as normas que regem o processo de execução de título extrajudicial" (artigo 475-R),[610] não importa em aplicar-lhe as regras relativas aos embargos à execução (artigos 745 e 746).[611] Mesmo na ausência de uma fase executiva autônoma, porém, assume relevo a participação defensiva do réu. Não seria legítimo pretender eliminar o poder de reação do demandado, sob pena de grave ofensa ao núcleo axiológico da segurança jurídica.

O silêncio do legislador na regulação dos meios de defesa na tutela relativa aos deveres de fazer e de não fazer não deve ser interpretado como a inexistência da prerrogativa de uma defesa hábil.[612] A peculiaridade do procedimento adotado na efetivação da tutela específica reside em que as tutelas jurisdicionais empregadas para esse fim não importam de maneira imediata na mobilização de bens legitimamente contidos no patrimônio do réu, o que torna admissíveis *formas mais simplificadas de exercício do direito de defesa* pelo réu. Mas simplificação procedimental não significa amesquinhamento da garantia. A defesa deve estar assegurada e ser eficaz.

A ideia de colaboração é ínsita à defesa do réu no procedimento que se destina a efetivar as tutelas de repercussão física. Como faz notar Giovanni Arieta, na fase de atuação-execução da medida de urgência há uma *concatenação* entre a atuação das partes e do juiz, cabendo ao último, mediante provocação, exercer a função de controle da atividade realizada.[613] Existe uma cognição que o órgão judicial é chamado a exercer com relação aos pressupostos operativos e à modalidades do avançar da "execução".

O réu tem o direito de participar efetivamente nessa atividade, fiscalizando os atos praticados para que se desenvolvam com regularidade e legitimidade. É exigência do contraditório que todos os atos procedimentais estejam sujeitos a seu escrutínio eficaz, mediante a apresentação e o exame de suas manifestações no pro-

---

[610] O artigo 500, *caput* do Projeto de CPC dispõe de forma semelhante ao CPC/1973, estipulando que "o cumprimento da sentença condenatória será feito segundo as regras deste Título, observando-se, no que couber e conforme a natureza da obrigação, o disposto no Livro III deste Código [Do Processo de Execução]".

[611] O Projeto de CPC trata dos embargos à execução fundada em títulos extrajudicial nos artigos 870 a 876.

[612] AMARAL, Guilherme Rizzo. *Cumprimento e execução da sentença sob a ótica do formalismo-valorativo.* Porto Alegre: Livraria do Advogado, 2008, p. 158.

[613] *I provvedimenti d´urgenza: ex art. 700 c.p.c.* Padova: Cedam, 1982, p. 251.

TUTELA ESPECÍFICA DE URGÊNCIA

cesso,[614] as quais podem inclusive ter como escopo a indicação de formas menos gravosas de antecipação da tutela.[615]

O direito das partes de influírem sobre os atos do juiz justifica, portanto, a afirmação da existência de um *contraditório compatível com a estrutura e com a função da atividade de concretização da decisão judicial*.[616] Como corolário de um processo equilibrado e justo – síntese dinâmica do devido processo constitucional – devem ser assegurados meios de *reação da parte sujeita ao cumprimento injusto ou ilegal* de medidas executivas ou mandamentais. Tal posição fundamental incide nos procedimentos de repercussão física como fator de equilíbrio entre a exigência de satisfação do interesse do autor e de respeito à esfera jurídico-patrimonial do réu.

O risco de o réu servir-se da prerrogativa para protelar o cumprimento da decisão – apresentando, por exemplo, petições infundadas – não é razão bastante para abrandar a exigência. O receio exposto, que é legítimo, deve ser enfrentado com a imposição de sanções processuais adequadas à parte infratora; jamais com a exclusão de seu direito fundamental à defesa.[617]

Tendo em vista que o procedimento para efetivação da tutela específica não contempla, à diferença da execução expropriatória, a estrutura autônoma da impugnação, tampouco existe um momento específico para serem deduzidas as questões da defesa, processuais ou de mérito. São suscetíveis de alegação pelo réu, como defesa diante da efetivação da medida antecipatória, (a) matérias supervenientes ao provimento judicial que possam conduzir à revogação da medida, como o cumprimento da prestação e a prescrição, (b) questões relacionadas à forma de concretização da tutela, como equívoco ou excesso, e (c) questões afeitas à legitimidade do procedimento de efetivação da tutela.[618] Sendo a efetivação realizada *sine intervallo*, de forma teoricamente mais breve, é menor a probabilidade de fatos posteriores à decisão influenciarem no cumprimento da prestação, em comparação com a execução da decisão condenatória. Não significa, todavia, que tais questões não possam surgir.

Nesse caso, e em todos os demais, a defesa é exercida pelo réu, *como regra*, por simples petição nos autos do processo, sem efeito suspensivo, ou pela interposição de agravo de instrumento.[619] À semelhança do que acontece na figura jurispruden-

---

[614] LUMMERTZ, Henry Gonçalves. O princípio do contraditório no processo civil e a jurisprudência do supremo tribunal federal. In: *Processo e constituição*. Org: OLIVEIRA, Carlos Alberto Alvaro de. Rio de Janeiro: Forense, 2004, p. 53-54.

[615] ARIETA, Giovanni. *I provvedimenti d´urgenza: ex art. 700 c.p.c.* Padova: Cedam, 1982, p. 251.

[616] TARZIA, Giuseppe. O contraditório no processo executivo. *Revista de Processo*, São Paulo, v. 7, n. 28, p. 55-95, outubro-dezembro/1992, p. 60-62.

[617] ARAGÃO, E. D. Moniz de. Alterações no código de processo civil: tutela antecipada, perícia. In: *Reforma do código de processo civil.* Coord.: TEIXEIRA, Sálvio de Figueiredo. São Paulo: Saraiva, 1996, p. 244.

[618] Com efeito, no artigo 504, *caput* do Projeto de CPC consagra-se o princípio de que as questões afeitas "à validade do procedimento de cumprimento da sentença" deverão ser alegadas pela parte e resolvidas nos próprios autos.

[619] DINAMARCO, Cândido Rangel. *Instituições de direito processual civil. V. 4.* 3ª ed. São Paulo: Malheiros, 2009, p. 529.

cialmente construída da *exceção* (ou *objeção*) *de pré-executividade*, também aqui ocorre o fenômeno da interpenetração entre atos de execução e de cognição, possibilitando uma defesa incidente sobre questões de menor complexidade, merecedoras de conhecimento superficial. A aceitação da objeção de pré-executividade é mostra, aliás, de como a jurisprudência brasileira é sensível à força do contraditório como garantia do diálogo preventivo entre as partes e o juiz, independentemente da existência de uma pré-concretização desse princípio no plano das regras.

O contraditório na fase de efetivação da tutela relativa aos deveres de fazer e de não fazer é parcial e atenuado. Parcial, porque limitado a determinados temas, e atenuado porque concretizado por meios mais rápidos e informais, compatíveis com a estrutura específica do procedimento.[620] A defesa como um todo processa-se de modo mais rápido e informal. Assim, a parcialidade da cognição reduz o campo temático no qual se trava o diálogo entre o juiz e as partes, e os poderes de asserção e prova das partes apresentam-se reduzidos.[621] Não obstante, tem o réu direito a produzir as provas indispensáveis, desde que compatíveis com a estrutura do procedimento; afinal, forma parte do "conteúdo irredutível" do contraditório a prova daquilo que se alega.[622]

Isto não impede que em determinadas circunstâncias a atuação defensiva do réu diante do provimento antecipatório seja ampliada, abrindo-se caminho para a utilização de uma estrutura procedimental semelhante à da chamada "impugnação" ao cumprimento da sentença. Pode o juiz, em casos específicos (defesas de maior complexidade, ou que demandem, por exemplo, certa atividade instrutória) determinar que o incidente defensivo seja autuado e processado em separado,[623] observando-se, à falta de regulação própria, o procedimento previsto nos artigos 475-L e 475-M do CPC/1973, inclusive com a agregação de efeito suspensivo.[624] Trata-se, como adverte Cândido Dinamarco, de solução excepcional,[625] mas solidamente assentada no perfil constitucional do processo civil brasileiro.

---

[620] TARZIA, Giuseppe. O contraditório no processo executivo. *Revista de Processo*, São Paulo, v. 7, n. 28, p. 55-95, outubro-dezembro/1992, p. 84.

[621] OLIVEIRA, Carlos Alberto Alvaro de. *Do formalismo no processo civil*. 2ª ed. rev. ampl. São Paulo: Saraiva, 2003, p. 122.

[622] TARZIA, Giuseppe. O contraditório no processo executivo. *Revista de Processo*, São Paulo, v. 7, n. 28, p. 55-95, outubro-dezembro/1992, p. 75.

[623] AMARAL, Guilherme Rizzo. *Cumprimento e execução da sentença sob a ótica do formalismo-valorativo*. Porto Alegre: Livraria do Advogado, 2008, p. 160.

[624] ASSIS, Araken de. *Cumprimento da sentença*. Rio de Janeiro: Forense, 2006, p. 230-231. O Projeto de CPC trata do procedimento da impugnação no artigo 511, também permitindo a atribuição de efeito suspensivo (§ 2º).

[625] *Instituições de direito processual civil*. V. 4. 3ª ed. São Paulo: Malheiros, 2009, p. 529-530

Referências bibliográficas

ALEXY, Robert. *Teoria de los derechos fundamentales*. Trad. Ernesto Garzón Valdes. Madri: Centro de Estudios Constitucionales, 1997.

ALVIM, Angélica Arruda. Princípios constitucionais do processo. *Revista de Processo*, São Paulo, ano 19, n. 74, p. 20-39, abril-junho/1994.

ALVIM, Arruda. Tutela antecipatória: algumas noções: contrastes e coincidências em relação às medidas cautelares satisfativas. In: *Reforma do código de processo civil*. Coord.: TEIXEIRA, Sálvio de Figueiredo. São Paulo: Saraiva, 1996.

ALVIM, Eduardo Arruda. A raiz constitucional da antecipação de tutela. *Revista Forense*, Rio de Janeiro, ano 105, v. 401, p. 127-149, janeiro-fevereiro/2009.

——. Noções sobre a classificação das ações: algumas modalidades de procedimento e o cabimento da antecipação de tutela. *Revista Forense*, Rio de Janeiro, v. 103, n. 391, p. 25-44, maio-junho/2007.

ALVIM, José Eduardo Carreira. *Código de Processo Civil reformado*. 5ª ed. rev. ampl. Rio de Janeiro: Forense, 2003.

——. Tutela específica e tutela assecuratória das obrigações de fazer e de não fazer na reforma processual. In: *Reforma do código de processo civil*. Coord: TEIXEIRA, Sálvio de Figueiredo. São Paulo: Saraiva, 1996.

AMARAL, Guilherme Rizzo. *Cumprimento e execução da sentença sob a ótica do formalismo-valorativo*. Porto Alegre: Livraria do Advogado, 2008.

ANDOLINA, Italo. Il tempo e Il processo. *Revista de Processo*, São Paulo, v. 34, n. 176, p. 259-274, outubro/2009.

ANDRADE, José Carlos Vieira de. *Os direitos fundamentais na constituição portuguesa de 1976*. 2ª ed. Coimbra: Almedina, 2001.

ANTUNES VARELA, João de Matos. *Das obrigações em geral*. *Vol. I*. 10ª ed. rev. atual. Coimbra: Almedina, 2000.

——. *Das obrigações em geral*. *Vol. II*. 7ª ed. rev. atual. Coimbra: Almedina, 1997.

ARAGÃO, E. D. Moniz de. Alterações no Código de Processo Civil: tutela antecipada, perícia. In: *Reforma do código de processo civil*. Coord: TEIXEIRA, Sálvio de Figueiredo. São Paulo: Saraiva, 1996.

ARENHART, Sérgio Cruz. A intervenção judicial e o cumprimento da tutela específica. *Revista Jurídica*, Porto Alegre, v. 57, n. 385, p. 45-60, novembro/2009.

ARIETA, Giovanni. *I provvedimenti d'urgenza: ex art. 700 c.p.c.* Padova: Cedam, 1982.

ASSIS, Araken de. Antecipação da tutela. In: *Doutrina e prática do processo civil contemporâneo*. São Paulo: Revista dos Tribunais, 2001.

——. *Cumprimento da sentença*. Rio de Janeiro: Forense, 2006.

——. Fungibilidade das medidas cautelares indominadas e satisfativas. In: *Doutrina e prática do processo civil contemporâneo*. São Paulo: Revista dos Tribunais, 2001.

——. Questão de princípio. In: *Doutrina e prática do processo civil contemporâneo*. São Paulo: Revista dos Tribunais, 2001.

TUTELA ESPECÍFICA DE URGÊNCIA

——. Duração razoável do processo e reformas da lei processual civil. *Revista Jurídica*, Porto Alegre, ano 56, n. 372, p. 11-27, 2008.

ÁVILA, Humberto. O que é "devido processo legal"? *Revista de Processo*, São Paulo, ano 33, n. 163, p. 50-59, setembro/2008.

——. *Teoria dos princípios: da definição à aplicação dos princípios jurídicos*. 2ª ed. São Paulo: Malheiros, 2003.

AZEVEDO, André Jobim de. Efetividade do processo, tutela cautelar e antecipação de tutela: suporte constitucional. *Direito & Justiça: Revista da Faculdade de Direito da PUCRS*. Porto Alegre, ano 24, n. 26, p. 9-26, julho-dezembro/2002.

BAUERMANN, Desirê. Medidas antecipadas, medida cautelares e fungibilidade. *Revista de Processo*, São Paulo, v. 34, n. 177, p. 54-72, novembro/2009.

BEDAQUE, José Roberto dos Santos. Considerações sobre a antecipação da tutela jurisdicional. In: *Aspectos polêmicos da antecipação de tutela*. Coord.: WAMBIER, Teresa Arruda Alvim. São Paulo: RT, 1997.

——. *Direito e processo*: influência do direito material sobre o processo. 5ª ed. rev. ampl. São Paulo: Malheiros, 2009.

——. *Tutela cautelar e tutela antecipada: tutelas sumárias e de urgência*: tentativa de sistematização. 5ª ed. rev. ampl. São Paulo: Malheiros, 2009.

BELLINETTI, Luiz Fernando. Irreversibilidade do provimento antecipado. In: *Aspectos polêmicos da antecipação de tutela*. Coord.: WAMBIER, Teresa Arruda Alvim. São Paulo: Revista dos Tribunais, 1997.

BERIZONCE, Roberto Omar. Fundamentos y confines de las tutelas procesales diferenciadas. *Revista de Processo*, São Paulo, v. 33, n. 165, p. 131-143, novembro/2008.

——. Tecnicas orgánico-funcionales y procesales de las tutelas diferenciadas. *Revista de Processo*, São Paulo, v. 34, n. 175, p. 130-163, setembro/2009.

BERMUDES, Sérgio. *A reforma do Código de Processo Civil*: observações às Leis 8.950, 8.951, 8.953, de 13-12-1994, 9.079, de 17-7-1995, 9.139, de 30-11-1995, e 9.245, de 26-12-1995, que alteraram o CPC. 2ª ed. São Paulo: Saraiva, 1996.

BERTOLDI, Marcelo M. Tutela antecipada, abuso do direito e propósito protelatório do réu. In: *Aspectos polêmicos da antecipação de tutela*. Coord.: WAMBIER, Teresa Arruda Alvim. São Paulo: RT, 1997.

BIDART, Adolfo Gelsi. Tutela procesal "diferenciada". *Revista de Processo*, São Paulo, v. 11, n. 44, p. 100-105, outubro-dezembro/1986.

BONAVIDES, Paulo. *Curso de direito constitucional*. 16ª ed. atual. São Paulo: Malheiros, 2005.

BUENO, Cassio Scarpinella. A "execução provisória-completa" na Lei 11.232/2005: uma proposta de interpretação do art. 475-O, par. 2º, do CPC. In: *Processo e Constituição: estudos em homenagem ao professor José Carlos Barbosa Moreira*. Coord: FUX, Luiz; NERY JÚNIOR, Nelson; WAMBIER, Teresa Arruda Alvim. São Paulo: Revista dos Tribunais, 2006.

——. O "modelo constitucional do direito processual civil": um paradigma necessário de estudo do direito processual civil e algumas de suas aplicações. *Revista de Processo*, São Paulo, v. 33, n. 161, p. 261-270, julho/2008.

——. *Tutela antecipada*. 2ª ed. rev. atual. ampl. São Paulo: Saraiva, 2007.

CALAMANDREI, Piero. *Introdução ao estudo sistemático dos procedimentos cautelares*. Trad. Carla Roberta Andreasi Bassi. Campinas: Servanda, 2000.

CAMBI, Eduardo. Neoconstitucionalismo e neoprocessualismo. In: *Processo e Constituição: estudos em homenagem ao professor José Carlos Barbosa Moreira*. Coord: FUX, Luiz; NERY JR., Nelson; WAMBIER, Teresa Arruda Alvim. São Paulo: Revista dos Tribunais, 2006.

——. *Neoconstitucionalismo e neoprocessualismo*: direitos fundamentais, políticas públicas e protagonismo judiciário. São Paulo: Revista dos Tribunais, 2009.

CANARIS, Claus-Wilhelm. *Pensamento sistemático e conceito de sistema na ciência do direito*. 2ª ed. Trad. António Menezes Cordeiro. Lisboa: Fundação Calouste Gulbenkian, 1996.

CANOTILHO, J.J. Gomes. *Direito constitucional e teoria da Constituição*. 2ª ed. Coimbra: Almedina, 1998.

CAPPELLETTI, Mauro. Algunas reflexiones sobre el rol de los estudios procesales en la actualidad. *Revista de Processo*, São Paulo, v. 16, n. 64, p. 145-157, outubro-dezembro/1991.

——. Fundamental guarantees of the parties in civil proceedings: general report. In: *Fundamental guarantees of the parties in civil litigation*. CAPPELLETTI, Mauro; TALLON, Denis (ed.). Milão: Giuffrè, 1973.

——; GARTH, Bryant. *Acesso à justiça*. Trad. Ellen Gracie Northfleet. Porto Alegre: S. A. Fabris, 2002.

CARNEIRO, Athos Gusmão. *Da antecipação de tutela*. 6ª ed. atual. Rio de Janeiro: Forense, 2005.

CARPENA, Heloísa. A disciplina das obrigações de fazer no código civil de 2002: uma interpretação sistemática de sua execução à luz da efetividade consagrada no código do consumidor. In: *Código de defesa do consumidor e o código civil de 2002: convergências e assimetrias*. (Coord.) PFEIFFER, Roberto Augusto Castellanos; PASQUALOTTO, Adalberto. São Paulo: Revista dos Tribunais, 2005.

CARPENA, Márcio Louzada. Da execução das decisões de pagar quantia pela técnica diferenciada. *Revista de Processo*, São Paulo, v. 31, n. 140, p. 115-134, outubro/2006.

——. Da garantia da inafastabilidade do controle jurisdicional e o processo contemporâneo. In: *As garantias do cidadão no processo civil*. Org. Sérgio Gilberto Porto. Porto Alegre: Livraria do Advogado, 2003.

CINTRA, Antônio Carlos de Araújo. *Comentários ao código de processo civil. Vol. IV*. Rio de Janeiro: Forense, 2003.

CINTRA, Antônio Carlos de Araújo; GRINOVER, Ada Pellegrini; DINAMARCO, Cândido Rangel. *Teoria geral do processo*. 21ª ed. rev. atual. São Paulo: Malheiros, 2005.

COMOGLIO, Luigi Paolo. Garanzie costituzionali e "giusto processo": modelli a confronto. *Revista de Processo*, São Paulo, ano 23, n. 90, p. 95-150, abril-junho/1998.

——. I modelli di garanzia constituzionale del processo. *Rivista Trimestrale di Diritto e Procedura Civile*, Milão, v. 3, p. 673-742, setembro/1991.

——. Note riepilogative su azione e forme di tutela, nell'ottica della domanda giudiziale. *Rivista di Diritto Processuale*, Padova, v. 48, n. 2, p. 465-490, abril-junho/1993.

COMOGLIO, Luigi Paolo; FERRI, Corrado. La tutela cautelare in Italia: profili sistematici e riscontri comparativi. *Rivista di Diritto Processuale*, Padova, v. 34, n. 4, p. 963-981, 1990.

COSTA, Mário Júlio de Almeida. *Direito das obrigações*. 7ª ed. rev. atual. Coimbra: Almedina, 1998.

COUTURE, Eduardo Juan. *Estudios de derecho procesal civil*. Tomo I. 3ª ed. Buenos Aires: Depalma, 1998.

CRUZ E TUCCI, José Rogério. Garantia do processo sem dilações indevidas. In: *Garantias constitucionais do processo civil: homenagem aos 10 anos da Constituição Federal de 1988*. Coord. José Rogério Cruz e Tucci. São Paulo: Revista dos Tribunais, 1999.

——. Tempo e processo: uma análise empírica das repercussões do tempo na fenomenologia processual (civil e penal). São Paulo: Revista dos Tribunais, 1997.

DALL'AGNOL JÚNIOR, Antônio Janyr. Tutela das obrigações de fazer e não fazer (art. 461). *Revista de Processo*, São Paulo, v. 31, n. 134, p. 231-244, abril/2006.

DIAS, Handel Martins. O tempo e o processo. *Revista da AJURIS*, Porto Alegre, ano 34, n. 108, p. 227-245, 2007.

DIDIER JÚNIOR, Fredie. Inovações na antecipação dos efeitos da tutela e a resolução parcial do mérito. *Revista de Direito Processual Civil Gênesis*, Curitiba, v. 7, n. 26, p. 711-734, outubro-dezembro/2002.

TUTELA ESPECÍFICA DE URGÊNCIA

——; BRAGA, Paulo Sarno; OLIVEIRA, Rafael. Ainda sobre a distinção entre a tutela antecipada e tutela cautelar. *Biblioteca Digital Revista Brasileira de Direito Processual.* Belo Horizonte, ano 16, n. 64, outubro-dezembro/2008. Disponível em: <http://www.editoraforum.com.br/bid/bidConteudoShow.aspx?idConteudo=56140>. Acesso em: 7 de junho de 2010.

—— *et al. Curso de direito processual civil. Vol. 5.* Salvador: Jus Podium, 2009.

DINAMARCO, Cândido Rangel. *A reforma da reforma.* 5ª ed. São Paulo: Malheiros, 2003.

——. *A reforma do Código de Processo Civil.* 4ª ed. São Paulo: Malheiros, 1998.

——. *Instituições de direito processual civil.* V. 4. 3ª ed. São Paulo: Malheiros, 2009.

——. *Nova era do processo civil.* São Paulo: Malheiros, 2003.

——. O regime jurídico das medidas urgentes. *Revista Jurídica,* Sapucaia do Sul, ano 49, n. 286, p. 5-28, agosto/2001.

DWORKIN, Ronald. *O império do direito.* São Paulo: Martins Fontes, 1999.

——. *Taking rights seriously.* Cambridge: Harvard University Press, 1978.

FAZZALARI, Elio. *Instituições de direito processual.* Trad.: Elaine Nassif. Campinas: Bookseller, 2006.

FERRI, Corrado. Sull´effettivitá del contradditorio. *Rivista Trimestrale di Diritto e Procedura Civile,* Milão, ano 42, n. 3, p. 780-795, setembro/1988.

FLACH, Daisson. Processo e realização constitucional: a construção do "devido processo". In: *Visões críticas do processo civil brasileiro: uma homenagem ao Prof. Dr. José Maria Rosa Tesheiner.* Coord. Guilherme Rizzo Amaral e Márcio Louzada Carpena. Porto Alegre: Livraria do Advogado, 2005.

FREITAS, Juarez. *A interpretação sistemática do direito.* 4ª ed. rev. ampl. São Paulo: Malheiros, 2004.

——. A melhor interpretação constitucional *versus* a única resposta correta. In: *Interpretação constitucional.* Org.: SILVA, Virgílio Afonso da. São Paulo: Malheiros, 2005.

FUX, Luiz. *Curso de direito processual civil:* processo de conhecimento, processo de execução, processo cautelar. 3ª ed. Rio de Janeiro: Forense, 2005.

GUILLÉN, Victor Fairen. *El juicio ordinario y los plenarios rápidos.* Bacelona: Bosch, 1953.

GORON, Lívio Goellner. Anotações sobre a boa-fé no direito comercial. *Revista de Direito Privado,* São Paulo, v. 4, n. 13, p. 143-158, janeiro-março/2003.

GUERRA, Marcelo Lima. *Direitos fundamentais e proteção do credor na execução civil.* São Paulo: Revista dos Tribunais, 2003.

——. *Execução indireta.* São Paulo: Revista dos Tribunais, 1998.

GRECO, Leonardo. O princípio do contraditório. *Revista Dialética de Direito Processual,* São Paulo, n. 24, p. 71-79, março/2005.

GRINOVER, Ada Pellegrini. Tutela jurisdicional nas obrigações de fazer e não fazer. *Revista de Processo,* São Paulo, v. 20, n. 79, p. 65-76, 1995.

HÄBERLE, Peter. *Hermenêutica constitucional:* a sociedade aberta dos intérpretes da Constituição: contribuição para a interpretação pluralista e "procedimental" da Constituição. Trad. Gilmar Ferreira Mendes. Porto Alegre: Sérgio Antônio Fabris, 1997.

JARDIM, Guilherme Tanger. Unificação dos requisitos à antecipação da tutela. In: *Visões críticas do processo civil brasileiro: uma homenagem ao Prof. Dr. José Maria Rosa Tesheiner.* Coord.: AMARAL, Guilherme Rizzo Amaral; CARPENA, Márcio Louzada. Porto Alegre: Livraria do Advogado, 2005.

JOLOWICZ, J. A. Fundamental guarantees in civil litigation: England. In: *Fundamental guarantees of the parties in civil litigation.* CAPPELLETTI, Mauro; TALLON, Denis (ed.). Milão: Giuffrè, 1973.

KNIJNIK, Danilo. *A prova nos juízos cível, penal e tributário.* Rio de Janeiro: Forense, 2007.

LACERDA, Galeno. *Comentários ao Código de Processo Civil:* Lei nº 5.869, de 11 de janeiro de 1973. Volume VIII, tomo I. 8ª ed. atual. Rio de Janeiro: Forense, 1999.

——. Função e processo cautelar: revisão crítica. *Revista da AJURIS,* ano 19, n. 56, p. 5-13, novembro/1992.

——. Processo cautelar. *Revista Forense,* Rio de Janeiro, ano 70, n. 246, p. 151-159, abril-junho/1974.

LOPES, João Batista. *Tutela antecipada no processo civil brasileiro.* 2ª ed. São Paulo: Saraiva, 2003.

LOVATO, Luiz Gustavo. Proporcionalidade e processo. In: *Constituição, jurisdição e processo: estudos em homenagem aos 55 da Revista Jurídica*. Coord: MOLINARO, Carlos Alberto; MILHORANZA, Mariângela Guerreiro; PORTO, Sérgio Gilberto. Sapucaia do Sul: Notadez, 2007.

LUMMERTZ, Henry Gonçalves. O princípio do contraditório no processo civil e a jurisprudência do supremo tribunal federal. In: *Processo e constituição*. Org: OLIVEIRA, Carlos Alberto Álvaro de. Rio de Janeiro: Forense, 2004.

MACEDO, Elaine Harzheim. *Do procedimento monitório*. Porto Alegre, 1996.

——. *Jurisdição e processo*: crítica histórica e perspectivas para o terceiro milênio. Porto Alegre: Livraria do Advogado, 2005.

——. O cumprimento da sentença e a multa do art. 475-J do CPC sob uma leitura constitucional da lei 11.232/05. *Revista da Ajuris*, Porto Alegre, v. 33, n. 104, p. 79-93, dezembro/2006.

MACEDO, Elaine Harzheim; DUTRA, Fernanda Arruda. A sentença condenatória no movimento do sinscretismo no processo. *Revista IOB de Direito Civil e Processual Civil*, Porto Alegre, v. 9, n. 51, p. 104-116, janeiro-fevereiro/2008.

——. Efetividade *versus* morosidade da prestação jurisdicional: reflexões sob o (des)velamento de um paradigma. *Justiça do direito*, Passo Fundo, v. 19, n. 1, p. 35-47, 2005.

MACHADO, Antônio Cláudio da Costa. Observações sobre a natureza cautelar da tutela antecipatória do art. 273, I, do CPC. In: *Reforma do código de processo civil*. Coord: TEIXEIRA, Sálvio de Figueiredo. São Paulo: Saraiva, 1996.

MACHADO, Fábio Cardoso. *Jurisdição, condenação e tutela jurisdicional*. Rio de Janeiro: Lumen Juris, 2004.

MANCUSO, Rodolfo de Camargo. Tutela antecipada: uma interpretação do art. 273 do CPC, na redação conferida pela lei federal n. 8.952, de 13-12-1994. In: *Reforma do código de processo civil*. Coord: TEIXEIRA, Sálvio de Figueiredo. São Paulo: Saraiva, 1996.

MARINONI, Luiz Guilherme. *A antecipação da tutela*. 10ª ed. rev. atual. São Paulo: Malheiros, 2008.

——. A consagração da tutela antecipatória na reforma do CPC. In: *Reforma do código de processo civil*. Coord.: TEIXEIRA, Sálvio de Figueiredo. São Paulo: Saraiva, 1996.

——. Da ação abstrata e uniforme à ação adequada à tutela dos direitos. In: *Polêmica sobre a ação: a tutela jurisdicional na perspectiva das relações entre direito e processo*. Org: MACHADO, Fábio Cardoso; AMARAL, Guilherme Rizzo. Porto Alegre: Livraria do Advogado, 2006.

——. Direito fundamental à razoável duração do processo. *Revista Jurídica,* Porto Alegre, ano 57, n. 379, p. 11-27, 2009.

——. Efetividade do processo e tutela antecipatória. *Revista dos Tribunais*, São Paulo, v. 83, n. 70, p. 56-60, 1994.

——. O direito à efetividade da tutela jurisdicional na perspectiva da teoria dos direitos fundamentais. *Revista de Direito Processual Civil Gênesis*, Curitiba, v. 8, n. 28, p. 298-338, 2003.

——. *Técnica processual e tutela dos direitos*. 2ª ed. rev. atual. São Paulo : Revista dos Tribunais, 2008.

——. *Tutela específica: arts. 461, CPC e 84, CDC*. 2ª ed. rev. São Paulo: Revista dos Tribunais, 2001.

——; MITIDIERO, Daniel. *Código de Processo Civil: comentado artigo por artigo*. São Paulo: Revista dos Tribunais, 2008.

MATTOS, Sérgio Luís Wetzel de. Iniciativa probatória do juiz e princípio do contraditório no processo civil. In: *Prova Cível*. Org.: OLIVEIRA, Carlos Alberto Alvaro de. 2ª ed. rev. atual. Rio de Janeiro: Forense, 2005.

MELO, Gustavo de Medeiros. O acesso adequado à justiça na perspectiva do justo processo. In: *Processo e Constituição: estudos em homenagem ao professor José Carlos Barbosa Moreira*. Coord: FUX, Luiz; NERY JR., Nelson; WAMBIER, Teresa Arruda Alvim. São Paulo: Revista dos Tribunais, 2006.

MENDES, Gilmar Ferreira; COLEHO, Inocêncio Mártires; BRANCO, Paulo Gustavo Gonet. *Curso de direito constitucional*. São Paulo: Saraiva, 2007.

MESQUITA, José Ignácio Botelho de. Limites ao poder do juiz nas cautelares antecipatórias. *Revista Brasileira de Direito Processual*, São Paulo, n. 56, p. 43-52, outubro-dezembro/1987.

TUTELA ESPECÍFICA DE URGÊNCIA

MIRANDA, Jorge. Constituição e processo civil. *Revista de Processo*, São Paulo, v. 25, n. 98, p. 29-42, abril-junho/2000.

MITIDIERO, Daniel Francisco. A multifuncionalidade do direito fundamental ao contraditório e a improcedência liminar (art. 285-A, CPC): resposta à crítica de José Tesheiner. In: *Processo civil e estado constitucional*. Porto Alegre: Livraria do Advogado, 2007.

———. *Colaboração no processo civil: pressupostos sociais, lógicos e éticos*. São Paulo: Revista dos Tribunais, 2009.

———. *Comentários ao Código de Processo Civil*. Tomo I. São Paulo: Memória Jurídica, 2004.

———. *Comentários ao Código de Processo Civil*. Tomo II. São Paulo: Memória Jurídica, 2005.

———. *Comentários ao Código de Processo Civil*. Tomo IIII. São Paulo: Memória Jurídica, 2006.

———. Direito fundamental ao julgamento definitivo da parcela incontroversa: uma proposta de compreensão do art. 273, § 6º, CPC, na perspectiva do direito fundamental a um processo sem dilações indevidas (art. 5º, LXXVIII, CRFB). In: *Processo civil e estado constitucional*. Porto Alegre: Livraria do Advogado, 2007.

———. *Elementos para uma teoria contemporânea do processo civil brasileiro*. Porto Alegre: Livraria do Advogado, 2005.

———. O direito fundamental à tutela jurisdicional satisfativa interinal de urgência no estado constitucional e o caso paradigmático do direito ambiental. In: *Processo civil e estado constitucional*. Porto Alegre: Livraria do Advogado, 2007.

———. O processualismo e a formação do código Buzaid. *Revista de Processo*, São Paulo, v. 35, n. 183, p.165-194, maio/2010.

———. Por uma nova teoria geral da ação: as orientações unitárias e a orientação dualista da ação. *Revista de Direito Processual Civil Gênesis*, Curitiba, v. 7, n. 26, p. 711-734, outubro-dezembro/2002.

———. Sentenças parciais de mérito e resolução definitiva-fracionada da causa: lendo um ensaio de Fredie Didier Júnior. *Revista de Direito Processual Civil Gênesis*, Curitiba, v. 8, n. 31, p. 22-33, janeiro-março/2004.

MORAES, Voltaire de Lima. *Ação civil pública: alcance e limites da atividade jurisdicional*. Porto Alegre: Livraria do Advogado, 2007.

———. A ética do juiz na prestação jurisdicional. *Revista da Ajuris*, Porto Alegre, v. 33, n. 103, p. 323-332, setembro/2006.

———. *Das preliminares no processo civil*. Rio de Janeiro: Forense, 2000.

MOREIRA, José Carlos Barbosa. A antecipação da tutela jurisdicional na reforma do Código de Processo Civil. *Revista de Processo*, São Paulo, ano 21, n. 81, p. 198-211, janeiro-março/1996.

———. Antecipação da tutela: algumas questões controvertidas. *Revista de Processo*, São Paulo, ano 26, n. 104, p. 101-110, outubro-dezembro/2001.

———. A sentença mandamental: da Alemanha ao Brasil. In: *Temas de direito processual: sétima série*. São Paulo: Saraiva, 2001.

———. A tutela específica do credor nas obrigações negativas. *Revista Brasileira de Direito Processual*, Rio de Janeiro, v. 5, n. 20, p. 61-79, outubro-dezembro/1979.

———. Os princípios do direito processual civil na Constituição de 1988. In: *Livro de Estudos Jurídicos: volume 4*. Rio de Janeiro: Instituto de Estudos Jurídicos, 1992.

———. Tutela de urgência e efetividade do direito. *Revista de Direito Processual Civil Gênesis*, Curitiba, n. 28, p. 286-297, abril-junho/2003.

———. Tutela sancionatória e tutela preventiva. In: *Temas de direito processual: 2ª série*. São Paulo: Saraiva, 1988.

NERY JÚNIOR, Nelson. *Princípios do processo na constituição federal*: processo civil, penal e administrativo. 9ª ed. rev. atual. ampl. São Paulo: RT, 2009.

———. Procedimentos e tutela antecipatória. In: *Aspectos polêmicos da antecipação de tutela*. Coord.: WAMBIER, Teresa Arruda Alvim. São Paulo: RT, 1997.

NERY JÚNIOR, Nelson; NERY, Rosa Maria de Andrade. *Código de Processo Civil comentado e legislação extravagante*. 10ª ed. rev. atual. ampl. São Paulo: RT, 2008.

OLIVEIRA, Carlos Alberto Alvaro de. Alcance e natureza da tutela antecipatória. *Revista Forense*, Rio de Janeiro, v. 93, n. 337, p. 47-53, janeiro-março/1997.

———. Direito material, processo e tutela jurisdicional. In: *Polêmica sobre a ação: a tutela jurisdicional na perspectiva das relações entre direito e processo*. Org: MACHADO, Fábio Cardoso; AMARAL, Guilherme Rizzo. Porto Alegre: Livraria do Advogado, 2006.

———. *Do formalismo no processo civil*. 2ª ed. rev. ampl. São Paulo: Saraiva, 2003.

———. Garantia do contraditório. In: *Garantias constitucionais do processo civil*: homenagem aos 10 anos da Constituição Federal de 1988. Coord: José Rogério Cruz e Tucci. São Paulo: RT, 1999.

———. O problema da eficácia da sentença. *Revista Forense*, Rio de Janeiro, v. 99, n. 369, p. 39-49, setembro-outubro/2003.

———. O processo civil na perspectiva dos direitos fundamentais. *Revista de Processo*, São Paulo, ano 29, n. 113, p. 9-21, janeiro-fevereiro/2004.

———. Os direitos fundamentais à efetividade e segurança em perspectiva dinâmica. *Revista de Processo*, São Paulo, ano 33, n. 155, p. 11-26, janeiro/2008.

———. Poderes do juiz e visão cooperativa do processo. *Revista da AJURIS*, Porto Alegre, ano 30, n. 90, p. 55-84, junho/2003.

———. *Teoria e prática da tutela jurisdicional*. Rio de Janeiro: Forense, 2008.

OLIVEIRA, Carlos Alberto Alvaro de; LACERDA, Galeno. *Comentários ao Código de Processo Civil: lei nº 5.869, de 11 de janeiro de 1973. Volume VIII, tomo II*. 8ª ed. rev. atual. aum. Rio de Janeiro: Forense, 2007.

OLIVEIRA, Carlos Alberto Alvaro de; MITIDIERO, Daniel Francisco. *Curso de processo civil*: volume 1: teoria geral do processo civil e parte geral do direito processual civil. São Paulo: Atlas, 2010.

OLIVEIRA, Guilherme Botelho de. *Direito ao processo qualificado*: o processo civil na perspectiva do estado constitucional. Porto Alegre, 2009.

PALHARINI JÚNIOR, Sidney. O princípio da isonomia aplicado ao direito processual civil. In: *Processo e Constituição: estudos em homenagem ao professor José Carlos Barbosa Moreira*. Coord: FUX, Luiz; NERY JR., Nelson; WAMBIER, Teresa Arruda Alvim. São Paulo: Revista dos Tribunais, 2006.

PASSOS, Joaquim José Calmon de. *Comentários ao Código de Processo Civil*, Lei n. 5.869, de 11 de janeiro de 1973. Vol. III. 9ª ed. Rio de Janeiro: Forense, 2004.

———. Da antecipação da tutela. In: *Reforma do código de processo civil*. Coord.: TEIXEIRA, Sálvio de Figueiredo. São Paulo: Saraiva, 1996.

PEREIRA FILHO, Benedito. *Tutela antecipada*: concessão de ofício? *Revista de Direito Processual Civil Gênesis*, Curitiba, n. 32, p. 223-238, abril-junho/2004.

PICARDI, Nicola. Il principio del contraddittorio. *Rivista di Diritto Processuale*, Padova, ano LIII, n. 3, p. 673-681, julho-setembro/1998.

PORTANOVA, Rui. *Princípios do processo civil*. 6ª ed. Porto Alegre: Livraria do Advogado, 2005.

PORTO, Sérgio Gilberto. *Ação rescisória atípica: instrumento de defesa da ordem jurídica*. São Paulo: Revista dos Tribunais, 2009.

———. A crise de eficiência do processo: a necessária adequação processual à natureza do direito posto em causa, como pressuposto de efetividade. In: *Processo e Constituição: estudos em homenagem ao professor José Carlos Barbosa Moreira*. Coord: FUX, Luiz; NERY JR., Nelson; WAMBIER, Teresa Arruda Alvim. São Paulo: Revista dos Tribunais, 2006.

———. *A regência sistêmico-constitucional no processo civil contemporâneo*. Porto Alegre: 2010.

———. *As liminares inaudita altera pars e a garantia constitucional-processual do contraditório*. Porto Alegre: 2010.

———. Classificação das ações, sentenças e coisa julgada. *Revista de Processo*, São Paulo, ano 19, n. 73, p. 37-46, janeiro-março/1994.

———. *Coisa julgada civil*. 2ª ed. rev. ampl. Rio de Janeiro: Aide, 1998.

——. *Comentários ao Código de Processo Civil.* V. 6. São Paulo: RT, 2000.

PORTO, Sérgio Gilberto; USTÁRROZ, Daniel. *Lições de direitos fundamentais no processo civil:* o conteúdo processual da Constituição Federal. Porto Alegre: Livraria do Advogado, 2009.

PROTO PISANI, Andrea. Appunti sulla tutela cautelare nel processo civile. *Rivista di Diritto Civile,* Milão, ano 33, n. 2, março-abril/1987.

——. La tutela sommaria in generale e il procedimento per ingiunzione nell´ordinamento italiano. *Revista de Processo,* São Paulo, ano 23, n. 90, p. 22-35, abril-junho/1998.

——. Sulla tutela giurisdizionale differenziata. *Rivista di Diritto Processuale,* Padova, ano 34, n. 4, p. 536-591, outubro-dezembro/1979.

REICHELT, Luís Alberto. *O conteúdo da garantia do contraditório no direito processual civil.* Revista de Processo, São Paulo, v. 33, n. 162, p. 330-351, agosto-2008.

RIBEIRO, Darci Guimarães. A instrumentalidade do processo e o princípio da verossimilhança como decorrência do "due process of law". *Revista de Processo,* São Paulo, v. 19, n. 75, p. 183-188, julho-setembro/1994.

——. *Da tutela jurisdicional às formas de tutela.* Porto Alegre: Livraria do Advogado, 2010.

RICCI, Edoardo Flavio. A aplicação do art. 273 do CPC e seus principais aspectos: reflexões históricas e comparativas. In: *Estudos em homenagem à professora Ada Pellegrini Grinover.* Coord.: YARHELL, Flávio Luiz; MORAES, Maurício Zanoide de. São Paulo: DPJ Editora, 2005.

RIGHI, Eduardo Camargo. A colisão de direitos fundamentais na antecipação de tutela de efeitos faticamente irreversíveis. *Revista Forense,* Rio de Janeiro, ano 103, v. 391, p. 45-74, maio-junho/2007.

——. *Direito fundamental ao justo processo nas tutelas de urgência.* Curitiba: Juruá, 2007.

SARLET, Ingo Wolfgang. *A eficácia dos direitos fundamentais.* 4ª ed. rev. atual. ampl. Porto Alegre: Livraria do Advogado, 2004.

——. Os direitos fundamentais, sua dimensão organizatória e procedimental e o direito à saúde: algumas aproximações. *Revista de Processo,* São Paulo, ano 34, n. 175, p. 9-33, setembro/2009.

SCHOLLER, Heinrich. Princípio da proporcionalidade no direito constitucional e administrativo da Alemanha. *Revista do Tribunal Regional Federal da 4ª Região,* Porto Alegre, v. 11, n. 38, p. 229-246, 2000.

SILVA, Ovídio Araújo Baptista da. A "antecipação" da tutela na recente reforma processual. In: *Reforma do código de processo civil.* Coord.: TEIXEIRA, Sálvio de Figueiredo. São Paulo: Saraiva, 1996.

——. Ação para cumprimento das obrigações de fazer e não fazer. In: *Inovações do Código de Processo Civil.* Org.: GIORGIS, José Carlos Teixeira. Porto Alegre: Livraria do Advogado, 1997.

——. Antecipação de tutela: duas perspectivas de análise. *Revista de Direito Processual Civil Gênesis,* Curitiba, n. 5, p. 403-414, maio-agosto/1997.

——. A "plenitude de defesa" no processo civil. In: *As garantias do cidadão na justiça.* TEIXEIRA, Sálvio de Figueiredo (coord.). São Paulo: Saraiva, 1993.

——. *Curso de processo civil.* V. 1, tomo II. 6ª ed. rev. atual. Rio de Janeiro: Forense, 2008.

——. *Curso de processo civil.* V. 2. 4ª ed. rev. atual. Rio de Janeiro: Forense, 2007.

——. Direito material e processo. In: *Polêmica sobre a ação: a tutela jurisdicional na perspectiva das relações entre direito e processo.* Org: MACHADO, Fábio Cardoso; AMARAL, Guilherme Rizzo. Porto Alegre: Livraria do Advogado, 2006.

——. *Jurisdição e execução na tradição romano-canônica.* 2ª ed. rev. São Paulo: Revista dos Tribunais, 1997.

——. O processo civil e sua recente reforma: os princípios do direito processual civil e as novas exigências, impostas pela reforma, no que diz respeito à tutela satisfativa de urgência dos arts. 273 e 461. In: *Aspectos polêmicos da antecipação de tutela.* Coord.: WAMBIER, Teresa Arruda Alvim. São Paulo: RT, 1997.

——. *Processo e ideologia:* o paradigma racionalista. Rio de Janeiro: Forense: 2004.

SMIT, Hans. Constitutional guarantees in civil litigation in the United States of America. In: *Fundamental guarantees of the parties in civil litigation*. CAPPELLETTI, Mauro; TALLON, Denis (ed.). Milão: Giuffrè, 1973.

STOCKINGER, Francisco Tiago Duarte. O provimento jurisdicional e a garantia do contraditório. In: *As garantias do cidadão no processo civil*. Org. Sérgio Gilberto Porto. Porto Alegre: Livraria do Advogado, 2003.

TALAMINI, Eduardo. *Tutela relativa aos deveres de fazer e de não fazer e sua extensão aos deveres de entrega de coisa (CPC, arts. 461 e 461-A; CDC, art. 84)*. 2ª ed. rev. atual. ampl. São Paulo: RT, 2003.

——. Tutelas mandamental e executiva *lato sensu* e a antecipação de tutela *ex vi* do art. 461, par. 3º do CPC. In: *Aspectos polêmicos da antecipação de tutela*. Coord.: WAMBIER, Teresa Arruda Alvim. São Paulo: RT, 1997.

TARUFFO, Michele. Cultura e processo. *Rivista Trimestrale di Diritto e Procedura Civile*, Milão, ano 63, n. 1, p. 63-92, 2009.

——. L'attuazione esecutiva dei diritti: profili comparatistici. In: *Processo e tecniche di attuazione dei diritti*. Coord.: MAZZAMUTO, Salvatore. Napoli: Jovene, 1989.

——. Note sul diritto alla condenna e all´esecuzione. *Revista de Processo*, São Paulo, ano 32, n. 144, p. 57-84, fevereiro/2009.

TARZIA, Giuseppe. Considerazioni comparative sulle misure provvisorie nel processo civile. *Rivista di Diritto Processuale*, Padova, v. 40, n. 2, p. 240-254, abril-junho/1985.

——. Crisi e riforma del processo civile. *Rivista di Diritto Processuale*, Padova, v. 46, n. 3, p. 632-642, julho-setembro/1991.

——. O contraditório no processo executivo. *Revista de Processo*, São Paulo, v. 7, n. 28, p. 55-95, outubro-dezembro/1992.

TEIXEIRA, Guilherme Puchalski. *Técnica processual voltada ao comprimento das obrigações de fazer, não fazer e entregar coisa*: artigos 461 e 461-A do CPC: análise a partir da Constituição. Porto Alegre: 2009.

TESHEINER, José Maria Rosa. Antecipação da tutela e litisregulação: estudo em homenagem a Athos Gusmão Carneiro. *Revista Jurídica*, São Paulo, v. 48, n. 274, p. 27-43, agosto/2000.

——. *Eficácia da sentença e coisa julgada no processo civil*. São Paulo: Revista dos Tribunais, 2001.

——. *Elementos para uma teoria geral do processo*. São Paulo: Saraiva, 1993.

——. Litisregulação. *Revista da Consultoria Geral do Estado do Rio Grande do Sul*, Porto Alegre, v. 2, n. 3, p. 55-69, 1972.

——. *Medidas cautelares*. São Paulo: Saraiva, 1974.

——. *PL 5.139/2009: medidas indutivas, um cavalo de Tróia?* Disponível em: < http://tex.pro.br/tex/listagem-de-artigos/176-artigos-nov-2009/5859-pl-51392009-medidas-indutivas-um-cavalo-de-troia>. Acesso em: 8 de janeiro de 2011.

——. Processo e constituição: algumas reflexões. In: *Constituição, jurisdição e processo: estudos em homenagem aos 55 da Revista Jurídica*. Coord: MOLINARO, Carlos Alberto; MILHORANZA, Mariângela Guerreiro; PORTO, Sérgio Gilberto. Sapucaia do Sul: Notadez, 2007.

THEODORO JÚNIOR, Humberto. Tutela antecipada. In: *Aspectos polêmicos da antecipação de tutela*. Coord.: WAMBIER, Teresa Arruda Alvim. São Paulo: RT, 1997.

TOMMASEO, Ferrucio. *I provvedimenti d´urgenza*: struttura e limiti della tutela anticipatoria. Padova: CEDAM, 1983.

TROCKER, Nicoló. Il nuovo articolo 111 della costituzione e Il "giusto processo" in materia civile: profili generali. *Rivista Trimestrale di Diritto e Procedura Civile*, Milão, ano LV, n. 2, p. 381-410, junho/2001.

VON MÜHLEN, Eduardo; MASINA, Gustavo. O "princípio da razoável duração do processo" (inciso LXXVIII do art. 5º da CF/88). In: *A reforma do Poder Judiciário*. Coord. Rafael Bicca. São Paulo: Quartier Latin, 2006.

WAMBIER, Luiz Rodrigues; WAMBIER, Teresa Arruda Alvim. Anotações sobre a efetividade do processo. *Revista dos Tribunais*, São Paulo, ano 92, n. 814, p. 63-70, agosto/2003.

——; ——; MEDINA, José Miguel Garcia. *Breves comentários à nova sistemática processual civil*: emenda constitucional n. 45/2004 (reforma do judiciário); Lei 10.444/2002; Lei 10.358/2001 e 10.352/2001. 3. ed. rev. atual. ampl. São Paulo: RT, 2005.

WAMBIER, Teresa Arruda Alvim. Da liberdade do juiz na concessão de liminares e a tutela antecipatória. In: *Aspectos polêmicos da antecipação de tutela*. Coord.: WAMBIER, Teresa Arruda Alvim. São Paulo: RT, 1997.

WATANABE, Kazuo. *Da cognição no processo civil*. 2ª ed. atual. Campinas: Bookseller, 2000.

——. Tutela antecipatória e tutela específica das obrigações de fazer e não fazer: arts. 273 e 461, CPC. *Revista de Direito do Consumidor*, São Paulo, n. 19, p. 77-101, julho-setembro/1996.

YARSHELL, Flávio Luiz. Antecipação de tutela específica nas obrigações de declaração de vontade, no sistema do CPC. In: *Aspectos polêmicos da antecipação de tutela*. Coord.: WAMBIER, Teresa Arruda Alvim. São Paulo: RT, 1997.

——. "Efetivação" da tutela antecipada: uma nova execução civil? In: *Processo e Constituição: estudos em homenagem ao professor José Carlos Barbosa Moreira*. Coord: FUX, Luiz; NERY JR., Nelson; WAMBIER, Teresa Arruda Alvim. São Paulo: Revista dos Tribunais, 2006.

ZAGREBELSKY, Gustavo. *El derecho dúctil: ley, derechos, justicia*. Trad.: Marina Gascón. 7ª ed. Madri: Trotta, 2007.

ZANETI JÚNIOR, Hermes. Direito material e direito processual: relações e perspectivas. *Revista Processo e Constituição*, Porto Alegre, v. 1, n. 1, p. 245-278, janeiro-abril/2004.

——. *Processo constitucional: o modelo constitucional do processo civil*. Rio de Janeiro: Lumen Juris, 2007.

ZAVASCKI, Teori Albino. *Antecipação da tutela*. 7ª ed. São Paulo: Saraiva, 2009.

——. Antecipação da tutela e colisão de direitos fundamentais. *Revista Forense*, Rio de Janeiro, ano 93, v. 339, p. 175-189, julho-setembro/1997.

——. Antecipação de tutela e obrigações de fazer e de não fazer. In: *Aspectos polêmicos da antecipação de tutela*. Coord.: WAMBIER, Teresa Arruda Alvim. São Paulo: RT, 1997.

Impressão:
Evangraf
Rua Waldomiro Schapke, 77 - POA/RS
Fone: (51) 3336.2466 - (51) 3336.0422
E-mail: evangraf.adm@terra.com.br